공시 영어! 단어만큼은 놓칠 수 없다면

기출 어휘 몽땅

2024
조태정 영어

PREFACE

공무원 시험 공부를 처음 시작할 때, 합격 수기에서, 주위에서 합격한 지인들을 통해 영어는 단어를 많이 암기하라는 조언을 많이 들어왔을 것입니다.

네, 맞습니다.

공무원 영어 시험을 준비하는 데 있어서 어휘는 필수 중의 필수입니다.

그러나 처음 시작부터 무작정 어려운 어휘를 암기하면서 너무나 많은 시간을 할애하고, 그 과정에서 영어에 질려버리고 지쳐버리고 자신감을 잃는 경우 또한 많이 봐왔고, 그런 모습을 보면 참으로 안타까웠습니다.

공부를 하면서 신경쓰이는 게 바로 생활영어이지요.

공부를 안 하기에는 불안하고, 공부를 하자니 무엇을 어떻게 공부해야 하는지 막막해 하시는 분들을 많이 보았습니다.

어휘 출제 경향을 살펴봤을 때, 과거에 다소 지엽적이고 생소한 어휘들을 주로 다뤘다면, 최근에는 **누구나 공감할 수 있는 필수적이고 기본적인 범위 내에서 어휘들이 출제**되고 있습니다.

생활영어는 크게 **대화형, 이디엄 표현** 이 두 가지 출제 패턴을 지니고 있으며, **빈출 이디엄 표현들을 중심으로 학습**한다면 무난하게 문제를 풀 수 있도록 출제되고 있습니다.

이러한 수험생 여러분의 고충과 최근 출제 경향을 적극 반영하여, **21년 간 출제된 어휘/생활영어 관련 표현들을 모두 분석하여, 총 13개년 분량의 빈출되고 중요한 내용들**을 한 권으로 담아, 수험생 여러분들의 어휘/생활영어 표현 학습은 본 교재로 모두 해결할 수 있도록 구성하였습니다.

본 <조태정 영어 기출 어휘 몽땅>이 수험생 여러분의 어휘/생활영어 학습의 그 시작부터 끝까지 든든한 동반자가 되어줄 거라 생각합니다.

여러분의 합격을 언제나 응원합니다.

조태정 드림

OVERVIEW

<조태정 영어 기출 어휘 몽땅>은 공무원 영어 시험에서 출제되는 어휘, 이디엄을 한 권으로 해결할 수 있도록 표제어와 동의어, 기출 문제까지 모아 구성하였습니다.

PART 1, 2에 총 1,550개의 표제어를 수록하였으며, PART 3에는 기출 핵심 동의어를, PART 4에는 기출 핵심 문제를 수록하였습니다.

PART 1   기출 핵심 어휘

2017년 시험부터 2023년 시험까지 최근 7개년 국가직 및 지방직 시험에 출제되었던 단어들로 총 1,100개의 표제어가 수록되어 있으며, 총 22일간 매일 50개의 단어들을 익힐 수 있도록 구성하였습니다.

PART 2   기출 핵심 이디엄

총 450개의 기출되었던 핵심 이디엄을 선정하여 수록하였으며, 이해를 돕기 위한 예시문을 넣었습니다.

PART 3   기출 핵심 동의어 129

최근 21년간의 기출문제를 분석하여 정리한 필수 핵심 동의어를 총 129series로 정리하여 수록하였습니다.

PART 4   기출 핵심 문제

최근 13년 국가직, 지방직 시험에서 출제된 어휘 문제를 수록하였습니다.

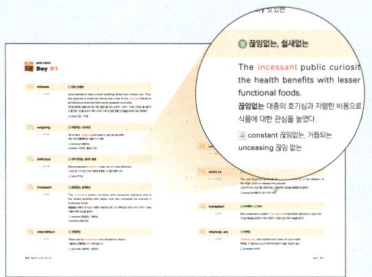

1 표제어 및 뜻

공무원 시험 출제 가능성이 높은 단어들을 선별하였으며, 각 단어에 대한 뜻은 가장 보편적인 것을 기준으로 제시하였습니다.

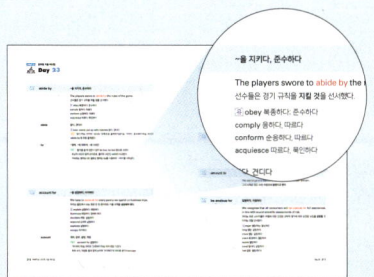

2 예문

해당 표제어의 의미를 가장 잘 반영하고 있는 문장, 공무원 시험에 제시되었던 문장을 위주로 간결하고 명쾌하게 제시하였습니다.

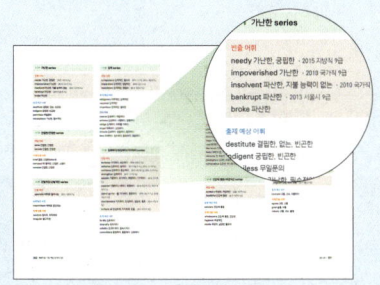

3 유의어

공무원 영어 시험에서 단어 관련하여 가장 출제 빈도가 높은 유의어를 일목요연하게 제시하여 해당 표제어와 함께 익힐 수 있도록 하였습니다.

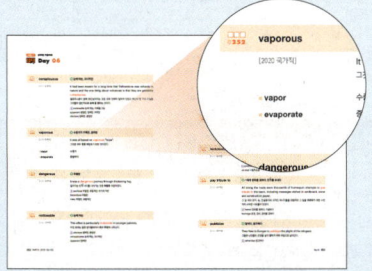

4 연관어

해당 표제어의 파생어, 반의어, 숙어 등을 제시하여 효율적이고 폭넓은 단어 학습이 가능하도록 구성하였습니다.

CONTENTS

PART 01 공무원 기출 어휘

Day 01	010
Day 02	019
Day 03	027
Day 04	036
Day 05	044
Day 06	052
Day 07	061
Day 08	070
Day 09	079
Day 10	088
Day 11	098
Day 12	107
Day 13	116
Day 14	125
Day 15	134
Day 16	143
Day 17	152
Day 18	162
Day 19	171
Day 20	180
Day 21	189
Day 22	198

PART 02   공무원 기출 이디엄

    Day 23   210
    Day 24   221
    Day 25   231
    Day 26   241
    Day 27   252
    Day 28   261
    Day 29   270
    Day 30   279
    Day 31   288

PART 03   기출 핵심 동의어 129   300

PART 04   기출 핵심 문제   324

정답과 해석   358

INDEX   374

2024 조태정 영어 기출 어휘 몽땅

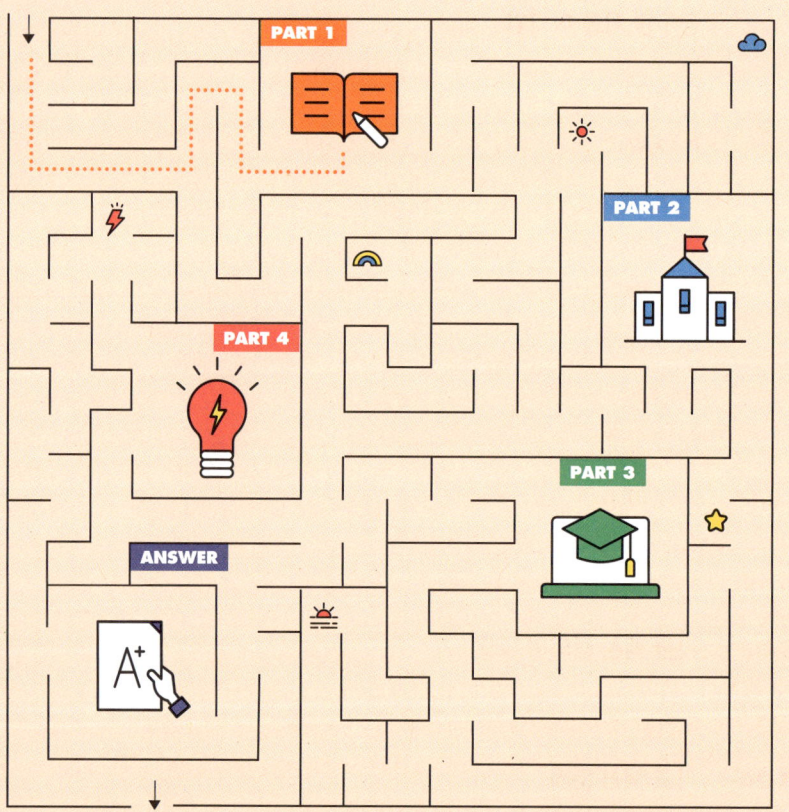

PART 01

공무원 기출 어휘

PART 1 공무원 기출어휘

Day 01

0001 intimate
형 친한, 친밀한

[2023 국가직]

Jane wanted to have a small wedding rather than a fancy one. Thus, she planned to invite her family and a few of her **intimate** friends to eat delicious food and have some pleasant moments.

제인은 화려한 결혼식보다는 작은 결혼식을 하고 싶었다. 그래서, 그녀는 맛있는 음식을 먹고 즐거운 시간을 보내기 위해 그녀의 가족 및 몇몇 **친한** 친구들을 초대하기로 계획했다.

유 close 친한, 가까운

0002 outgoing
형 외향적인, 사교적인

[2023 국가직]

He is very **outgoing** and easy to get along with.

걔는 아주 **외향적이고** 어울리기가 편해.

유 extrovert 외향적인
sociable 사교적인, 붙임성 있는

0003 delicious
형 아주 맛있는, 냄새가 좋은

[2023 국가직]

She produced a **delicious** meal out of a few leftovers.

그녀는 몇 가지 남아 있던 재료로 **맛있는** 식사를 만들어 냈다.

유 tasty 맛있는

0004 incessant
형 끊임없는, 쉴새없는

[2023 국가직]

The **incessant** public curiosity and consumer demand due to the health benefits with lesser cost has increased the interest in functional foods.

끊임없는 대중의 호기심과 저렴한 비용으로 인한 건강 혜택으로 인해 소비자 수요가 기능성 식품에 대한 관심을 높였다.

유 constant 끊임없는, 거듭되는
unceasing 끊임 없는

0005 intermittent
형 간헐적인

[2023 국가직]

There will be **intermittent** rain showers in Seoul.

서울에는 **간헐적인** 비가 내리겠습니다.

유 sporadic 간헐적인, 산발적인

0006 hold off
동 연기하다, 미루다, 시작하지 않다

[2023 국가직]
Because of the pandemic, the company had to hold off the plan to provide the workers with various training programs.
전염병 때에, 회사는 근로자들에게 다양한 훈련 프로그램을 제공하려는 계획을 **연기해야**만 했다.

유 suspend 연기하다, 유하다

0007 modify
동 수정하다, 한정하다

[2023 국가직]
The CPO directed designers to modify the product in response to market changes.
최고 제품 책임자는 시장 변화에 대응하기 위해 제품을 **수정하라고** 디자이너들에게 지시했다.

유 alter 바꾸다
change 바꾸다, 변화시키다

0008 pandemic
명 (전국적인) 유행병

[2023 국가직]
Due to the pandemic, Zoom has boomed.
전 세계적인 **유행병** 때에 애플리케이션 줌이 호황을 맞았다.

0009 abide by
동 지키다, 준수하다

[2023 국가직]
The new Regional Governor said he would abide by the decision of the High Court to release the prisoner.
신임 주지사는 수감자를 석방하라는 고등법원의 결정을 **따르겠다고** 말했다.

유 accept 받아들이다, 받아 주다, 믿다

0010 transplant
동 이식하다 명 이식

[2023 국가직]
She underwent a heart transplant in a last-ditch attempt to save her.
그녀는 목숨을 보전하기 위한 최후의 시도로 심장 **이식** 수술을 받았다.

0011 chances are
부 아마도

[2023 국가직]
Chances are, this nutrient isn't even on your radar.
아마도, 이 영양소는 당신의 레이더에 잡히지 않을 가능성이 높다.

유 probably 아마도

Day 01

| 0012 | **be rich in** | 형 ~가 풍부하다 |

[2023 국가직]

Plus, the foods that are rich in choline aren't the most popular.
게다가, 콜린이 **풍부한** 음식은 가장 인기 있는 음식이 아니다.

유 abound in ~가 풍부하다
be abundant in ~가 풍부하다

| 0013 | **rent** | 명 집세, 임대료 동 새놓다 |

[2023 국가직]

Around 1700 there were, by some accounts, more than 2,000 London coffeehouses, occupying more premises and paying more rent than any other trade.
1700년경에는 2,000개 이상의 런던 커피 하우스가 있었고, 다른 어떤 무역업보다 더 많은 부지를 차지하고 **임대료**를 지불했다.

유 lease 임대, 임대하다

| 0014 | **Jews** | 명 유대인 |

[2023 국가직]

Others served Protestants, Puritans, Catholics, Jews, literati, or merchants.
다른 곳들은 개신교, 청교도, 가톨릭교도, **유대인**, 학자, 상인이 이용했다.

| 0015 | **nonverbal** | 형 비언어적인, 말이 서투른 |

[2023 국가직]

The feeling of being loved and the biological response it stimulates is triggered by nonverbal cues: the tone in a voice, the expression on a face, or the touch that feels just right.
사랑받는 느낌과 그것이 자극하는 생물학적 반응은 목소리의 톤, 얼굴의 표정, 또는 딱 맞는 느낌의 터치와 같은 **비언어적** 신호에 의해 촉발된다.

| 0016 | **reassurance** | 명 확신 |

[2023 국가직]

This bodily contact provides reassurance of safety and relieves stress.
이 신체 접촉은 안전에 대한 **확신**을 제공하고 스트레스를 완화한다.

| 0017 | **accumulate** | 동 모으다, 축적하다 |

[2023 국가직]

There are times, like holidays and birthdays, when toys and gifts accumulate in a child's life.
명절이나 생일처럼 장난감과 선물이 아이의 삶에 **쌓이는** 때가 있다.

유 amass 모으다, 축적하다

0018 delightful | 형 기분좋은

[2023 국가직]

If a cherished object is put away for a time, bringing it out creates a delightful remembering and freshness of outlook.
소중히 간직한 물건을 잠시 치워두면, 그것을 꺼낼때 **즐거운** 추억과 신선한 전망이 떠오른다.

유 pleased 기쁜

0019 self-esteem | 명 자존감, 자부심

[2023 국가직]

Many parents have been misguided by the "self-esteem movement."
많은 부모들이 '**자존감** 운동'에 의해 오도되어왔다.

0020 competence | 명 능력, 능숙함

[2023 국가직]

His English-speaking competence enabled him to get a higher position.
그의 영어 말하기 **능력**이 그를 더 높은 지위로 올라갈 수 있게 해주었다.

유 capability 능력, 가능성
ability 능력

0021 roll out | 동 펼치다

[2023 국가직]

Roll out large gumdrop and cut with star cookie cutter.
커다란 젤리를 **펼치고** 별모양 쿠키를 잘라.

0022 splash | 동 튀기다, 첨벙거리다

[2023 국가직]

All feature splashes of familiar Coke red, iconic Coke bottle shapes, and Coca-Cola's music and "Taste the Feeling" themes.
모든 것은 친숙한 빨간색 콜라, 상징적인 콜라 병 모양, 그리고 코카콜라의 음악과 "당신의 감정을 맛봐라"라는 테마들이 여기저기 **튀는 것**을 특징으로 한다.

유 spatter 튀기다

0023 density | 명 밀도, 농도

[2023 국가직]

Discomfort with density extends to lobbies, kitchens, and especially elevators.
밀도에 대한 불편함은 로비, 주방, 특히 엘리베이터까지 확대된다.

0024 minefield
명 지뢰밭

[2023 국가직]
Immigration reform is a political minefield.
이민 개혁은 정치적 **지뢰밭**이다.

0025 deputy
명 보안관, 대리인

[2023 국가직]
Citizens who want to help monitor the border can go online and serve as "virtual Texas deputies."
국경 감시를 돕고 싶은 시민들은 온라인으로 접속하여 "가상 텍사스 **보안관**" 역할을 할 수 있다.

유 substitute 대리자
sheriff 보안관

0026 administration
명 관리, 행정직

[2023 국가직]
All civilizations rely on government administration.
모든 명국가들은 정부의 **행정**에 의존한다.

0027 Mediterranean
형 지중해의

[2023 국가직]
Latin was the language of ancient Rome, whose territory stretched from the Mediterranean basin all the way to parts of Great Britain in the north and the Black Sea to the east.
라틴어는 고대 로마의 언어였는데, 그들의 영토는 **지중해** 분지에서 북쪽의 그레이트브리튼섬의 일부와 동쪽의 흑해까지 뻗어 있었다.

0028 distinct
형 다른, 별개의, 뚜렷한, 명백한

[2023 국가직]
Science advances when distinct topics become theoretically and empirically integrated under simplifying theoretical frameworks.
서로 다른 주제가 이론적으로 그리고 경험적으로 단순화된 이론적인 틀 아래 통합될 때 과학은 발전한다.

유 discrete 별개의
separate 분리된, 별개의
definite 확고한, 확실한

0029 fragmentation　명 분열, 균열, 파편

[2023 국가직]

Psychology of science will encourage collaboration among psychologists from various sub-areas, helping the field achieve coherence rather than continued **fragmentation**.
과학에 관한 심리학은 지속적인 **분열**보다는 그 분야가 일관성을 달성하도록 도우면서 다양한 하위 영역의 심리학자들 간의 협업을 장려할 것이다.

유 split 분열, 불화, 의견이 갈리다
division 분열, 분화

0030 rather than　~ 보다는

[2023 국가직]

Parents should focus on the outcome **rather than** the process.
부모들은 과정**보다는** 결과에 집중해야 한다.

0031 subsequent　형 다음의

[2023 지방직]

There have been further developments **subsequent** to our meeting.
우리 회의에 **뒤이어** 다른 일들이 전개되었다.

유 following 다음의

0032 supplementary　형 보충의, 추가의

[2023 지방직]

Difficult terminology and content will require **supplementary** explanation.
어려운 용어나 내용은 **보충적인** 설명이 필요하다

유 additional 추가적인
complementary 보충의, 보완의

0033 courtesy　명 예의, 공손함

[2023 지방직]

It's only common **courtesy** to tell the neighbours that we'll be having a party.
이웃들에게 우리가 파티를 열 거라고 알려 주는 것은 그저 당연한 **예의**일 뿐이다.

유 politeness 예의, 공손함

0034 humility
몡 겸손

[2023 지방직] Her first defeat was an early lesson in humility.
그녀의 첫 패배는 일찍이 주어진 **겸손**에 관한 교훈이었다.

유 modesty 겸손함
humbleness 겸손함

0035 bring up
동 양육하다, 키우다

[2023 지방직] I am not going to bring up my child in this hole.
난 이렇게 지저분한 곳에서 내 아이를 **기르진** 않을 거요.

유 rear 양육하다
foster 양육하다, 키우다
raise 기르다, 양육하다

0036 do away with
동 ~을 폐지하다, ~을 제거하다

[2023 지방직] I don't wear the baffies anymore, but I can't do away with my shoes.
나는 그 낡고 닳은 슬리퍼를 더는 신지 않지만 내 신발을 **버릴 수 없다**.

유 abolish 폐지하다, 없애다

0037 consent
동 동의하다 명 동의, 허락

[2023 지방직] They brought the matter to an end by mutual consent.
그들은 서로 **동의**를 함으로써 그 문제를 매듭지었다.

유 agreement 동의
assent 찬성, 승인

0038 transparency
명 투명함

[2023 지방직] The president promised to promote government transparency.
대통령은 정부의 **투명성**을 높이겠다고 약속했다.

유 clarity 투명도, 선명함

0039 competition
명 경쟁, 대회

[2023 지방직] Competition is getting hotter day by day.
경쟁이 날이 갈수록 치열해지고 있다.

유 contest 대회, 시합

0040 opponent
명 상대, 반대자

[2023 지방직]

Never underestimate your opponent.
절대 **상대**를 과소평가하지 말아라.

유 rival 경쟁자, 경쟁 상대
competitor 경쟁자

0041 botanical
형 식물(학)의

[2023 지방직]

Her colleagues found by chance that a virus increased resistance to drought on a plant that is widely used in botanical experiments.
그녀의 동료들은 **식물학** 실험에 널리 사용되는 식물에서 바이러스가 가뭄에 대한 저항력을 증가시켰다는 것을 우연히 발견했다.

0042 symbiosis
명 공생

[2023 지방직]

Symbiosis is when there is a relationship between two things, which are beneficial to one another.
공생이란, 두개의 물체가 있을때, 서로 이로운 관계를 말한다.

0043 self-sufficient
형 자급자족할 수 있는

[2023 지방직]

The country is totally self-sufficient in food production.
그 나라는 식량 생산에 있어서 완전히 **자급자족**이 가능하다.

0044 bark
명 나무껍질, 배 동 (개가) 짖다

[2023 지방직]

To take the sap out of the sugar maple tree, a farmer makes a slit in the bark with a special knife, and puts a "tap" on the tree.
사탕단풍나무의 수액을 빼내기 위해 농부는 특별한 칼로 **나무껍질**에 틈을 내고 나무에 "꼭지"를 붙인다.

0045 paragraph
명 단락, 절

[2023 지방직]

He said he could pick up any one of the dozens of stories that came to his desk every day and after reading a few paragraphs he could feel whether or not the author liked people.
그는 매일 자신의 책상에 오는 수십 가지 단편소설 중 어느 것이든 집어들 수 있었고 몇 **단락**을 읽고 나서 작가가 사람들을 좋아하는지 아닌지 느낄 수 있었다고 말했다.

0046 apocalyptic
형 종말론적

[2023 지방직]

Every conversation about artificial intelligence (AI) seemed to end with an apocalyptic prediction.
인공지능(AI)에 대한 모든 대화는 **종말론적** 측으로 끝나는 것처럼 보였다.

0047 fiscal
형 회계의

[2023 지방직]

The fiscal quarter just ended.
회계 분기가 막 끝났다.

유 accounting 회계

0048 metric
형 미터법의

[2023 지방직]

Most of the world uses the metric system of measurement.
대부분의 세계 지역에서는 측정 단위로 **미터**법을 사용한다.

0049 avoidance
명 회피, 방지

[2023 지방직]

Psychological research has shown that distractions serve as a common anxiety avoidance strategy.
심리학적 연구는 주의를 산만하게 하는 것이 일반적인 불안 **회피** 전략의 역할을 한다는 것을 보여주었다.

유 evasion 회피

0050 incoming
형 들어오는, 새로 당선된

[2023 지방직]

Every place you have to go to check your messages or to read your incoming information is an in-box, and the more you have, the harder it is to manage everything.
메시지를 확인하거나 **들어오는** 정보를 읽기 위해 가야 하는 모든 장소는 편지함이며, 더 많이 가질수록 모든 것을 관리하기가 더 어렵다.

PART 1 공무원 기출어휘
Day 02

0051 flexible 형 유연한

[2022 지방직]

Flexible hybrid working improves work efficiency and worker satisfaction.
유연한 혼합 근무는 업무 효율과 근로자의 만족감을 높인다.

유 adaptable 적응할 수 있는, 유연한

0052 honest 형 정직한

[2022 지방직]

The fact that he is honest is known to everybody.
그가 **정직하다는** 사실은 누구에게나 알려져 있다.

유 frank 솔직한
candid 솔직한

0053 passionate 형 열정적인, 격정적인

[2022 지방직]

I admire his passionate belief in what he is doing.
자기가 하는 일에 대한 그의 **열정적인** 신념이 나는 존경스럽다.

유 intense 강렬한

0054 vary 동 다르다, 달라지다, 변화를 주다

[2022 지방직]

Class numbers vary between 25 and 30.
학급의 학생 수는 25명 내지 30명 사이로 **다르다**.

유 change 변화를 주다, 다르다

0055 decline 동 감소하다, 줄어들다, 거절하다

[2022 지방직]

The number of tourists to the resort declined by 10% last year.
작년에 그 휴양지를 찾은 관광객의 수가 10% **감소했다**.

유 decrease 줄다, 감소하다

0056 expand 동 확대하다, 확대시키다

[2022 지방직]

How was your company able to expand so much during a recession?
불황일 때 당신 회사는 어떻게 그렇게 사세를 **확장할** 수 있었습니까?

유 widen 넓히다, 넓어지다

0057 include
동 포함하다, ~을 포함시키다

[2022 지방직]
You should include some examples in your essay.
에세이에 예를 몇 가지 **포함시켜야 한다**.
유 contain 포함하다

0058 with respect to
전 ~에 관하여

[2022 지방직]
The two groups were similar with respect to income and status.
그 두 집단은 소득과 신분 **면에 관해서** 아주 유사했다.
유 in terms of ~에 관하여, 면에서는

0059 in spite of
전 ~에도 불구하고

[2022 지방직]
They duly arrived at 9.30 in spite of torrential rain.
그들은 억수같이 비가 오는데도 **불구하고** 9시 30분에 맞춰 도착했다.
유 despite ~에도 불구하고

0060 in danger of
전 ~할 위험이 있는

[2022 지방직]
Office workers are in danger of screen fatigue.
사무직 회사원은 전자 화면 피로를 겪을 **위험이 있다**.

0061 in favor of
전 ~에 찬성하여

[2022 지방직]
I am in favor of your proposed changes.
당신이 제안한 변경 사항들에 **찬성합니다**.

0062 turn into
동 ~이 되다

[2022 지방직]
Classical music is the kind we keep thinking will turn into a tune.
클래식 음악은 우리가 계속해서 언젠가 한 가지 곡조가 **될 것이라고** 생각하는 음악이다.

- **turn A into B** A를 B로 변화시키다

0063 put up with
동 참다, 견디다, 감수하다

[2022 지방직]
At this company, we will not put up with such behavior.
이 회사에서, 우리는 그런 행동을 **견딜 수** 없을 것이다.
유 tolerate 참다, 견디다, 내성이 있다
endure 견디다, 지속하다, 겪다, 이기다, 허락하다
withstand 견디다, 이겨내다

0064 run out of — ~이 부족해지다

[2022 지방직]
We've nearly run out of paper. Do you think there's enough for today?
우리 종이가 다 **떨어져 가는데**, 오늘 쓸 만큼은 될 것 같니?

0065 discard — 동 버리다, 저버리다

[2022 지방직]
She could now discard all thought of promotion.
그녀가 이제 승진 생각은 완전히 **버릴 수** 있을 것이다.
- 유 throw away 버리다, 내다버리다
- dispose of 없애다, 처리하다

0066 accident — 명 사고

[2022 지방직]
Driver fatigue was to blame for the accident.
운전자의 피로가 그 **사고**를 초래했다.
- 유 wreck 사고
- collision 사고, 부딪침

0067 intend — 동 의도하다, (…하려고) 생각하다

[2022 지방직]
I didn't intend to hurt you.
네 감정을 상하게 하려는 **의도는** 없었어.
- 유 mean 의도하다
- plan 의도하다, 계획하다

0068 sort — 동 분류하다, 구분하다

[2022 지방직]
The computer sorts the words into alphabetical order.
컴퓨터가 그 단어들을 알파벳순으로 **분류한다**.
- 유 classify 분류하다

0069 surroundings — 명 환경

[2022 지방직]
She felt uneasy in the unfamiliar surroundings.
그녀는 익숙지 않은 **환경**에 있어서 마음이 불안했다.
- 유 environmant 환경
- ambience 환경, 분위기

| 0070 | **describe** | 동 설명하다, 묘사하다 |

[2022 지방직]

The Aira agents, who are available 24/7, can then answer questions, describe objects, or guide users through a location.
24시간 연중무휴로 이용할 수 있는 Aira 에이전트는 질문에 답하거나, 사물을 **설명하거나**, 사용자에게 위치를 안내해줄 수 있다.

유 portray 묘사하다

| 0071 | **location** | 명 위치 |

[2022 지방직]

He showed me our location on the map.
그가 내게 우리가 있는 **위치를** 지도 위에서 가리켜 보였다.

유 position 위치
venue 장소, 현장

| 0072 | **comparison** | 명 비교 |

[2022 지방직]

The comparison of the heart to a pump, however, is a genuine analogy.
그러나 심장을 펌프와 **비교**하는 것은 진정한 비유다.

| 0073 | **genuine** | 형 진짜의, 진실한 |

[2022 지방직]

She is a genuine professional in every respect.
그녀는 모든 면에서 **진정한** 프로이다.

유 sincere 진실한
authentic 진짜의, 진품의

| 0074 | **analogy** | 명 비유, 유사점, 유추 |

[2022 지방직]

An analogy is a figure of speech in which two things are asserted to be alike in many respects that are quite fundamental.
비유는 화법의 일종으로 두가지 사물이 본직절인 면에서 서로 닮았다고 말하는 방식이다.

| 0075 | **assert** | 동 주장하다 |

[2022 지방직]

She continued to assert that she was innocent.
그녀는 계속해서 자기가 무죄라고 주장했다.

유 claim 주장하다
contend 주장하다
maintain 주장하다, 유지하다

| 0076 | **fundamental** | 형 기본적인, 근본적인, 중요한 |

[2022 지방직]

There are three fundamental principles of teamwork.
협동 작업에는 세 가지 **기본적인** 원칙이 있다.

유 underlying 근원적인
basic 근본적인, 기본의

| 0077 | **disparate** | 형 서로 전혀 다른, 이질적인 |

[2022 지방직]

These are disparate things, but they share important qualities.
이것들은 **서로 다른** 것들이지만, 중요한 특성을 공유한다.

유 different 다른
dissimilar 다른

| 0078 | **capacity** | 명 능력, 기능 |

[2022 지방직]

I'm afraid this job is out of my work capacity.
이 일은 제 **능력을** 벗어나는 것 같아요.

유 ability 능력
competence 능력, 능숙함

| 0079 | **equipment** | 명 장비, 용품, 도구 |

[2022 지방직]

The equipment could be dangerous if mishandled.
그 **장비는** 조심성 없이 다루면 위험할 수 있다.

| 0080 | **quarrel** | 동 다투다 명 다툼, 불만 |

[2022 지방직]

I don't want to quarrel with you any more.
너와 더 이상 **다투고** 싶지 않다

유 argue 다투다
fight 싸우다

| 0081 | **disagreement** | 명 의견충돌, 불일치 |

[2022 지방직]

Yet if kids never get exposed to disagreement, we may eventually limit their creativity.
하지만 만약 아이들이 의견 **불일치에** 노출되지 않는다면, 우리는 그들의 창의성을 제한하게 될 것이다.

유 dissent 반대, 반대의견

Day 02   023

0082 conflict
명 갈등, 충돌

[2022 지방직]
He was instrumental in bringing about an end to the conflict.
그 **갈등을** 끝내는 데 그가 중요한 역할을 했다.
유 clash 충돌, 차이

0083 swallow
동 삼키다 명 제비

[2022 지방직]
It is hard to swallow food because of my sore throat.
목이 아파서 음식을 **삼키기가** 힘들다.

0084 infant
명 유아, 아기

[2022 지방직]
Sensory input is very important in the infant learning stages.
지각적 정보는 **유아의** 학습 단계에서 매우 중요하다.
유 newborn 아기, 신생아
baby 아기
toddler 아기

0085 expectation
명 예상, 기대

[2022 지방직]
There was a general expectation that he would win.
그가 이기리라는 것이 일반적인 **예상**이었다.
유 projection 예상

0086 determination
명 결정, 측정, 투지

[2022 지방직]
This determination will serve you well down the road.
이 **결정은** 장래에 여러분에게 좋은 소용이 될 것입니다.

0087 automatic
형 자동적인

[2022 지방직]
Another experiment showed how automatic our positive response to similar others can be.
또 다른 실험은 유사한 다른 사람들에 대한 우리의 긍정적인 반응이 얼마나 **자동적일** 수 있는지를 보여준다.

| 0088 | **petition** | 몡 진정서, 탄원서 |

[2022 지방직] Marchers in an antiwar demonstration were found to be more likely to sign the petition of a similarly dressed requester and to do so without bothering to read it first.
반전 시위에 참가한 시위자들은 비슷한 복장을 한 요청자의 **탄원서에** 서명할 가능성이 더 높으며, 그것을 우선 읽으려고 애쓰지 않고 서명할 가능성이 더 높은 것으로 밝혀졌다.

| 0089 | **demonstration** | 몡 시위, 데모 |

[2022 지방직] The demonstration passed off peacefully.
그 **시위는** 평화적으로 이뤄졌다.
윤 protest 시위

| 0090 | **encounter** | 동 맞닥뜨리다, 부딪히다 |

[2022 지방직] We never know what fate we may encounter.
사람은 언제 어떤 운명과 **맞닥뜨릴지** 모른다.

| 0091 | **basis** | 몡 근거, 기준, 판단 |

[2022 지방직] The centre is run on a non-profit basis.
그 센터는 비영리를 **기본으로** 운영된다.
윤 foundation 토대, 기반

| 0092 | **convince** | 동 납득시키다, 확신시키다 |

[2022 지방직] She utterly failed to convince them.
그녀는 그들을 **납득시키는** 데 완전히 실패했다.
윤 persuade 설득시키다, 납득시키다

| 0093 | **impression** | 몡 인상, 감명 |

[2022 지방직] The experience made an indelible impression on me.
그 경험은 나에게 잊을 수 없는 **인상을** 남겼다.
윤 feeling 감정, 의견

| 0094 | **gravity** | 몡 중력, 심각성 |

[2022 지방직] The planet has gravity and a rocky surface.
이 행성에는 **중력이** 있으며, 바위가 많은 표면도 지니고 있다.

| | **descent** | 명 내려오기, 하강, 혈통 |

[2022 지방직] When the coaster crests the lift hill and begins its descent, its potential energy becomes kinetic energy, or the energy of movement.
코스터가 리프트 언덕을 오르고 넘어 **하강하기** 시작할 때, 그것의 위치 에너지는 운동 에너지, 즉 움직임의 에너지가 된다.

| | **conservation** | 명 보존, 보호 |

[2022 지방직] Water conservation is of great importance in desert areas.
사막지대에서는 물을 **보존하는** 것이 굉장히 중요하다.
유 preservation 보존 protection 보호

| | **wisdom** | 명 지혜, 슬기, 현명함 |

[2022 지방직] Knowledge has little to do with wisdom.
지식은 **지혜와** 별로 관계가 없다.
유 sagacity 현명, 총명

| | **nation** | 명 국가, 나라 |

[2022 지방직] The country no longer wanted to be tagged as a Third World nation.
그 나라는 더 이상 제3세계 **국가**라는 꼬리표가 붙는 것을 원하지 않았다.
유 country 나라

| | **survival** | 명 생존 |

[2022 지방직] Exporting is necessary for our economic survival.
수출은 우리 경제의 **생존을** 위해 필요하다.

| | **argument** | 명 논쟁, 언쟁 |

[2022 지방직] The skill to have a good argument is critical in life.
훌륭한 **논쟁** 기술을 갖는 것은 인생에서 매우 중요하다.
유 quarrel 말다툼

PART 1 공무원 기출어휘

Day 03

0101 unravel
[2022 국가직]

동 풀다, 풀리다

For years, detectives have been trying to unravel the mystery of the sudden disappearance of the twin brothers.
수년 동안 형사들은 쌍둥이 형제의 갑작스러운 실종에 대한 미스터리를 **풀려고** 노력해 왔다.

유 solve 해결하다, 풀다

0102 opulent
[2022 국가직]

형 호화로운, 풍부한, 부유한

Before the couple experienced parenthood, their four-bedroom house seemed unnecessarily opulent.
부부가 부모가 되기 전에는 침실 4개짜리 집이 불필요하게 **호화로워** 보였다.

유 luxurious 호화로운
sumptuous 호화로운

0103 couch potato
[2022 국가직]

명 오랫동안 소파에 가만히 앉아 텔레비전만 보는 사람

A mouse potato is the computer equivalent of television's couch potato: someone who tends to spend a great deal of leisure time in front of the computer in much the same way the couch potato does in front of the television.
마우스 포테이토란 TV의 **카우치 포테이토**와 동등한 컴퓨터 버전이다. TV 앞에서 카우치 포테이토(오랫동안 가만히 앉아 텔레비전만 보는 사람)와 같은 방식으로 컴퓨터 앞에서 많은 여가 시간을 보내는 경향이 있는 사람이다.

0104 stick up for
[2022 국가직]

동 ~을 방어하다, 변호하다, 옹호하다

She taught her children to stick up for themselves at school.
그녀는 자녀들에게 학교에서 스스로를 **방어하라**고 가르쳤다.

유 protect 보호하다, 지키다
defend 보호하다, 방어하다

0105 blow off
[2022 국가직]

동 날리다, 날려버리다

My hat was blown off by the wind while I walked down a narrow street.
좁은 길을 걷다가 모자가 바람에 **날아갔다**.

유 fly off 날리다

0106 compliment　　됭 칭찬하다

[2022 국가직]　Even young children like to be complimented for a job done well.
심지어 어린 아이들도 잘한 일에 대해 **칭찬**을 받는 것을 좋아한다.

유 praise 칭찬하다
credit ~의 공으로 믿다

0107 semiotics　　명 기호학

[2022 국가직]　Semiotics is used today to try to decipher the social context and meaning of words, images and objects.
기호학은 오늘날 단어, 이미지, 개체의 사회적 맥락을 해독하기 위해 사용됩니다.

0108 biblical　　형 성서의, 성경의

[2022 국가직]　Some exegesists assert that the Reformation started from biblical interpretation.
몇몇 성서 번역학자들은 종교 개혁이 **성경** 해석에서 시작되었다고 주장한다.

0109 literary　　형 문학의, 문필의

[2022 국가직]　A major new talent has burst onto the literary scene.
문학의 대단한 새 인재가 혜성처럼 나타난 것이다.

0110 copper　　명 구리

[2022 국가직]　Gold, silver and copper are all metals that have been utilized in coin-making.
금, 은, **구리**는 동전 주조에 사용되어 온 금속이다.

0111 zinc　　명 아연

[2022 국가직]　High-protein foods contain high amounts of zinc.
고단백 음식은 **아연**을 많이 함유하고 있다.

0112 ideal　　형 이상적인

[2022 국가직]　The trip to Paris will be an ideal opportunity to practice my French.
파리 여행은 내 프랑스어를 연습할 **이상적인** 기회가 될 것이다.

0113 stack　⑧ 쌓다, 포개다

[2022 국가직]　In the game, players must position and stack block shapes to fill a grid without leaving spaces in between.
이 게임에서는 플레이어가 벽돌 모형을 배치하며 **쌓아** 격자판 사이에 공간이 남지 않게 채워야 한다.

유 pile up 쌓다
heap up 쌓다, 쌓아 올리다

0114 electron　⑨ 전자

[2022 국가직]　Lasers are possible because of the way light interacts with electrons.
레이저는 빛이 **전자**와 상호작용하는 방식때문에 가능하다.

- neutron　중성자
- proton　양성자

0115 atom　⑨ 원자

[2022 국가직]　An atom is the smallest substance in the world.
원자는 물질의 최소 단위이다.

0116 molecule　⑨ 분자

[2022 국가직]　A molecule of water consists of two atoms of hydrogen and one atom of oxygen.
물의 **분자**는 수소 2, 산소 1의 원자로 구성되어 있다.

0117 orbit　⑨ 궤도　⑧ 궤도를 돌다

[2022 국가직]　The energy levels can be imagined as rings or orbits around a nucleus.
에너지 레벨은 고리 또는 핵 주위의 **궤도**로 생각될 수 있다.

유 trajectory 탄도, 궤적

0118 nucleus　⑨ 핵, 중심

[2022 국가직]　An element is a class of atoms which have the same number of protons in the nucleus.
원소란 **핵** 안에 같은 수의 양성자를 가지고 있는 한 무리의 원자들을 말한다.

유 core 핵, 핵심적인

0119 wavelength　명 파장

[2022 국가직]

The wavelength or color of the emitted light is precisely related to the amount of energy released.
방출되는 빛의 **파장** 또는 색상은 방출되는 에너지의 양과 정확하게 관련되어 있다.

0120 breach　명 위반　동 위반하다, 어기다

[2022 국가직]

He was charged with breach of trust for overlooking the group's wrongdoing.
그는 그룹의 잘못을 간과한 **위반** 혐의로 기소되었다.

유 infringe 위반하다, 침해하다
violate 위반하다, 어기다

0121 distilled　형 증류된, 정제된

[2022 국가직]

Drinking distilled water can be beneficial.
증류수를 마시는 것은 이로울 수 있다.

유 refined 정제된, 세련된

0122 beneficial　형 유익한, 이로운

[2022 국가직]

Recommendation systems are beneficial to both service providers and users.
추천 시스템은 서비스 제공자와 사용자 모두에게 **유익하**다.

유 advantageous 유익한
profitable 유익한, 득이 되는

0123 gorgeous　형 멋진, 화려한

[2022 국가직]

It's gorgeous. How much is it?
멋지네요. 얼마인가요?

유 fabulous 엄청난, 기막히게 좋은
spectacular 장관의, 멋진

0124 funeral　명 장례(식)

[2022 국가직]

Hopi funeral ritual concludes with a break-off between mortals and spirits.
호피족 **장례**의식은 인간과 영혼의 단절로 끝난다.

유 burial 장례(식), 매장

| 0125 | **mortal** | 형 죽음의, 치명적인 명 인간 |

[2022 국가직] He heard the news that the man is suffering from a mortal disease.
그는 그 남자가 **치명적인** 병에 고통스러워한다는 것을 알았다.

유 human being 인간
fatal 치명적인, 파멸적인

| 0126 | **underneath** | 부 밑에, 아래에 |

[2022 국가직] Warm ocean water moving underneath the vast glaciers is causing them to melt even more quickly.
광대한 빙하 **아래에서** 움직이는 따뜻한 바닷물이 빙하를 훨씬 더 빨리 녹게 하고 있다.

유 below 밑에, 아래에
beneath 아래에

| 0127 | **current** | 명 해류 형 현재의, 지금의 |

[2022 국가직] The survey revealed an underwater current more than a mile wide where warm water from the Atlantic Ocean is able to flow directly towards the glacier, bringing large amounts of heat into contact with the ice and accelerating the glacier's melting.
이 조사는 폭이 1마일 이상인 수중 **해류**를 드러냈는데, 여기서는 대서양의 따뜻한 물이 빙하를 향해 곧장 흐를 수 있고, 이는 많은 양의 열을 얼음과 접촉시키고 빙하가 녹는 것을 가속화시킨다.

- ocean current 해류
- sea current 해류

| 0128 | **glacier** | 명 빙하 |

[2022 국가직] Norway has the largest glacier in Northern Europe.
노르웨이는 북유럽에서 가장 큰 **빙하**를 갖고 있습니다.

유 iceberg 빙산

| 0129 | **strip** | 명 조각 동 (껍질을) 벗기다, 없애다 |

[2022 국가직] Don't strip down the wallpaper as long as you get the alternation for it.
대체품을 구하기 전까지 벽지를 **벗겨내지** 마라.

유 undress 벗겨내다, 폭로하다

Day 03

0130 focal
형 중심의

[2022 국가직]

Americans and Japanese made about an equal number of references to the focal fish.
미국인들과 일본인들은 **중심에 있는** 물고기에 대해 거의 같은 수의 언급을 했다.

유 centric 중심의
main 중심의, 주요한

0131 element
명 요소, 성분

[2022 국가직]

A successful campaign should have an element of surprise.
성공적인 캠페인은 기습적인 **요소**가 있어야 한다.

유 component 요소, 부품
factor 요소, 요인

0132 circulate
동 순환시키다, 순환하다

[2022 국가직]

Thus, blood, and life-giving oxygen, are easier for the heart to circulate to the brain.
그러므로 혈액과 생명을 주는 산소는 심장이 뇌로 **순환시키기** 더 쉽다.

유 rotate 순환시키다

0133 gravitational
형 중력의

[2022 국가직]

People can be exposed to gravitational force, or g-force, in different ways.
사람들은 다른 방법으로 **중력**, 즉 관성력에 노출될 수 있다.

0134 localize
동 국한시키다

[2022 국가직]

It can be localized, affecting only a portion of the body.
그것은 신체 일부에만 영향을 미치면서 **국소화** 될 수 있다.

유 confine 제한하다, 가두다
restrict 제한하다, 한정하다

0135 withstand
동 참다, 견디다

[2022 국가직]

The body usually withstands localized or momentary g-force better than sustained g-force.
신체는 보통 국소적이거나 순간적인 관성력을 지속적인 관성력보다 더 잘 **견딘다**.

유 resist 저항하다, 견디다
bear 견디다, 참다
put up with 참다, 견디다

0136 deprive
동 빼앗다(Ⓐ of Ⓑ)

[2022 국가직]
The outcome of his condition could deprive the outfielder of a chance to be exempted from army service.
그의 건강상태의 결과는 그 외야수가 군복무를 면제 받을 기회를 **빼앗을** 수 있다.

유 dispossess 빼앗다, 몰수하다
bereave 빼앗다, 사별하다

0137 horizontal
형 수평의

[2022 국가직]
Sustained g-force applied while the body is horizontal, or lying down, instead of sitting or standing tends to be more tolerable to people, because blood pools in the back and not the legs.
앉거나 서 있는 대신 몸이 **수평상태**이거나 누워 있을 때 가해지는 지속적인 관성력의 경우 다리가 아닌 등에 피가 고이기 때문에 사람들이 더 잘 견디는 경향이 있다.

유 flat 평평한, 수평의
parallel 평행한

■ vertical   수직의

0138 undergo
동 겪다, 경험하다

[2022 국가직]
Some people, such as astronauts and fighter jet pilots, undergo special training exercises to increase their bodies' resistance to g-force.
우주 비행사와 전투기 조종사와 같은 몇몇 사람들은 관성력에 대한 몸의 저항을 증가시키기 위해 특별한 훈련을 **겪는다**.

유 experience 경험하다
go through 경험하다, 겪다

0139 legitimately
부 정당하게

[2022 국가직]
If someone makes you an offer and you're legitimately concerned about parts of it, you're usually better off proposing all your changes at once.
만약 누군가가 당신에게 제안을 하고 당신이 **정당하게** 그것의 일부에 대해 염려한다면, 일반적으로 모든 변경 사항을 한꺼번에 제안하는 것이 좋다.

유 legally 법률적으로, 합법적으로
by right 정당한 권리로

0140 be concerned about   图 ~에 대해 걱정하다

[2022 국가직]

Wherever you are, you should be concerned about hygiene standards.
여러분이 어디 있든지 여러분은 위생 기준**에 대해 걱정해야** 한다.

유 be worried about ~에 대해 걱정하다

0141 be better off   图 더 좋은 상태이다, 더 좋다

[2022 국가직]

The prices are a little bit higher but you'd be better off in the long run.
가격이 좀 세더라도 길게 보면 그게 **더 좋습니다**.

유 be well off 유복하게 지내다, 잘 살다

0142 evolve   图 진화하다, 발전하다

[2022 국가직]

It will take a long time for primitive life to evolve into intelligent beings like us.
원시 생명체가 우리와 같은 지적 생명체로 **진화하는** 데는 오랜 시간이 걸릴 것이다.

유 develop 발전시키다, 발전하다
progress 나아가다, 진전을 보이다

0143 organism   图 유기체, 생물

[2022 국가직]

He proposed that by using or not using certain body parts, an organism develops certain characteristics.
그는 특정 신체 부위를 사용하거나 사용하지 않음으로써 **유기체**는 특정 특성을 발달시킬 수 있다고 제안했다.

유 creature 생물, 창조물
being 존재, 생명체

0144 set the stage for   图 발판을 마련하다

[2022 국가직]

This idea helped set the stage for Darwin.
이 아이디어는 다윈의 (이론의) **발판을 마련하는 데** 도움이 되었다.

유 prepare for ~을 준비하다

0145 pass on to — 동 ~을 전해주다

[2022 국가직]
Lamarck thought that these characteristics would be passed on to the offspring.
라마르크는 이러한 특징이 자손에게 전해질 것이라고 생각했다.

유 deliver to 전달하다, 전해주다
convey to 전달하다

0146 hind leg — 명 뒷다리

[2022 국가직]
Lamarck might explain that a kangaroo's powerful hind legs were the result of ancestors strengthening their legs by jumping and then passing that acquired leg strength on to offspring.
라마르크는 캥거루의 강력한 뒷다리는 조상들이 점프하여 다리를 강화한 다음 얻은 다리 힘을 자손에게 물려준 결과라고 설명할지도 모른다.

0147 acquired — 형 후천의, 획득한

[2022 국가직]
The way we think and behave is mostly acquired.
우리 행동 양식의 대부분은 후천적인 것이다.

유 learned 학습된, 획득한
nurtured 후천의, 획득한

0148 inherit — 동 물려받다, 유전되다

[2022 국가직]
How much pigment builds up in the iris is controlled by our genes, which we inherit from our parents.
홍채에 축적되는 색소의 양은 개개인의 유전자에 의해 결정되며, 이 유전자는 부모로부터 물려받습니다.

유 succeed to ~을 물려받다
fall heir to ~을 상속하다

0149 privacy — 명 사생활, 프라이버시

[2021 국가직]
Privacy was the central challenge in a small data era.
자료가 적을 당시에는 사생활 보호가 쟁점이었습니다.

0150 shape — 동 형성하다 명 모양

[2021 국가직]
Water froze around the poles and shaped the edges of the Earth.
극 주변으로 물이 얼어붙고 지구의 가장자리의 모양을 형성했습니다.

PART 1 공무원 기출어휘

Day 04

0151 in conjunction with 전 ~와 함께

[2021 국가직]

Privacy as a social practice shapes individual behavior in conjunction with other social practices and is therefore central to social life.
사회 관행으로서의 사생활은 다른 사회 관행과 **함께** 개인의 행동을 형성하고 따라서 사회 생활의 중심이 된다.

유 along with ~와 함께

0152 in combination with 전 ~와 결합하여

[2021 국가직]

Nationwide, businesses came to dominate whole industries, either independently or in combination with others.
전국에 걸쳐, 기업체들이 독자적으로 또는 다른 기업체들과 **결합하여** 전체 산업을 지배하게 되었다.

0153 in comparison with 전 ~와 비교하여

[2021 국가직]

Korea's union membership rate is lower in comparison with other advanced countries.
한국의 노조 조직률은 다른 선진국과 **비교해서** 낮은 편이다.

0154 in case of 전 ~의 경우에, ~한 때에는

[2021 국가직]

It will also include what to do in case of an accident.
그것은 또한 응급 상황이 발생할 **경우** 무엇을 해야 하는지를 포함할 것이다.

0155 deceptive 형 속이는, 현혹시키는

[2021 국가직]

Now, we call that a deceptive cadence, because it deceives us.
이런 것을 '**속임수** 마무리'라고 부릅니다. 속임수를 쓰니까요.

유 deceitful 기만적인, 부정직한
fraudulent 사기를 치기 위한

0156	**ubiquitous**	형 어디에나 있는, 편재하는
[2021 국가직]		Now sand is not only on Earth, but sand is *ubiquitous* throughout the universe. 모래는 지구에만 있는 게 아니죠. 하지만 모래는 이 우주 **어디든지 있어요**. 유 omnipresent 어디에나 있는

0157	**unruly**	형 제멋대로인, 다루기 힘든
[2021 국가직]		This novel is about the vexed parents of an *unruly* teenager who quits school to start a business. 이 소설은 사업을 시작하기 위해 학교를 그만두는 한 **제멋대로인** 10대의 부모에 관한 이야기이다. 유 disorderly 제멋대로인, 무질서한 disobedient 반항하는

0158	**callous**	형 냉담한, 굳어진
[2021 국가직]		That meant they were the most *callous* and the most aggressive of the entire prison population. 즉, 제 연구 대상들이 재소자들 중에서도 가장 **냉담하고** 공격적이란 뜻이었습니다. 유 apathetic 무관심한, 냉담한

0159	**reputable**	형 평판이 좋은, 훌륭한
[2021 국가직]		Such unfair practices are unworthy of *reputable* business men. 그러한 부정을 저지른다는 건 **훌륭한** 실업가로서 수치스러운 일이다.

0160	**attempt to** Ⓡ	~하려는 시도, (하기 위해) 시도하다
[2021 국가직]		There was no *attempt to* recompense the miners for the loss of their jobs. 광부들이 실직한 것에 대해 그들에게 보상을 **하려는** 어떤 **시도**도 없었다.

0161	**line up**	동 늘어세우다, 줄을 서다
[2021 국가직]		When the bell rings, *line up* in the hallway without any fuss. 벨이 울리면 조용히 복도에 나가 **줄을 서십시오**.

0162	**give out**	동 공개하다, 나눠 주다, 발산하다
[2021 국가직]		I can't *give out* the personal information of our customers. 저희 고객들의 신상 정보를 **공개할** 수는 없습니다.

0163	**break into**	동 침입하다
[2021 국가직]		They dug tunnels under two different fences to break into the park. 이 동물들은 두 개의 울타리 밑에 터널을 파서 공원으로 **침입했다**.

0164	**enslave**	동 노예로 만들다, ~을 포로로 하다
[2021 국가직]		Atlantic slave trade brought as many as ten million enslaved Africans to the New World to work the plantations. 대서양 노예 무역은 농장에서 일을 시키기 위해서 천만 명에 이르는 아프리카 **노예**를 신대륙에 데려왔다.

0165	**colonial period**	명 식민지 시대
[2021 국가직]		Slavery was also an institution in many African nations, especially before the colonial period. 노예제도는 특히 **식민지 시대** 이전에 많은 아프리카 국가에서 제도였다.

0166	**generous**	형 후한, 관대한
[2021 국가직]		If you keep saying "and one more thing…," she is unlikely to remain in a generous or understanding mood. 당신이 계속해서 "그리고 한 가지 더"라고 말하면, 그녀는 **관대하거나** 이해심 많은 태도를 유지하지 못할 것이다.

0167	**archive**	명 기록 보관소
[2021 국가직]		The state archives of New Jersey hold more than 30,000 cubic feet of paper and 25,000 reels of microfilm. 뉴저지의 주 **기록보관소**에는 30,000 입방피트 이상의 종이와 25,000 리엘의 마이크로 필름이 보관되어 있다.

0168	**reel**	동 비틀거리다, 휘청거리다 명 (필름, 전선 등을 감는) 릴
[2021 국가직]		So why then is the domestic industry reeling from a slump? 그러면 왜 국내 영화계는 슬럼프에 빠져 **비틀거리고** 있는 것인가?

0169	**treasure trove**	명 보물창고
[2021 국가직]		Archives are a treasure trove of material: from audio to video to newspapers, magazines and printed material. 기록 보관소(아카이브)는 오디오에서 비디오, 신문, 잡지 및 인쇄물에 이르기까지 모든 자료의 **보물창고**이다.

0170 minute
명 분 형 사소한, 작은, ~한 순간에

[2021 국가직] According to many scientists, the perfect nap is 10 to 20 minutes long.
많은 과학자들에 따르면, 완벽한 낮잠은 10~20분 정도이다.

0171 oddity
명 이상함

[2021 국가직] There are detailed land grant information to be found, old town maps, criminal records and oddities such as peddler license applications.
자세히 찾을 수 있는 토지 보조금 정보, 구시가지 지도, 범죄 기록, 행상인 면허 신청서와 같은 이상한 것들이 있다.

유 peculiarity 이상함, 특이함

0172 peddler
명 판매원, 행상

[2021 국가직] The peddler sold news-papers by the subway station.
그 판매원은 지하철 역 옆에서 신문을 팔았다.

0173 take a toll on
동 피해를 주다

[2021 국가직] Our low birthrates, coupled with a fast-aging population, has taken a toll on the working population and how it spends.
저출산, 고령화가 노동 인구와 그들의 소비에 피해를 준다.

0174 conceptualization
명 개념화

[2021 국가직] The most widely adopted conceptualization of burnout has been developed by Maslach and her colleagues in their studies of human service workers.
가장 널리 채택된 번아웃 개념화는 Maslach와 그녀의 동료들이 인적 서비스 노동자들에 대한 연구에서 개발되었다.

■ conceptualize 개념화하다

0175 interrelated
형 서로 관계가 있는, 밀접한 관계의

[2021 국가직] Although interrelated, they are not one and the same.
이 두 가지는 서로 밀접한 관계가 있긴 하지만, 그것들은 서로 동일한 것이 아니다.

0176 emotional labor worker
명 감정노동자

[2021 국가직]
Emotional labor workers enter their occupation highly motivated although they are physically exhausted.
감정노동자들은 육체적으로 지쳤지만 의욕이 왕성하다.

0177 blow one's nose
통 코를 풀다

[2021 국가직]
I just blow my nose a lot.
저는 그냥 코를 많이 풀어요.

0178 polar
명 극지, 남극 형 극지의, 양극의

[2021 국가직]
But some deserts are always cold, like the Gobi Desert in Asia and the polar deserts of the Antarctic and Arctic.
하지만 아시아의 고비 사막이나 남극과 북극의 극지방 사막과 같이 어떤 사막들은 항상 춥다.

- polarity — 양극화
- poles apart — 상극의, 정반대의

0179 Arctic
형 북극의, 북극 지방의

[2021 국가직]
This is the foundation of the whole food chain in the Arctic, right here.
이것이, 바로 여기, 북극의 모든 먹이사슬의 시발점이다.

0180 fine dining
명 훌륭한 식사

[2021 국가직]
Excellence is the absolute prerequisite in fine dining.
훌륭한 식사에는 뛰어남이 절대적으로 전제되어야 한다.

0181 axiom
명 공리, 격언, 자명한 이치

[2021 국가직]
It is an axiom of economics that as prices rise, consumers become more discriminating.
물가가 오르면 소비자들이 더 분석적이 된다는 것은 경제학의 공리이다.

유 adage 격언

0182 vocalization
명 발성

[2021 국가직]
Releasing the tension in the face is usually good for vocalization.
얼굴에 긴장을 푸는 것은 발성에 좋다.

| 0183 | **sophistication** | 명 정교함 |

[2021 국가직] Moreover, it exhibits a degree of sophistication that far exceeds any other form of animal communication.
게다가, 그것은 다른 어떤 형태의 동물이건 그 의사소통을 훨씬 능가하는 정도의 **정교함**을 보여준다.

| 0184 | **primate** | 명 영장류 |

[2021 국가직] Even our closest primate cousins seem incapable of acquiring anything more than a rudimentary communicative system.
심지어 우리의 가장 가까운 **영장류** 사촌들도 기본적인 의사소통 시스템 이상의 것은 습득할 수 없을 것처럼 보인다.

| 0185 | **socialism** | 명 사회주의 |

[2021 국가직] During the late twentieth century socialism was on the retreat both in the West and in large areas of the developing world.
20세기 후반 **사회주의**는 서구와 개발도상국의 넓은 지역에서 후퇴하고 있었다.

| 0186 | **interlink** | 동 연결하다, 연결짓다 |

[2021 국가직] Global trading patterns became increasingly interlinked.
세계 무역 패턴은 점점 더 상호 **연계되었다**.
유 weave 엮다, 짜다

| 0187 | **deregulate** | 동 (법적인 규제를) 해제하다 |

[2021 국가직] Advances in information technology meant that deregulated financial markets could shift massive flows of capital across national boundaries within seconds.
정보기술의 발전은 **규제가 완화된** 금융시장이 엄청난 자본의 흐름을 몇 초 안에 국가 경계를 넘어 이동할 수 있다는 것을 의미했다.

| 0188 | **allege** | 동 탄원하다, 주장하다 |

[2021 국가직] Critics alleged that it exploited the low-paid
비평가들은 그것이 저임금을 착취했다고 **주장했다**.
유 assert 주장하다
claim 주장하다
maintain 주장하다, 유지하다

0189 marginalize — 동 내버려두다, ~을 처지게 하다

[2021 국가직]

The new computers marginalize the value of older, slower ones.
새 컴퓨터는 낡고 느린 컴퓨터의 가치를 **떨어뜨린다**.

0190 recognition — 명 인식, 인정, 평가

[2021 국가직]

The environmental movement itself grew out of the recognition that the world was interconnected.
환경운동 자체는 세계가 서로 연결되어 있다는 **인식**에서 비롯되었다.

유 acknowledgment 승인, 인정
appreciation 인정, 감사

0191 affirmative — 명 긍정 형 긍정적인

[2021 국가직]

The affirmative phenomena of globalization in the developing world in the past.
과거 개발도상국에서의 세계화의 **긍정적** 현상.

0192 exploitative — 명 착취적인, 자원 개발의

[2021 국가직]

The exploitative characteristics of global capitalism and diverse social reactions against it.
세계 자본주의의 **착취적** 특성과 그에 대한 다양한 사회적 반응

0193 gravel — 명 자갈 동 곤란케 하다

[2021 국가직]

The yellow egg-shaped rock stood out from a pile of recently unearthed gravel.
최근에 발굴된 **자갈** 더미에서 노란 달걀 모양의 암석이 나왔다.

0194 out of ~ — ~중에서, 밖으로, (원인) ~로부터

[2021 국가직]

Out of curiosity, sixteen-year-old miner Komba Johnbull picked it up and fingered its flat, pyramidal planes.
호기심**에서**, 16세의 광부 Komba Johnbull은 그것을 집어들고 납작하고 피라미드 같은 면들을 손가락으로 만져봤다.

| 0195 | **thumbnail** | 명 엄지손톱, 섬네일(작은 미리보기 사진) |

[2021 국가직]

He knew enough to understand that even a big find would be no larger than his thumbnail.
아무리 큰 것이라도 그의 **엄지손톱**보다 크지 않을 것이라는 것을 충분히 알고 있었다.

| 0196 | **gash** | 명 갈라진 틈, 깊은 상처 |

[2021 국가직]

He brought it over to one of the more experienced miners working the muddy gash deep in the jungle.
그는 그것을 정글 **깊숙한** 곳에서 진흙탕을 파는 더 경험 많은 광부들 중 한 명에게 가져다주었다.

| 0197 | **whisper** | 동 속삭이다 |

[2021 국가직]

"Put it in your pocket." he whispered.
"그거 주머니에 넣어." 그가 **속삭였다**.

유 murmur 중얼대다

| 0198 | **vex** | 동 성가시게 하다, 짜증나게 하다 |

[2021 국가직]

These problems vex the mind of Europe.
이러한 문제가 유럽인들의 마음을 **성가시게 하고** 있다.

유 distress 괴롭히다, 고통스럽게 하다
bother 귀찮게 하다, 괴롭히다
annoy 짜증나게 하다

| 0199 | **compulsive** | 형 충동적인, 강제적인 |

[2021 지방직]

For many compulsive buyers, the act of purchasing, rather than what they buy, is what leads to gratification.
많은 **충동** 구매자들에게, 그들이 사는 것보다 구매하는 행위가 만족으로 이어지는 것이다.

유 obsessive 강박적인, 망상적인

| 0200 | **deception** | 명 속임수, 사기 |

[2021 지방직]

The whole episode had been a cruel deception.
그 에피소드가 모두 잔인한 **속임수**였던 것이다.

유 deceit 속임수, 사기, 기만

PART 1 Day 05

201 gratification
명 만족, 희열, 기쁨

[2021 지방직]
His success is a great gratification to us all.
그의 성공은 우리 모두에게 큰 **기쁨**이다.

202 liveliness
명 쾌활함, 활발함

[2021 지방직]
The beauty of the game lies in its liveliness.
그 경기의 묘미는 **활발**한 데에 있다.

203 tranquility
명 고요, 평안, 냉정

[2021 지방직]
I love the tranquility of the countryside.
나는 시골의 **고요함**을 사랑한다.
유 calmness 평온함

204 satisfaction
명 만족, 충족

[2021 지방직]
The company is trying to improve customer satisfaction.
그[본] 회사에서는 고객 **만족**을 개선하려고 애쓰고 있다.

205 productivity
명 생산성, 생산력

[2021 지방직]
Energy, motivation, productivity, engagement, and commitment can all take a hit, at work and at home.
에너지, 동기부여, **생산성**, 참여, 헌신은 직장과 가정에서 모두 타격을 입을 수 있다.

206 engagement
명 약혼, 약속

[2021 지방직]
They haven't formally announced their engagement yet.
그들이 **약혼**을 아직 공식적으로 발표하지는 않았다.
유 commitment 약속, 헌신

| 0207 | **take a hit** | 동 타격을 입다 |

[2021 지방직]

They are going to take a hit with this.
그들은 이 일로 **타격을 입을** 것이다.

| 0208 | **be away from** | 동 ~로부터 떨어져 있다 |

[2021 지방직]

I don't want to be away from home for too long.
나는 너무 오래 집**을 떠나 있고** 싶지 않다.

■ **do away with** 폐지하다(=abolish)

| 0209 | **now and then** | 때때로, 가끔 |

[2021 지방직]

Now and then, it gets very cold, around minus 20 degrees Celsius.
때때로 영하 20도 정도까지 매우 추워지기도 한다.

유 from time to time 때때로
occasionally 때때로, 가끔

| 0210 | **aide** | 명 측근, 보조자, 고문 |

[2021 지방직]

During his meeting with the presidential aides last Monday, the President called for those present to open up more communication channels with the public.
지난 월요일 대통령 **보좌관**들과의 회담에서, 대통령은 참석자들이 대중과 더 많은 소통 채널을 열 것을 요구했다.

| 0211 | **channel** | 명 채널 동 보내다 |

[2021 지방직]

This enables the broadcasting of several different television channels with the currently used broadcast signal.
이는 현재 사용되고 있는 방송 신호를 이용해 다양한 텔레비전 **채널** 방송을 가능하게 한다.

| 0212 | **public** | 명 대중, 일반 국민 |

[2021 지방직]

They finally bowed to pressure from the public.
그들이 마침내 **대중**의 압박을 받아들였다.

| 0213 | **fall on** | 동 습격하다, 쓰러지다, ~의 책임이다 |

[2021 지방직]

Unfortunately, my mother slipped and fell on the slidewalk.
유감스럽게도 어머니께서 눈이 얼어붙은 길 위에서 미끄러져 **넘어지셨다**.

Day 05 045

0214 pick up
동 들어올리다, 회복하다, ~을 데려오다, 사다

[2021 지방직] Sales have picked up 14% this year.
매출이 올해 14%가 **개선되었다**.

0215 calligraphy
명 서예, 서도

[2021 지방직] In studying Chinese calligraphy, one must learn something of the origins of Chinese language and of how they were originally written.
중국 **서예**를 공부할 때는, 중국 언어의 기원과 그것이 어떻게 쓰였는지 알아야 한다.

- cartography 지도제작술

0216 needless to say
말할 필요도 없이

[2021 지방직] She attempted a new method, and needless to say had different results.
그녀는 새로운 방법을 시도해보았고, **두말할 것도 없이** 다른 결과를 얻었다.

0217 analytical
형 분석적인, 분석의

[2021 지방직] The definition of 'turn' casts the digital turn as an analytical strategy.
TURN 이라는 말의 정의는 디지털 TURN을 **분석적** 전략으로 채택한다.

유 systematic 체계적인, 분석적인

0218 focus on
동 ~에 집중하다, ~에 초점을 맞추다

[2021 지방직] I need a certain level of peace and quiet to focus on my work.
일에 **집중하기** 위해서는 어느 정도의 평온함과 정숙함이 필요합니다.

유 concentrate on ~에 집중하다

0219 polydirectional
형 다방향성의

[2021 지방직] SNS are polydirectional, meaning that users can connect to each other and share information.
SNS는 **다방향성이다**. 이는 다양한 사람들과 접속하고 그들과 정보를 공유할 수 있다는 것을 의미한다.

0220 activist
명 활동가, 운동가

[2021 지방직] Growing concern about global climate change has motivated activists to organize campaigns.
지구 기후 변화에 대한 우려가 커지면서 **활동가**들은 캠페인을 조직하게 되었다.

221 fossil fuel
명 화석 연료

[2021 지방직]
Oil is a fossil fuel, and comes from deep in the ground.
석유는 땅속 깊은 곳에서 채취되는 **화석 연료**이다.

222 extraction
명 뽑아냄, 추출, 추출물

[2021 지방직]
It's a mental process, and it's a process of extraction.
정신적인 과정이고, 어떤 것을 **추출**해내는 과정이죠.

223 renewable
형 재생 가능한

[2021 지방직]
The oilionaire has recently started a renewable energy business.
석유 산업으로 큰돈을 번 사람이 최근 **재생** 에너지 사업을 시작했다.

224 large-scale
형 대규모의, 대대적인

[2021 지방직]
We see the same large-scale structure, but we see additional small-scale structure.
마찬가지로 **대규모** 구조 외에 소규모 구조도 볼 수 있게 되었습니다.

225 inability
명 무능력

[2021 지방직]
Since birth, we have both suffered from the inability to fly on our own.
태어났을 때부터 여러분과 저는 모두 혼자서 하늘을 날 수 없는 **무능**에 시달립니다
유 incompetence 무능

226 as much as
~만큼

[2021 지방직]
Or more precisely, a kilogram weighs exactly as much as this cylinder.
더 정확히 말하면, 1킬로그램은 정확히 이 실린더**만큼** 무게가 나간다.

227 stay cool
동 침착하게 행동하다, 냉정을 잃지 않다

[2021 지방직]
The most important thing is to stay cool.
가장 중요한 것은 **차분하게 있는** 것이야.

0228 (just) around the corner — 임박하여
[2021 지방직]
A new semester is around the corner.
새 학기가 **코앞에 다가왔어**.

0229 drag on — 동 질질 끌다
[2021 지방직]
Vacation has dragged on for weeks.
휴가가 몇 주째 **계속되고 있어**.

0230 on the tip of one's tongue — 말이 입끝에서 뱅뱅 돌 뿐 생각이 안 나다
[2021 지방직]
It is right on the tip of my tongue, but I can't remember it.
혀에 맴도는데 기억이 나지 않아.

0231 far from — 결코 ~ 아니다, ~에서 먼
[2021 지방직]
Their conversations are far from frivolous.
그들의 대화는 시시함과는 **거리가 멀다**.

0232 notably — 부 눈에 띄게
[2021 지방직]
Sports are notably absent.
스포츠는 **눈에 띄게** 부재하다.

0233 stick to — 동 고수하다, 집착하다
[2021 지방직]
Women also tend to move quickly from one subject to another in conversation, while men usually stick to one subject for longer periods of time.
여성들 역시 대화에서 한 주제에서 다른 주제로 빠르게 이동하는 경향이 있는 반면, 남자들은 보통 한 주제에 더 오랜 시간 **집착한다**.

유 adhere to 고수하다, 집착하다

234	**put aside**	동 치우다, 한쪽에 두다, 저축하다
[2021 지방직]		This difference can be an advantage for men, as they can put other matters aside and concentrate fully on the topic being discussed. 그들은 다른 문제들을 **제쳐두고** 토론되는 주제에 완전히 집중할 수 있기 때문에, 이러한 차이는 남성들에게 이점이 될 수 있다.

235	**heading**	명 표제, 제목, 방향
[2021 지방직]		All three came under the general heading of 'natural philosophy' 이 세 가지 모두 '자연철학'이라는 **제목** 아래 있었다.

236	**deceleration**	명 감속, 감화
[2021 지방직]		"That's a concrete deceleration", Mr. Roach added. 로치는 "그것은 명확한 **감속**입니다."라고 덧붙였다. 유 slowdown 감속, 둔화 decline 감소, 감퇴

237	**free up**	동 개방하다, 규제를 풀다
[2021 지방직]		This will remove any wasted space and will free up some disk space. 불필요하게 사용된 공간을 제거하여 하드 디스크 여유 공간을 **늘립니다**.

238	**refugee**	명 난민
[2021 지방직]		They sponsored two refugee families from Vietnam to come to Canada in the 1970s. 그들은 1970년대에 캐나다로 오기 위해 베트남에서 온 두명의 **난민** 가족을 후원했다.

239	**premeditation**	명 (사전) 계획
[2021 지방직]		The Stoics recommended "the premeditation of evils," or deliberately visualizing the worst-case scenario. 스토아 학파들은 "악의 **계획**" 또는 의도적으로 최악의 상황을 시각화하라고 권고했다.

0240 visualize
동 시각화하다, 마음에 떠올리다

[2021 지방직]

So he chooses something that he can visualize clearly in his mind.
그래서 그는 마음속에서 **시각화** 할 수 있는 것을 선택합니다.

유 imagine 상상하다
envision 상상하다, 마음속에 그리다

0241 soberly
부 냉정히, 진지하게

[2021 지방직]

When you soberly picture how badly things could go in reality, you usually conclude that you could cope.
당신이 현실에서 상황이 얼마나 악화될 수 있는지를 **냉정하게** 상상할 때, 대개 당신이 대처할 수 있다고 결론짓는다.

0242 lean into
동 기울어지다, ~에 몸을 기대다, ~에 집중하다

[2021 지방직]

Positive thinking always leans into the future, ignoring present pleasures.
긍정적인 생각은 항상 현재의 즐거움을 무시한 채 미래로 **기울어진다**.

0243 go bad
동 상하다

[2021 지방직]

When the weather is hot, it is easy for food to go bad.
날씨가 더울 때에는 음식이 **상하기** 쉽다.

0244 identity
명 정체성, 독자성

[2021 지방직]

Psychologists claim that work also gives people an identity.
심리학자들은 일이 사람들에게 **정체성**을 준다고 주장한다.

0245 incumbent on
형 ~에게 의무로 지워지는

[2021 지방직]

"It's incumbent on us to not only take care of ourselves and each other but also to build a better world around us."
"우리 자신과 서로를 돌볼 뿐만 아니라 우리 주변에 더 나은 세상을 만드는 것이 우리에게 주어진 **의무입니다**"

246 microwave
명 전자레인지, 초단파

[2020 국가직]

Extensive lists of microwave oven models and styles along with candid customer reviews and price ranges are available at appliance comparison websites.
전자레인지 모델과 스타일에 대한 광범위한 목록과 솔직한 고객 리뷰 및 가격대는 어플라이언스 비교 웹사이트에서 확인할 수 있다.

247 candid
형 솔직한, 진솔한

[2020 국가직]

Let's open our minds to each other and have a candid conversation.
우리 서로에게 마음의 문을 열고 **솔직한** 대화를 나눠보자.
유 frank 솔직한, 터놓은
unreserved 격의 없는

248 appliance
명 (가전) 기기

[2020 국가직]

I was the business analyst for our team's engagement with a major digital appliance company which was experiencing huge profit loss.
비즈니스 분석 담당자로서 큰 폭의 적자를 보는 주요 디지털 **가전제품** 제조사가 저희 고객이었습니다.
유 device 장치, 고안품

249 vegetation
식물, 초목

[2020 국가직]

We fought our way through the dense vegetation.
우리는 울창한 **초목**을 힘겹게 뚫고 길을 나아갔다.

250 volcano
명 화산

[2020 국가직]

The volcano could erupt at any time.
그 **화산**은 언제든지 분출할 수 있을 것이다.

Day 06

0251 conspicuous   형 눈에 띄는, 과시적인

[2020 국가직]

It had been known for a long time that Yellowstone was volcanic in nature and the one thing about volcanoes is that they are generally conspicuous.
옐로우스톤이 본래 화산성이라는 것은 오래 전부터 알려져 있었고 화산의 한 가지 사실은 그것들이 일반적으로 **눈에 잘 띈다**는 것이다.

유 noticeable 눈에 띄는, 이목을 끄는
apparent 분명한, 명백한, 뚜렷한
obvious 명확한, 분명한

0252 vaporous   형 수증기가 가득한, 공허한

[2020 국가직]

It was all based on vaporous "hope".
그것은 모두 **헛된** 희망에 기초한 것이었다.

- vapor   수증기
- evaporate   증발하다

0253 dangerous   형 위험한

[2020 국가직]

It was a dangerous journey through thickening fog.
짙어지는 안개 사이를 나아가는 것은 **위험한** 여정이었다.

유 perilous 위험한, 모험적인; 위기에 처한
hazardous 위험한
risky 위험한, 모험적인

0254 noticeable   형 눈에 띄는

[2020 국가직]

This effect is particularly noticeable in younger patients.
이런 효과는 젊은 환자들에게서 특히 **뚜렷이** 나타난다.

유 obvious 명백한, 분명한
conspicuous 눈에 띄는, 과시적인
apparent 명백한

0255 inside out
부 철저하게, (안팎을) 뒤집어

[2020 국가직]

He's the best person to tell you how to get there because he knows the city inside out.
그는 도시를 **속속들이(완전하게)** 알고 있기 때문에 그곳에 어떻게 가는지 말해줄 수 있는 가장 좋은 사람이다.

유 thoroughly 철저하게, 완벽하게

0256 culturally
부 문화적으로

[2020 국가직]

This is a big change, both culturally and practically.
이것은 **문화적으로**도 실질적으로도 큰 변화이다.

0257 thoroughly
부 대단히, 완전히

[2020 국가직]

We thoroughly enjoyed our time in New York.
우리는 뉴욕에서 보내는 시간을 **완전히** 즐겼다.

유 utterly 완전히, 전적으로
inside out 철저히, (안팎을) 뒤집어

0258 tentatively
부 임시로, 시험적으로

[2020 국가직]

It's tentatively scheduled for July.
잠정적으로 7월로 예정되어 있습니다.

유 provisionally 잠정적으로, 임시로
on trial 시험적으로

0259 pay tribute to
동 ~에게 경의를 표하다, 찬사를 보내다

[2020 국가직]

All along the route were thousands of homespun attempts to pay tribute to the team, including messages etched in cardboard, snow and construction paper.
그 길 내내 판지, 눈, 건설용지에 새겨진 메시지들을 포함하여 그 팀을 **추모하기** 위한 수천 개의 소박한 시도들이 있었다.

유 honor 경의를 표하다, 기념하다
homage 존경, 경의, 경의를 표하다

0260 publicize
동 알리다, 광고하다

[2020 국가직]

They flew to Europe to publicize the plight of the refugees.
그들은 난민들의 곤경을 널리 **알리기** 위해 유럽으로 날아갔다.

유 advertise 광고하다

0261 join
동 합류하다, 연결하다, 들어오다

[2020 국가직]
She beckoned him to come and join them.
그녀가 그에게 와서 그들과 **합류하라고** 손짓을 보냈다.

유 enter 들어가다

0262 raisin
명 건포도

[2020 국가직]
Raisins were once an expensive food, and only the wealthy ate them.
건포도는 한때는 비싼 음식이었고, 부유한 이들만이 먹었다.

0263 intensity
명 강도, 강렬함, 강함, 격렬함

[2020 국가직]
The intensity of a color is related to how much gray the color contains.
색채의 **강도**는 얼마나 많은 회색이 섞여있는가와 관련이 있다.

0264 take apart
동 분해하다, 해부하다, 제거하다

[2020 국가직]
It is easy to assemble and take apart the toy car.
그 장난감 자동차를 조립하고 **분리하는** 것은 쉽다.

유 sever 분리하다, ~을 절단하다
disassemble 분해하다, 해체하다

0265 foundational
형 기본의, 기초적인

[2020 국가직]
Hearing what other people have to say, especially about concepts we regard as foundational, is like opening a window in our minds and in our hearts.
특히 우리가 **기본**이라고 여기는 개념에 대해 다른 사람들이 하는 말을 듣는 것은 우리의 마음과 가슴에 창을 여는 것과 같다.

유 fundamental 기본적인, 근본적인, 중요한
basic 기본의, 근본적인

0266 echo
명 메아리, 모방 동 되풀이하다

[2020 국가직]
You have to know what you're talking about, meaning that you have an original point and are not echoing a worn-out, hand-me-down or pre-fab argument.
당신은 당신이 무슨 말을 하고 있는지 알아야 한다. 즉, 당신이 독창적인 요점을 가지고 있고 닳고 닳은, 기성품 같은 독창성 없는, 조립식 건물과 같은 이전의 주장을 **반복하고** 있지 않다는 것을 의미한다.

유 iterate ~을 되풀이하여 말하다, 반복하다

0267 authentically
🟢 튀 확실하게, 진정으로

[2020 국가직]
You respect the people with whom you're speaking and are authentically willing to treat them courteously.
당신은 당신이 대화하고 있는 사람들을 존중하고, **진정으로** 기꺼이 그들을 정중하게 대한다.

0268 discernment
🟢 명 안목, 인식력

[2020 국가직]
You have to be both smart and informed enough to listen to what the opposition says while handling your own perspective on the topic with uninterrupted good humor and discernment.
끊임없이 좋은 유머와 **안목**을 가지고 주제에 대한 당신 자신의 관점을 다루면서 상대방의 말을 들을 수 있을 만큼 똑똑하고 충분한 정보를 가지고 있어야 한다.

유 awareness 인식, 의식, 지각, 인지도, 경각심
insight 통찰력, 보여줌, 이해, 식견

0269 demographic
🟢 형 인구(통계)학의

[2020 국가직]
The future may be uncertain, but some things are undeniable: climate change, shifting demographics, geopolitics.
미래는 불확실할지 모르지만 기후 변화, **인구** 이동, 지정학 등 부정할 수 없는 것도 있다.

0270 wrestle
🟢 동 몸싸움을 벌이다, 맞붙어 싸우다

[2020 국가직]
Artists in the future will wrestle with the possibilities of the post-human.
미래의 예술가들은 Post-human에 대한 가능성을 해결하려 **애쓰게** 될 것이다.

0271 intelligence
🟢 명 지능

[2020 국가직]
She was endowed with intelligence and wit.
그녀는 타고난 **지능**과 재치가 있었다.

유 intellect 지력, 지성

0272 environmentalism
🟢 명 환경 결정론(유전보다 환경을 중시함)

[2020 국가직]
The identity politics seen in art around the #MeToo and Black Lives Matter movements will grow as environmentalism, border politics and migration come even more sharply into focus.
#MeToo 운동이나, Black Lives Matter 운동 등에서 보여지는 "정체성 정치운동(Identity Politics)"은 **환경 결정론**, 국경 정치, 이주 등이 보다 또렷해지면서 계속해서 성장해나갈 것이다.

0273 come into focus
동 뚜렷이 보이다, 뚜렷해지다

[2020 국가직]
It doesn't come into focus yet why he ran away from home.
그가 가출한 이유는 아직 **뚜렷하지** 않다.

유 manifest 분명해지다

0274 be wary (of)
동 ~을 조심하다

[2020 국가직]
Be wary of strangers who offer you a ride.
너를 차에 태워주겠다고 하는 낯선 사람들**을 조심해라**.

0275 all but
부 거의, ~외에 모두

[2020 국가직]
It was all but impossible to read his writing.
그의 필체를 읽는 것은 **거의** 불가능했다.

유 almost 거의

- anything but   절대 ~아니다(= never)
- nothing but   단지(= only)

0276 anonymity
명 익명, 특색 없음

[2020 국가직]
Names of people in the book were changed to preserve anonymity.
그 책에 나오는 사람들의 이름은 **익명성**을 지킬 수 있도록 바꿨다.

유 indistinction 특색 없음

0277 infringe
동 침해하다, 위반하다

[2020 국가직]
A well-regulated Militia, being necessary to the security of a free State, the right of the people to keep and bear Arms, shall not be infringed.
질서 정연하게 규율된 민병대는 자유주(free state)의 안보에 반드시 필요하므로 무기를 보유하고 소지할 국민의 권리는 **침해될** 수 없다.

유 violate 위반하다, 침해하다, 어기다, 위배하다
breach 어기다, 침해하다
trespass 무단침입, 침해하다

| 0278 | **amendment** | 명 개정, 수정, 수정헌법 |

[2020 국가직]

Supreme Court rulings, citing this amendment, have upheld the right of states to regulate firearms.
대법원의 판결은 이 **개정안**을 인용하여 총기 규제권을 유지했다.

| 0279 | **firearms** | 명 (소형) 무기, 화기 |

[2020 국가직]

The legislation will be widened to include all firearms.
법률 제정이 모든 **무기**를 포함시킬 수 있도록 확대될 것이다.

유 gun, rifle, pistol 소형 화기

| 0280 | **birthright** | 명 생득권(태어날 때부터 갖는 권리) |

[2020 국가직]

A number of gun advocates consider ownership a birthright and an essential part of the nation's heritage.
많은 총기 옹호자들은 총기 소유권이 **생득적 권리**이며 국가적 유산의 필수적인 부분이라고 생각한다.

| 0281 | **homicide** | 명 살인, 살인범 |

[2020 국가직]

The United States also has the highest homicide-by-firearm rate among the world's most developed nations.
미국은 또한 세계 대부분의 선진국 중에서 총기 **살인**율이 가장 높다.

유 murder 살인, 살해, 죽이다

| 0282 | **cause-and-effect** | 형 인과 관계의 |

[2020 국가직]

But many gun-rights proponents say these statistics do not indicate a cause-and-effect relationship.
그러나 많은 총기 권리 옹호론자들은 이러한 통계들이 **인과관계**를 나타내지는 않는다는 것에 주목한다.

= causal   인과의, 원인을 나타내는

| 0283 | **overturn** | 동 뒤집다, 바꾸다 |

[2020 국가직]

In 2008, the U.S. Supreme Court overturned Washington, D.C. laws banning handguns.
2008년 미국 연방대법원은 워싱턴DC의 권총 금지법을 **뒤집었다**.

유 reverse 반대의, 뒤집다, 바꾸다, 되돌리다, 파기하다

Day 06

284 book
동 예약하다 명 책

[2020 국가직]

Hello, I'd like to book a room.
안녕하세요, 방을 **예약하고** 싶습니다.

유 reserve 예약하다, 잡아두다, 비축물

285 attention
명 주의, 주목

[2020 국가직]

Parents who homeschool argue that they can monitor their children's education and give them the attention that is lacking in a traditional school setting.
홈스쿨링을 하는 학부모들은 자녀의 교육을 모니터링 할 수 있고 전통적인 학교 환경에서는 부족한 **관심**을 줄 수 있다고 주장한다.

286 lacking
형 결여된, ~이 없는

[2020 국가직]

The book is completely lacking in originality.
그 책은 독창성이라고는 전혀 **없다**.

유 deficient 부족한, 불충분한
missing 빠져 있는
short 짧은, 단기의, 부족한(of)

287 school setting
명 학교 환경

[2020 국가직]

We can learn what we need to know in a school setting, which will then prepare us for a work setting.
우리는 **학교 환경**에서 우리가 알아야 할 것을 배울 수 있고, 이것은 우리가 직장 환경에 대비하도록 도울 것이다.

288 social skill
명 사회적 기능

[2020 국가직]

Critics of homeschooling say that children who are not in the classroom miss out on learning important social skills.
홈스쿨링 비평가들은 교실에 있지 않은 아이들이 중요한 **사회적 기술**을 배우는 것을 놓친다고 말한다.

289 interaction
명 상호 작용, 상호의 영향

[2020 국가직]

They have little interaction with their peers.
그들은 친구들과의 **상호작용**이 거의 없다.

유 communication 통신, 소통, 커뮤니케이션, 대화, 교통

0290 obsession
명 강박 상태, 집착

[2020 국가직]
For many people, work has become an obsession.
많은 이들에게 있어서 노동은 **강박**이 되어왔다.

0291 burnout
명 극도의 피로, 연료의 소진

[2020 국가직]
It has caused burnout.
그것은 **번아웃**을 일으켜 왔다.

0292 gender inequity
명 성 불평등

[2020 국가직]
Gender inequities are prevalent.
성 불평등이 만연하다.

0293 push back
동 반발하다, 밀치다

[2020 국가직]
But increasingly, younger workers are pushing back.
그러나 점차적으로 젊은 노동자들은 **반발하고 있다**.

유 repel 반발하다, 쫓아버리다
resist 저항하다

0294 flexibility
명 탄력성, 융통성, 유연성

[2020 국가직]
More of them expect and demand flexibility.
그들 중 많은 수가 **탄력성**을 기대하고 요구한다.

0295 cardiovascular
형 심혈관의

[2020 국가직]
Experiencing frequent psychological stress can be a significant risk factor for cardiovascular disease.
심리적 스트레스를 경험하는 것이 **심혈관** 질환의 중요한 위험 요인이 될 수 있다.

0296 note
동 주목하다 명 메모

[2020 국가직]
The researchers noted that listening to music while driving helps relieve the stress that affects heart health.
과학자들은 운전 중 음악을 듣는 것이 심장 건강에 영향을 주는 스트레스를 더는 데 도움이 된다는 사실에 **주목했다**.

유 take notice of 주목하다, 알아차리다

0297 gland
명 (분비)선, 샘

[2020 국가직] It sends electrical messages to various **glands**, organs that release chemical hormones into the bloodstream.
그것은 여러 가지 **분비선**, 즉 화학 호르몬을 혈류로 방출하는 기관에 전기 메시지를 보낸다.

- the sweat gland — 땀샘

0298 chemical
형 화학의 **명** 화학 물질

[2020 국가직] What is the **chemical** symbol for copper?
구리의 **화학** 기호가 뭐지?

- biochemical — 생화학의

0299 pump out
동 끊임없이 공급하다, ~을 쏟아 내다, 만들어 내다

[2020 국가직] The adrenal glands above the kidneys, for example, **pump out** adrenaline, the body's stress hormone.
예를 들어 신장 위의 부신은 신체의 스트레스 호르몬인 아드레날린을 **뿜어낸다**.

0300 widening
명 확대, 확장

[2020 국가직] Adrenaline travels all over the body doing things such as **widening** the eyes to be on the lookout for signs of danger.
아드레날린은 위험의 징후를 경계하기 위해 눈을 **크게 뜨게 하는** 것 등을 하면서 온몸을 돌아다닌다.

PART 1 공무원 기출어휘 Day 07

0301 skeletal
형 뼈대의, 골격의, 해골 같은

[2020 국가직]

He has written only a skeletal plot for the book so far.
그는 지금까지 그 책의 **뼈대가 되는** 줄거리밖에 못 썼다.

유 emaciated 쇠약한

0302 lash out
동 채찍질하다, 혹평하다, 때리다

[2020 국가직]

But some skeptics argue this could anger the North and make them lash out with military force.
하지만 다른 사람들은 북한이 이로 인해 더 화가 나 군사적 도발을 **가할** 수 있을 것이라고 보고 있다.

유 blame 비난하다

0303 shatter
동 산산이 부서지다 명 파괴

[2020 국가직]

He imagined that a special coating might be applied to a glass windshield to keep it from shattering.
그는 그처럼 빨리 유리가 **부서지지** 않도록 유리에 특별한 코팅이 가해질 수도 있겠다는 상상을 했다.

유 smash 부서지다, 깨다, 충돌하다, 박살내다

0304 solution
명 용액, 해결책, 해결

[2020 국가직]

When he examined the flask he found that it contained a film coating inside, a residue remaining from a solution of collodion that the flask had contained.
그가 플라스크를 검사했을 때, 플라스크 안에 필름 코팅이 있었다. 이것은 플라스크가 함유한 콜라디온 **용액**의 잔여물이었다.

0305 thereafter
부 그 후에, 그리고 나서

[2020 국가직]

Not long thereafter, he succeeded in producing the world's first sheet of safety glass.
그 후 얼마 지나지 않아 그는 세계 최초의 안전유리를 제작하는 데 성공했다.

0306 attraction
명 관광지, 명소, 매혹, 인력

[2020 국가직] Its main attraction is seaside Old Town.
그것의 주요 **명소**는 해변의 올드 타운이다.

0307 seaside
명 해변(바닷가) 형 해변의

[2020 국가직] I had a grand day out at the seaside.
나는 **해변**에 나가 아주 즐거운 하루를 보냈다.

유 coastal 해안의

0308 surrounded
형 둘러싸인

[2020 국가직] The factory is surrounded by electric fencing.
그 공장에는 전류가 흐르는 울타리가 **둘러쳐져** 있다.

유 encircled 둘러싸인

0309 updraft
명 상승기류

[2020 국가직] An updraft may start over ground that is more intensely heated by the sun than the land surrounding the area.
상승기류는 지역을 둘러싸고 있는 주변 땅들 보다 태양에 의해 더욱 가열된 땅 위에서 시작 할 지도 모른다.

0310 miasma
명 (지저분한·불쾌한) 공기, 냄새

[2020 국가직] A miasma of stale alcohol hung around him.
그에게서는 시큼한 술 **냄새**가 났다.

유 stink 악취

0311 proactive
형 적극적인, 주도하는

[2020 국가직] The city of Dubrovnik has been proactive in trying to curb cruise ship tourism.
두브로브니크 시는 크루즈선 관광을 억제하기 위해 **적극적으로** 노력해 왔다.

0312 perpetual
형 영속하는, 끊임없이 계속되는

[2020 국가직] But nothing will save Old Town from the perpetual swarm of tourists.
그 어떤 것도 올드 타운을 **끊임없는** 관광객 무리로부터 구하지 못할 것이다.

유 constant 일정한, 지속적인, 끊임없는, 계속되는, 부단한
endless 끝없는, 무한한, 많은, 장황한

0313 alive
형 살아 있는, 생기 넘치는(보어 전용)

[2020 국가직] When an organism is alive, it takes in carbon dioxide from the air around it.
유기체가 **살아 있을** 때, 그것은 주변의 공기에서 이산화탄소를 흡수한다.

유 living 살아 있는, 생활의, 생계, 생존하는, 존재하는

0314 next to
전 ~ 바로 옆에, 나란히

[2020 국가직] A detector next to the living organism would record radiation.
살아있는 유기체 **옆에 있는** 검출기는 방사선을 기록할 것이다.

유 neighboring 이웃의, 나란히 있는

0315 radiation
명 방사선, 복사, 방사선 치료

[2020 국가직] The sun's radiation penetrates the skin.
태양의 **방사선**은 피부를 뚫고 들어간다.

- radiotherapy 방사선 치료

0316 inescapable
형 피할 수 없는

[2020 국가직] The inescapable fact is that it caused more trouble than necessary.
피할 수 없는 사실은 그것이 필요 이상으로 문제를 일으켰다는 것이다.

0317 collective
형 집단의, 단체의

[2020 국가직] Maintaining the lead in the market requires our foremost collective effort.
시장에서 선두를 유지하려면 앞서 가는 **공동의** 노력이 요구됩니다.

0318 inevitably
부 불가피하게, 아니나 다를까

[2020 국가직] New ones inevitably appeared to replace them.
불가피하게 새로운 종들이 그들을 대체하기 위해 나타났다.

유 unavoidably 불가피하게

Day 07 063

0319 emerging

형 최근에 만들어진

[2020 국가직]

A new order seems to be emerging.
새로운 체제가 **부상하고 있는** 것 같다.

유 minted 최근 생겨난

- emerge   나오다, 생겨나다, 부각되다

0320 immense

형 거대한, 엄청난, 어마어마한, 끝없는

[2020 국가직]

Multicellular forms evolved over this immense period.
다세포적인 형태들이 이 **끝없는** 시기에 걸쳐 진화했다.

0321 speciation

명 종분화, 종형성

[2020 국가직]

The origine of new species is the natural process of speciation responsible for generating this remarkable diversity of living creatures with whom humans share the planet.
새로운 종의 기원은 **분화**라는 자연적 과정인데, 이것이 인간이 행성(지구)을 공유하고 있는 이렇게 놀라운 다양성을 가진 생명체를 만들어낸 것이다.

0322 multitude

명 다수

[2020 국가직]

Recognizing the biological status of this multitude requires a clear understanding of what constitutes a species.
이런 **다수**의 생명체의 생물학적 지위를 인정하는 것은 무엇이 종을 구성하는지에 대한 명확한 이해를 요구한다.

유 mass 대량의, 대중의, 집단의, 미사, 질량, 다수
myriad 무수함, 수많은, 무수한, 다양한

- a multitude of   다수의

0323 given (that)

부 ~을 고려하면

[2020 국가직]

It was surprising the government was re-elected, given that they had raised taxes so much.
그 정부가 세금을 그렇게 많이 올린 것**을 감안하면** 그들이 재선된 것은 놀랄 일이었다.

유 considering ~을 고려하면

0324 insulated
[2020 지방직]

⑱ 절연 처리가 된, 단열 처리된

The room is insulated against noise.
그 방은 **방음되어** 있다.

㈜ soundproof 방음의

- close off   ~의 흐름을 막다

0325 recyclable
[2020 지방직]

⑱ 재활용할 수 있는

We package our products in recyclable materials.
우리는 상품을 **재활용 가능** 재료들로 포장한다.

㈜ reusable 재사용할 수 있는

0326 touch off
[2020 지방직]

⑧ 야기하다, 촉발하다

The cruel sights touched off thoughts that otherwise wouldn't have entered her mind.
그 잔인한 광경은 그렇지 않았다면 그녀의 마음속에 들어오지 않았을 생각을 **불러일으켰다**.

㈜ trigger 촉발하다, 야기하다

0327 attentional
[2020 지방직]

⑱ 주의(력)의

Strategies that a writer adopts during the writing process may alleviate the difficulty of attentional overload.
글쓰기 과정에서 작가가 채택하는 전략은 **주의력** 과부하 문제를 완화시킬 수 있다.

0328 overload
[2020 지방직]

⑧ 과적하다 ⑲ 과부하

Don't overload the students with information.
학생들에게 **너무 많은** 정보를 **주지** 않도록 하라.

㈜ overcharge 많이 청구하다, 짐을 너무 싣다

0329 calculate
[2020 지방직]

⑧ 계산하다, 산출하다, 추정하다, 추산하다

This formula is used to calculate the area of a circle.
이 공식은 원의 면적을 **계산하는** 데 쓰인다.

㈜ estimate 추산하다

0330 relieve
통 안정시키다, 완화시키다

[2020 지방직] She watches television to relieve the monotony of everyday life.
그녀는 일상생활의 단조로움을 **덜기** 위해 텔레비전을 본다.
유 ease 덜다, 진정시키다

0331 shun
통 피하다(shun away from)

[2020 지방직] The school bully did not know what it was like to be shunned by the other students in the class.
그 학교 불량배는 반에서 다른 학생들로부터 **외면 당하는** 것이 어떤 것인지 알지 못했다.
유 avert 피하다, 회피하다, 막다, 방지, 모면
avoid 피하다, 회피하다, 막다
circumvent 회피하다

0332 warn
통 경고하다, 주의를 주다

[2020 지방직] It seems only right to warn you of the risk.
당신에게 그 위험에 대해 **경고를 하는** 것이 전적으로 옳은 일인 것 같다.
유 alert 경고하다, 경계시키다

0333 galaxy
명 은하계, 은하

[2020 지방직] Of the billions of stars in the galaxy, how many are able to hatch life?
은하계에 있는 수십억 개의 별들 중에서, 얼마나 많은 별들이 생명을 부화할 수 있을까?

0334 lose track of (time)
통 시간 가는 줄 모르다

[2020 지방직] The Christmas party was really exciting and I totally lost track of time.
크리스마스 파티는 정말 흥미진진했고 나는 **시간 가는 줄 몰랐다**.

0335 acidify
통 산성화하다

[2020 지방직] CO_2 leaching into groundwater would acidify it.
이산화탄소가 지하수로 침출되면 그것을 **산성화시킬** 것이다.

| 0336 | **grandiose** | 형 웅장한, 거창한, 당당한 |

[2020 지방직]

Robert was not sure if it was the right time for him to tell her about his grandiose plan.
로버트는 지금이 그녀에게 자신의 **거창한** 계획을 말할 적기인지 확신하지 못했다.

유 grand 웅장한, 위대한, 원대한, 위엄 있는
magnificent 멋진, 아름다운, 훌륭한, 웅장한, 장엄한

| 0337 | **object to** | 동 ~에 반대하다 |

[2020 지방직]

Many people object to experimentation on embryos.
많은 사람들이 배아 실험을 **반대한다**.

유 oppose 반대하다

| 0338 | **warranty** | 명 보증, 담보 |

[2020 지방직]

Since the warranty had expired, the repairs were not free of charge.
보증이 만료되어서 수리는 무료가 아니었다.

■ guarantee   보증, 보증서

| 0339 | **desert** | 명 사막 동 버리다, 떠나다 |

Deserts cover more than one-fifth of the Earth's land area.
사막은 지구 육지 면적의 5분의 1 이상을 덮고 있다.

| 0340 | **free of** | 형 ~이 없는, ~이 면제된 |

[2020 지방직]

It was several weeks before he was completely free of pain.
몇 주가 지나서야 간신히 그는 통증에서 **완전히 벗어났다**.

유 exempt 면제되는

Day 07 **067**

0341 complete
동 ~을 완료하다, 마무리하다 형 완전한

[2020 지방직]
A gift card will be given to whoever **completes** the questionnaire.
설문지를 **완성하는** 누구에게나 선물카드가 주어질 예정이다.

0342 what is worse
부 설상가상으로, 심지어

[2020 지방직]
His father suddenly passed away last year, and, **what was worse**, his mother became sick.
그의 아버지가 갑자기 작년에 돌아가셨고, **설상가상으로** 그의 어머니도 병에 걸리셨다.

- what is more   게다가
- what is better   금상첨화로

0343 amass
동 모으다, 축적하다

[2020 지방직]
Elizabeth Taylor had an eye for beautiful jewels and over the years **amassed** some amazing pieces, once declaring "a girl can always have more diamonds."
엘리자베스 테일러는 아름다운 보석들에 대한 안목을 가지고 있었고, 몇 년 동안 놀라운 작품들을 **모아 놓았는데**, 한 번은 "여자라면 언제나 더 많은 다이아몬드를 가질 수 있다"고 선언했었다.

유 accumulate 축적하다, 누적하다, 모으다, 늘다

0344 possession
명 소유물, 재산

[2020 지방직]
Among her most prized **possessions** sold during the evening sale was a 1961 bejeweled timepiece by Bulgari.
저녁 세일 기간 동안 팔린 그녀의 가장 소중한 **물건**들 중에는 불가리가 1961년에 보석으로 만든 시계가 있었다.

0345 bejeweled
형 보석으로 장식한, 보석을 두른

[2020 지방직]
Are you longing for the days when you can bask under the sun wearing nothing but a **bejeweled** bikini?
보석으로 장식된 수영복만을 입고 태양 아래 누워도 되는 날을 꿈꾸는가?

0346 timepiece
명 시계

[2020 지방직]
The first time, I bought the **timepiece** for myself.
처음으로 나는 나를 위한 **시계**를 구입했다.

유 clock 시계

0347 serpent

명 뱀

[2020 지방직]

Designed as a serpent to coil around the wrist, with its head and tail covered with diamonds and having two hypnotic emerald eyes, a discreet mechanism opens its fierce jaws to reveal a tiny quartz watch.
손목을 휘감도록 **뱀** 모양으로 설계되어 머리와 꼬리가 다이아몬드로 덮여 있고 최면을 거는 듯한 에메랄드 같은 두 개의 눈을 가진, 조심스러운 메커니즘이 사나운 턱을 열어 작은 쿼츠 시계를 드러낸다.

유 snake 뱀, 독사

0348 coil

동 감다, 휘감다

[2020 지방직]

A snake can coil (a)round a branch.
뱀은 나뭇가지를 친친 **휘감을** 수 있다.

유 twine 휘감다, 얽히다

0349 hypnotic

형 최면의, 최면을 거는

[2020 지방직]

His voice had an almost hypnotic effect.
그의 목소리는 거의 **최면** 효과가 있었다.

유 hypnotize 최면을 걸다

0350 discreet

형 신중한, 조심스러운

[2020 지방직]

He was always very discreet about his love affairs.
그는 애정 문제에 대해서는 언제나 아주 **신중했다**.

유 cautious 신중한, 조심스러운, 주의를 기울이는
prudent 신중한, 분별 있는, 빈틈 없는

Day 08

0351 stand up for
동 ~을 지지하다, 옹호하다

[2020 지방직]
You must stand up for your rights.
당신은 반드시 당신의 권리를 **옹호해야** 한다.

유 support 지지하다

- stand up to   ~에 맞서다, ~에 대응하다

0352 assertive
형 단호한, 단언적인

[2020 지방직]
Assertive behavior involves standing up for your rights and expressing your thoughts and feelings in a direct.
단호한 행동에는 자신의 권리를 옹호하고 자신의 생각과 감정을 직접적으로 표현하는 것이 포함된다.

0353 viewpoint
명 관점, 견해

[2020 지방직]
It is a matter of getting the other person to understand your viewpoint.
그것은 상대방이 당신의 **관점**을 이해하도록 하는 일이다.

유 perspective 관점, 시각, 전망, 견해, 원근법

0354 assurance
명 보장, 확언

[2020 지방직]
People who exhibit assertive behavior skills are able to handle conflict situations with ease and assurance.
단호한 행동을 보이는 사람들은 갈등 상황을 쉽고 **확실하게** 처리할 수 있다.

유 certainty 확실, 확신

0355 interpersonal
형 대인관계에 관련된

[2020 지방직]
His interpersonal skills are outstanding.
그는 **대인 관계** 기술이 뛰어납니다.

| 0356 | **openly** | 🟢 부 공공연히, 공개적으로 |

[2020 지방직]

In contrast, aggressive behavior involves expressing your thoughts and feelings and defending your rights in a way that openly violates the rights of others.
이와는 대조적으로, 공격적인 행동은 다른 사람들의 권리를 **공공연히** 침해하는 방식으로 자신의 생각과 감정을 표현하고 자신의 권리를 보호하는 것을 포함한다.

| 0357 | **subservient** | 🟢 형 복종하는, 비굴한 |

[2020 지방직]

Those exhibiting aggressive behavior seem to believe that the rights of others must be subservient to theirs.
공격적인 행동을 보이는 사람들은 다른 사람들의 권리가 그들에게 **복종해야** 한다고 믿는 것 같다.

| 0358 | **sarcasm** | 🟢 명 빈정댐, 비꼼 |

[2020 지방직]

They are likely to interrupt, talk fast, ignore others, and use sarcasm or other forms of verbal abuse to maintain control.
그들은 통제력을 유지하기 위해 방해하고, 빠르게 말하고, 다른 사람들을 무시하고, **빈정거림**이나 다른 형태의 언어 폭력을 사용할 가능성이 있다.

유 satire 풍자, 해학

| 0359 | **face-to-face** | 🟢 형 마주보는 부 마주보고서 |

[2020 지방직]

Some touchscreens feature a glass panel covering two electronically-charged metallic surfaces lying face-to-face.
일부 터치스크린은 전자적으로 충전된 두 개의 금속 표면을 **마주보고** 놓인 유리 패널이 특징이다.

| 0360 | **pressure** | 🟢 명 압력, 압박감 |

[2020 지방직]

This pressure sends an electrical signal to the computer.
이 **압력**은 컴퓨터로 전기 신호를 보낸다.

| 0361 | **resistive** | 🟢 형 저항력 있는, 저항성의 |

[2020 지방직]

This version of the touchscreen is known as a resistive screen.
터치스크린의 이 버전은 **저항성** 스크린으로 알려져 있다.

0362 come in
동 들어오다, 안에 들어오다

[2020 지방직]
Can we stop them from coming in?
그것들이 **오는** 것을 막을 수 있나?

0363 set up
동 세우다

[2020 지방직]
Well, you can set up a filter on the settings.
음, 설정에서 필터를 **설정할** 수 있어.

0364 weed out
동 제거하다, 근절시키다(잡초 제거하다)

[2020 지방직]
The filter can weed out some of the spam emails.
필터가 스팸 메일 몇 개는 **제거할 수 있어**.

유 annihilate 전멸시키다, 무효로 하다
eradicate 근절하다, 전멸시키다
exterminate 몰살하다, 전멸시키다
wipe out 근절하다, 퇴치하다

0365 spam
명 스팸, 스팸 메일

[2020 지방직]
Don't send me annoying email spam anymore.
성가신 **스팸 메일**을 더 이상 보내지 마십시오.

유 junk mail 스팸 메일

0366 palace
명 궁전, 왕실

[2020 지방직]
Louis XIV needed a palace worthy of his greatness.
루이 14세는 그의 위대함에 걸맞은 **궁전**이 필요했다.

0367 huge
형 거대한, 막대한

[2020 지방직]
He decided to build a huge new house at Versailles.
그는 베르사유에 **거대한** 새 집을 짓기로 결심했다.

유 enormous 엄청난, 거대한, 큰, 막대한
gigantic 거대한
immense 엄청난, 거대한

0368 lodge

명 오두막 동 제출하다

[2020 지방직]

I intend to lodge an official complaint.
제가 정식으로 고발장을 **제출하고자** 합니다.

유 register, submit 제출하다

0369 marshland

명 습지대

[2020 지방직]

It also decomposes on the surface of marshland.
그것은 또한 **습지** 표면에서 썩는다.

0370 throne

명 왕좌, 왕위

[2020 지방직]

Queen Victoria acceded to the throne in 1837.
빅토리아 여왕은 1837년에 **왕위**에 올랐다.

0371 take into account

동 ~을 고려하다, 참작하다

[2020 지방직]

Few influential contemporary philosophers take anthropological studies into account in their work.
영향력 있는 현대 철학자들 중 그들의 저작에 인류학 연구를 **참고하는** 이는 거의 없다.

유 consider 고려하다, 여기다, 생각한다, 생각하다

0372 specialize

동 전문화하다, 특수화하다

[2020 지방직]

Those who specialize in philosophy of social science may consider or analyze examples from anthropological research.
사회과학의 철학을 **전문으로 하는** 사람들은 인류학 연구의 예를 고려하거나 분석할 수 있다.

0373 inspiration

명 영감, 자극, 원천

[2020 지방직]

In fact, the great philosophers of our time often drew inspiration from other fields such as anthropology and psychology.
사실 우리 시대의 위대한 철학자들은 종종 인류학이나 심리학 같은 다른 분야에서 **영감**을 끌어냈다.

0374 heirloom

[2020 지방직]

명 가보, 세습 재산

It may be money, property or some object—a family heirloom such as a grandmother's wedding dress or a father's set of tools.
그것은 돈, 재산 또는 일부 물건이 된다 – 할머니의 웨딩드레스나 아버지의 도구 세트와 같은 가문의 **가보**.

0375 central

[2020 지방직]

형 중심의, 중요한

It may be something important or central to our thinking.
그것은 우리의 생각에서 중요하거나 **중심적인** 것일 수도 있다.

0376 casually

[2020 지방직]

부 우연히, 무심코, 가벼이

'What did he say about me?' she asked as casually as she could.
"그가 나에 대해 뭐라고 했어?" 그녀는 최대한 **무심하게** (들리도록 애쓰며) 물었다.

0377 by no means

부 결코 ~이 아닌

They were by no means the only people to bring slaves into their communities.
그들은 **결코** 노예를 그들의 공동체로 데려온 유일한 사람들이 **아니었다**.

유 in no way 결코 ~이 아닌

0378 evolutionarily

[2020 지방직]

부 진화론적으로

Evolutionarily, any species that hopes to stay alive has to manage its resources carefully.
진화론적으로, 생존을 원하는 어떤 종도 그 자원을 조심스럽게 관리해야 한다.

0379 manage

[2020 지방직]

동 간신히[용케] 해내다, 관리하다

How did you manage to persuade him?
넌 어떻게 **용케도** 그를 설득**했니**?

유 organize 조직하다, 편성하다

0380 breeder
명 사육자, 재배가

[2020 지방직]
That means that first call on food and other goodies goes to the breeders.
그것은 음식과 다른 좋은 음식에 대한 첫 번째 요청이 **사육자**한테 간다는 것을 의미한다.

0381 warrior
명 전사

[2020 지방직]
People looked up to the legendary warrior.
사람들은 그 전설적인 **전사**를 존경했다.

0382 senior
형 고위의, 연상의

[2020 지방직]
Senior officials were implicated in the scandal.
고위 공직자들이 그 스캔들에 연루되어 있었다.

유 superior 뛰어난, 보다 나은, 발군의

0383 life expectancy
명 기대 수명

[2020 지방직]
But even before modern medicine extended life expectancies, ordinary families were including grandparents and even great-grandparents.
그러나 현대 의학이 **기대 수명**을 연장하기 전부터 일반 가정에는 조부모와 심지어 증조부모까지 포함되어 있었다.

- life span   수명
- longevity   장수

0384 materially
부 실질적으로, 물질적으로

[2020 지방직]
That's because what old folk consume materially, they give back behaviorally.
그것은 노인들이 **물질적으로** 소비하는 것을 행동적으로 돌려주기 때문이다.

0385 behaviorally
부 행동으로, 행실로

[2020 지방직]
When the mother of a young man suffering from repressed psychosis dies, his illness suddenly becomes manifested behaviorally.
억압된 정신병을 앓고 있는 젊은이의 어머니가 죽으면 그의 병은 갑자기 **행동적으로** 나타나게 된다.

0389 tumult
명 소란, 소동

[2020 지방직]

We waited for the tumult to die down.
우리는 **소동**이 가라앉기를 기다렸다

유 turmoil 소동, 혼란
commotion 동요, 소란

0390 prosperity
명 번영, 번창

[2020 지방직]

Allocating resources well in a family determines its prosperity.
한 가정에 자원을 잘 배분하는 것이 그 **번영**을 결정한다.

유 flourish 번영, 번창하다
thrive 번영하다

0386 industrialization
명 산업화

[2020 지방직]

Before industrialization, most societies used the sun or the moon to tell the time.
산업화 이전에 대부분의 사회는 달이나 태양을 이용하여 시간을 알 수 있었다.

0387 tell the time
동 시계를 보다[볼 줄 알다]

[2020 지방직]

It also has light inside so you can tell the time easily at night.
그것은 내부에 불이 있어서 밤에도 쉽게 **시간을 알아볼 수 있다**.

0388 reset
동 고쳐놓다, 초기상태로 돌려놓다

[2020 지방직]

Travelers had to reset their clocks.
여행자들은 시계를 **재설정해야** 했다.

0391 emit
동 방출하다, 내뿜다

This device can emit stronger light than any other one.
이 장치가 다른 어떤 것보다 더 강한 빛을 **방출할** 수 있다.

유 let off 발사하다, 방출하다

0392 usage
명 용법, 사용, 사용량

[2019 국가직]
It's not a word in common usage.
그것은 흔히 **사용**되는 단어는 아니다.

0393 turmoil
명 혼란, 소란

[2019 국가직]
The town was in turmoil.
그 마을은 **소란**에 빠졌다.
유 confusion 혼란
chaos 혼란
tumult 소란, 소동

0394 take a chance
동 ~ 해보다, 운에 맡기다

[2019 국가직]
I think publishers are much less willing to perhaps take a chance on things than once they were.
예전에 비해 요즘 출판업자들은 그런 걸 가지고 **모험을 하려고** 들지 않는 것 같아요.

0395 steadily
부 꾸준히

[2019 국가직]
Funding for school food service expanded steadily.
학교급식에 대한 자금 지원은 **꾸준히** 확대되었다.
유 regularly 정기적으로, 규칙적으로, 주기적으로

- steady 꾸준한, 변함없는, 균형을 잡다, 진정시키다

0396 go down the drain
동 수포로 돌아가다, 실패하다

[2019 국가직]
I just hate to see all that money go down the drain.
나는 그 돈이 **모두 헛되이** 쓰이는 것을 보고 싶지 않다.

0397 virtual reality
명 가상현실

[2019 국가직]
Computerization now challenges reality with "virtual reality," artificial environments that stimulate special situations.
이제 컴퓨터화는 훈련과 오락에 유용할 수도 있는 특수한 상황을 자극하는 인위적인 환경인 "**가상 현실**"로 현실에 도전한다.

| 0398 | **various** | 형 다양한 |

[2019 국가직]

Tents come in various shapes and sizes.
텐트는 **각양각색의** 모양과 크기로 나온다.

유 a variety of 다양한

| 0399 | **surplus** | 명 과잉, 흑자 형 과잉의 |

[2019 국가직]

Surplus grain is being sold for export.
잉여 곡물은 수출품으로 팔리고 있다.

유 excess 초과, 초과량

| 0400 | **suicide** | 명 자살, 자살 행위 동 자살하다 |

[2019 국가직]

Traditionally in many western countries, suicide is an illegal act.
전통적으로 많은 서구 나라에서는, **자살**은 위법행위이다.

유 kill oneself 자살하다

Day 09

0401 the number of
🟢 명 ~의 수

[2019 국가직]
The increase in the number of working women boosted the expansion of food service programs.
일하는 여성의 **수**가 증가함에 따라 음식 서비스 프로그램의 확대가 촉진되었다.

0402 supernatural
🟢 형 초자연적인

[2019 국가직]
Through tales of gods and supernatural beings, myths try to make sense of occurrences in the natural world.
신들과 **초자연적인** 존재들에 대한 이야기를 통해, 신화는 자연 세계에서 일어나는 일들을 이해하려고 노력한다.
유 paranormal 과학적으로 설명할 수 없는

0403 subscriber
🟢 명 구독자, 기부자, 이용자

[2019 국가직]
Specify the login the synchronization agent will use to connect to the Subscriber.
동기화 에이전트가 **구독자**에 연결할 때 사용할 로그인을 지정하십시오.
유 user 이용자

0404 undermine
🟢 동 약화시키다, 기반을 약화시키다

[2019 국가직]
They take students' attention away from their lessons and undermine discipline.
휴대전화는 학생들로 하여금 수업에 집중하지 못하게 하며 규율을 **약화시킨다**.
유 weaken 약화시키다, 약해지다, ~을 약하게 하다
debilitate 약화시키다
enfeeble 쇠약하게 하다, 약하게 하다

0405 strengthen
🟢 동 강화되다, 강력해지다

[2019 국가직]
The exercises are designed to strengthen your stomach muscles.
그 운동은 복근을 **강화하도록** 만들어진 것이다.
유 solidify 공고히 하다

406 reliable
[2019 국가직] 형 믿을 수 있는, 믿을 만한

She has been reliable and punctual.
그녀는 **믿을 수 있고** 시간도 엄수해 왔다.

유 dependable 믿을 수 있는
trustworthy 신뢰할만한, 신뢰할 수 있는

407 structure
[2019 국가직] 명 구조, 구조물

Geophysicists are mapping the structure of the Earth's core.
지구물리학자들은 지구핵의 **구조**를 맵핑하고 있다.

유 construction 구조, 구성

408 value
[2019 국가직] 명 가치, 유용성

They must not forcefully inject their own values and dreams into their children.
부모는 자신의 **가치관**이나 꿈을 자녀에게 강요해서는 안 된다.

- values 가치관

409 staggering
[2019 국가직] 형 엄청난, 비틀거리는

Wall Street banks had grown to such staggering sizes.
월가의 은행들은 그렇게 **엄청난** 규모로 성장했다.

유 stunning 놀랄 만큼 아름다운, 제1급의, 기절시키는
astounding 몹시 놀라게 하는, 놀라운, 크게 놀라게 하는

410 systematic
[2019 국가직] 형 체계적인, 조직적인, 분석적인

Ethnography is the systematic description of human societies.
민족학이란 인간사회에 대한 **조직적인** 해석이다.

유 organized 조직적인

411 Great Depression
[2019 국가직] 명 (경제) 대공황 (1929년경 미국에서 시작된 경기침체기)

The US government began to feed poor children during the Great Depression despite the food shortage.
미국 정부는 식량 부족에도 불구하고 **대공황** 기간 동안 가난한 어린이들을 먹이기 시작했다.

- economic recession 경기침체

0412	**reflect**	동 반영하다, 보여주다

[2019 국가직] Popular baby names often reflect the cultural trends of the time.
인기 있는 아기 이름들은 종종 문화적인 유행을 **반영합니다**.

0413	**pronounce**	동 발음하다, 표명하다

[2019 국가직] We try to show that it's not about foreignness because foreign names tend to be harder to pronounce.
우리는 외국 이름이 **발음하기** 더 어려운 경향이 있기 때문에 외국인에 관한 것이 아니라는 것을 보여주려고 노력한다.
유 enunciate 발음하다, 선언하다, 발표하다

0414	**sustaining**	형 지탱하는, 유지하는

[2019 국가직] Sustaining the American Dream has never been about standing pat.
아메리칸 드림을 **유지하는 것은** 단지 현상을 유지하는 것에 그친 적이 없습니다.

0415	**radically**	부 과격하게, 철저히

[2019 국가직] New virtual currencies such as bitcoin and ethereum have radically changed our understanding of how money can and should work.
bitcoin과 ethereum 같은 새로운 가상 화폐는 어떻게 돈이 작동할 수 있는지와 작동해야 하는지에 대한 우리의 이해를 **급진적으로** 변화시켰다

0416	**suffer (from)**	동 ~로 고통 받다, ~로 시달리다

[2019 국가직] If I live in a foreign country, I will also suffer from loneliness.
만약 내가 외국에서 산다면 외로움에 **시달릴 것이다**.

0417	**research**	동 연구하다, 조사하다 명 연구, 조사

[2019 국가직] Scientists have researched what conditions are like beyond the Earth's atmosphere.
과학자들은 지구 대기권 너머의 환경이 어떤지 **연구해왔다**.

0418 skip
동 거르다, 생략하다

[2019 국가직]
A growing number of students have skipped school to stay online.
점점 더 많은 학생들이 온라인에서 지내기 위해 학교를 **빼먹었다**.

유 pass over ~을 무시하다, 못 본 체하다, 누락시키다
leave out 빠뜨리다, 빼먹다, ~을 빼다

0419 recipient
명 받는 사람, 수령인

[2019 국가직]
A recipient did not appear in the address list.
수신자가 주소 목록에 없습니다.

유 receiver 수신자

0420 moral
형 도덕의

[2019 국가직]
He thus developed "moral philosophy," a study of concepts of right and wrong conduct.
그는 따라서 옳고 그른 행위에 대한 개념을 연구하는 학문인 "**도덕** 철학"을 발전시켰다.

유 ethical 윤리의, 도덕의
virtuous 도덕적인, 덕 있는

0421 poem
명 시

[2019 국가직]
Hughes published one of his most well-known poems, "Negro Speaks of Rivers."
휴즈는 "Negro Speaks of Rivers" 라는 그의 가장 잘 알려진 **시**들 중 하나를 출판했다.

- poet 시인

0422 settle into
동 자리잡다, 정착하다

[2019 국가직]
For adequate performers who have settled into their jobs and have limited potential for advancement, very little feedback is needed.
자신의 직업에 **정착하여** 승진 가능성이 제한되어 있는 적절한 수행자들에게는, 피드백은 거의 필요하지 않다.

0423 segment
명 부문, 부분

[2019 국가직]
The segments relax and regain their original shape.
이 **분절**들은 느슨해지고 원래의 모양을 되찾습니다.

유 fragment 파편, 분열하다, 무리
section 부분, 구역
portion 부분, 일부, 분배하다

0424 domesticate
동 길들이다, 재배하다, 사육하다

[2019 국가직]
Wild horses, on the other hand, have never been domesticated.
반면에 야생 말은 **사육된** 적이 한 번도 없습니다.
유 tame 길들이다, 온순한

0425 outcome
명 결과, 성과, 소산

[2019 국가직]
So simplicity is one key feature in names that determines various outcomes.
따라서 단순성은 다양한 **결과**를 결정하는 이름에서 하나의 주요 특징이다.

0426 motion sickness
명 멀미

[2019 국가직]
More than two-thirds of all astronauts suffer from motion sickness.
우주 비행사의 3분의 2 이상이 우주 여행을 하는 동안 **멀미**로 고생한다.

- nausea — 구역질, 메스꺼움
- feel sick — 토할 것 같다
- feel funny — 속이 울렁거리는

0427 outer-space
명 우주 공간

[2019 국가직]
Some movies explored the possibility of sustaining human life in outer space.
일부 영화들은 **우주**에서 인간의 생명을 유지할 수 있는 가능성을 탐구했다.

0428 sap
동 약화시키다, 무너뜨리다 명 수액

[2019 국가직]
Aging workforce saps economic vitality, growth potential.
노동력의 고령화는 경제활력과 성장 잠재력을 **약화시킨다**.
유 weaken 약화시키다

0429 potential
명 잠재력, 가능성 형 잠재적인, 장래의

[2019 국가직]
Visionaries are the first people in their industry segment to see the potential of new technologies.
선각자들은 신기술의 **잠재력**을 보는 업계 최초의 사람들이다.
유 likelihood 가능성, 기회, 가망

0430 distinguish
동 구별하다

[2019 국가직]
The device also distinguishes colors as those in traffic lights or money.
그 기기는 또한 신호등이나 돈에 있는 것과 같은 색깔을 **구별합니다.**

유 discriminate 차별하다, 식별하다
discern 식별하다, 분간하다, 알아차리다

0431 physiological
형 생리학적인, 생리적인

[2019 국가직]
Many experience physiological and psychological problems when they return to the Earth.
많은 이들이 지구로 돌아올 때 **생리적**, 심리적 문제를 경험한다.

- **psychological** 심리학의, 심리적인

0432 rationality
명 합리성

[2019 국가직]
Their feelings overpower their rationality but they are intuitive and quick.
그들의 감정은 그들의 **합리성**을 압도하지만, 그들은 직관적이고, 신속하다.

유 reasonableness 합리

0433 myth
명 신화, 근거 없는 믿음

[2019 국가직]
A myth is a narrative that embodies—and in some cases helps to explain—the religious, philosophical, moral, and political values of a culture.
신화는 하나의 문화의 종교적, 철학적, 도덕적, 정치적 가치들을 구체화하는 – 몇몇의 경우에 설명하는 것을 도와주는 – 이야기이다.

유 legend 전설

0434 narrative
명 묘사, 서술

[2019 국가직]
In this, literature unites mankind in the exploration of self, narrative, and meaning.
여기에서 문학은 자아, **서술** 그리고 의미 탐험에 인류를 통합시킨다.

0435 performance
명 성능, 공연, 성과

[2019 국가직]
The performance of the generator is not that effective, however.
그러나 이 발전기의 **성능**이 썩 효과적이지는 않습니다.

0436 disorientation
명 혼미, 방향 감각 상실

[2019 국가직]
The French sociologist Emile Durkheim called this sense of disorientation and meaninglessness anomie.
프랑스 사회학자 에밀 뒤르켐은 이러한 **방향 감각 상실**과 무의미한 이상현상을 아노미라 불렀다.

0437 regardless of
전 ~에 상관없이

[2019 국가직]
The most important thing is trying with your best effort, regardless of the outcome.
가장 중요한 것은 결과**에 상관없이** 최선을 다하는 것입니다.

유 despite 불구하고
in spite of 불구하고, 이지만, 더라도, 무시하고, 감수하고
notwithstanding ~에도 불구하고, 할지라도

0438 nausea
명 메스꺼움

[2019 국가직]
The body's internal balance system sends confusing signals to the brain, which can result in nausea lasting as long as a few days.
인체의 내부 균형 시스템은 뇌에 혼란스러운 신호를 보내는데, 이것은 며칠 동안 **메스꺼움**을 지속시키는 결과를 초래할 수 있다.

유 disgust 혐오, 메스꺼움, 넌더리
vomiting 구토, 토하기

- nauseatde   메스꺼운
- feel nauseatde   메스껍다

0439 sanction
명 제재, 허가 **동** 인가하다

[2019 국가직]
Nations should work out their differences through diplomacy, sanctions, and the UN.
각 나라들은 외교, **제재** 그리고 유엔을 통하여 그들의 차이를 해결해야 한다.

유 restraint 제지, 금지, 억제

0440 disclose
동 밝히다, 공개하다, 드러내다

[2019 국가직]
Although the actress experienced much turmoil in her career, she never disclosed to anyone that she was unhappy.
비록 그 여배우는 연기 생활에서 많은 혼란을 겪었지만, 그녀는 자신이 불행하다고 누구에게도 **밝히지** 않았다.

유 release 발표하다, 개봉하다, 공개하다
let on (비밀을) 털어 놓다
divulge 누설하다, 털어놓다

0441 disenchantment
명 각성, 미몽에서 깨어남

[2019 국가직]
The German sociologist Max Weber talked of the "disenchantment" of the world.
독일의 사회학자 막스 베버는 세계의 "**각성**"에 대해 이야기했다.

0442 nutritious
형 영양의, 영양분이 있는

[2019 국가직]
Its first function is to provide a nutritious lunch to all students.
첫 번째 기능은 모든 학생들에게 **영양가 있는** 점심을 제공하는 것이다.

0443 phenomena
명 현상, 장관 (phenomenon의 복수형)

[2019 국가직]
The modern economist does this by building models, which are deliberately stripped down representations of the phenomena out there.
현대 경제학자는 모형을 만들어서 이런 일을 하는데, 이것은 의도적으로 바깥에 나타난 **현상**들을 묘사하는 것을 분해하려고 한다.

0444 lurk
동 숨어 있다, 도사리다

[2019 국가직]
The Turtle team is forced to scramble for clues around the city because something evil is lurking.
닌자거북이 들은 곳곳에 **숨어 있는** 악의 무리들로 인해 도시 전역의 범행의 단서들과 뒤엉킨다.

0445 restrict
동 제한하다, 억제하다, 국한하다

[2019 국가직]
Leadership is not restricted to the influence exerted by someone in a particular position or role.
리더십은 특정한 위치나 역할에서 어떤 사람이 행사하는 영향에만 **국한되지** 않는다.

유 limit 제한하다
confine 국한시키다

0446 impressive
형 인상적인

[2019 국가직]
She was very impressive in the interview.
그녀는 그 인터뷰에서 대단히 **인상적이었다**.

유 inspiring 감격적인

0447 discern
동 구별하다, 알아보다

[2019 국가직]

According to Confucius, the greatest insight to discern talent comes at birth.
공자에 따르면, 인재를 **분별하는** 가장 훌륭한 통찰력은 타고난다.

유 distinguish 구별하다

0448 lay off
동 해고하다 **명** 해고

[2019 국가직]

It is very difficult for French companies to lay off or fire employees.
프랑스 기업들이 종업원을 일시 또는 완전 **해고한다**는 것은 매우 어렵다.

유 fire 해고하다
let (人) go 해고하다, 자유롭게 해주다
dismiss 해고하다, 기각하다
discharge 해고하다, 이행하다

0449 inevitable
형 불가피한, 필연적인

[2019 국가직]

Many writers have argued that a sense of meaninglessness is inevitable in a world of science and rationality.
오늘날 많은 작가들은 과학과 합리성의 세계에서 무의미한 감각이 **불가피하다**고 주장해왔다.

0450 mandatory
형 의무적인, 법에 정해진

[2019 국가직]

The copyright notice was mandatory on all published works at that time.
그 당시에는 저작권 고지는 모든 출판물에 **의무적인** 사항이었다.

유 compulsory 의무적인, 강제적인, 필수의
obligatory 의무적인, 필수의, 강제적인

Day 10

0451 pharmacy
명 약국, 약학, 조제술

No, the pharmacy was closed.
아니요, **약국**이 문을 닫았었어요.

0452 frequency
명 빈번, 자주 일어남

[2019 국가직]

You should consider the recipient's past performance and your estimate of his or her future potential in designing its frequency, amount, and content.
당신은 그것의 **빈도**, 양 및 콘텐츠를 설계할 때 받는 사람의 과거 성과와 그 또는 그녀의 미래 잠재력에 대한 당신의 추정치를 고려해야 한다.

유 incidence 발생률, 발생, 범위

0453 prod into
동 ~하게끔 자극하다

[2019 국가직]

Satire serves to prod people into an awareness of truth.
풍자는 사람들을 **자극해서** 진실을 **깨닫도록 한다**.

0454 evolution
명 진화, 발전, 진전

[2019 국가직]

In physics classes you don't learn about human evolution.
물리학 수업에서는 인간의 **진화**에 대해 배우지 못한다.

0455 explicit
형 분명한, 솔직한, 명백한

[2019 국가직]

The connection between acting on the feedback and negative sanctions such as being laid off or fired should be made explicit.
피드백에 대한 행동과 해고와 같은 부정적 제재 사이의 연관성이 **명시되어야** 한다.

유 obvious 분명한, 명백한, 뻔한, 확실한
evident 명백한, 분명한, 생생한
unambiguous 명백한, 명확한, 애매하지 않은

반 implicit 함축적인, 암시된

0456 explosion
명 폭발, 급증

[2019 국가직] During and after World War II, the explosion in the number of working women fueled the need for a broader program.
세계 2차 대전 동안, 그리고 그 후에 일하는 여성들의 수가 **폭발**적으로 증가하면서 더 광범위한 프로그램을 필요로 했다.

유 blast 폭발, 발사하다
outburst 분출, 폭발
outbreak 폭발, 돌발, 돌연한 출현

0457 hazard
명 위험, 모험

[2019 국가직] Computer games have various imaginary "lands" or levels where rules, hazards, and rewards change.
컴퓨터 게임은 규칙, **위험**, 보상이 변하는 다양한 상상 속의 "영토"나 레벨을 가지고 있다.

유 peril 위기, 위험
risk 위험, 위기

0458 number
명 수, 집단, 무리 동 번호를 매기다

[2019 국가직] The exponent of each number shows how many times you should multiply the number.
각 **숫자**의 지수는 그 숫자를 몇 번 곱해야 하는지 지시하는 표현입니다.

유 digit 숫자, 자릿수, 번호, 손가락

- numerical 숫자의
- a number of 많은(= many)
- the number of ~의 수

0459 derivative
형 유도된 명 (금융) 파생상품, 파생어

[2019 국가직] Banks made excessively risky bets on housing markets and invented ever more complicated derivatives.
은행들은 보호받는 지위를 의식해 주택시장에 지나치게 위험을 무릅쓴 채 더욱 복잡한 **파생상품**을 개발했다.

유 derived 유래된, 얻어진, 나온, 파생된

0460 negative
형 부정적인, 음성의

[2019 국가직] So they work hard to forget negative or new feelings.
그래서 그들은 **부정적**이거나 새로운 감정을 잊기 위해 열심히 노력한다.

유 adverse 부정적인, 반대의, 불리한

0461 abandon
동 버리다 명 방종

[2019 국가직]
He gave the order to abandon ship.
그는 배를 **포기하고 떠나라**는 명령을 내렸다.

유 give up 포기하다, 버리다

0462 express
동 나타내다, 의사를 표현하다 형 급행의, 신속한

[2019 국가직]
Myths frequently express the deepest beliefs of a culture.
신화는 종종 문화의 가장 깊은 믿음을 **표현한다**.

유 signify 의미하다, 표명하다
convey 전달하다, 전하다, 의미하다

0463 federally
부 연방 차원에서, 연방적으로

[2019 국가직]
The program is designed to provide federally assisted meals to children of school age.
그 프로그램은 **연방정부의** 지원을 받는 급식을 취학 연령의 어린이들에게 제공하도록 고안되었다.

- federal government 연방정부

0464 despair
동 절망하다 명 절망, 좌절, 포기

[2019 국가직]
He has given hope to people who are in despair.
그는 **절망**에 있는 사람들에게 희망을 주고 있습니다.

0465 feedback
명 피드백, 반응, 의견

[2019 국가직]
For high performers with potential for growth, feedback should be frequent enough to prod them into taking corrective action.
성장 가능성이 있는 높은 성과자의 경우, **피드백**이 자주 발생하여 시정 조치를 취할 수 있어야 한다.

유 response 반응, 대응, 응답
reaction 반응, 반작용
reply 대답하다, 응하다

0466 extensive
형 광범위한, 대규모의

[2019 국가직]
They do not expect, therefore, to be buying a well-tested product with an extensive list of industry references.
따라서 그들은 **광범위한** 업계 참고 자료 목록이 있는 잘 검증된 제품을 구매할 것으로 예상하지 않는다.

유 comprehensive 포괄적인, 종합적인

0467 accuracy
명 정확, 정확도

[2019 국가직]
Regardless of their degree of accuracy, however, myths frequently express the deepest beliefs of a culture.
그러나, 그것의 **정확도**와 상관없이 신화는 종종 문화의 가장 깊은 믿음을 표현한다.

유 correctness 정확함, 방정, 단정

0468 industry
명 산업, 공업, 근면성

[2019 국가직]
At that time the industry was floundering.
그 당시에는 그 **산업**이 허우적거릴 때였다.

유 business 산업체

0469 colleague
명 동료, 친구

[2019 국가직]
Pragmatists, on the other hand, deeply value the experience of their colleagues in other companies.
반면에 실용주의자들은 다른 회사 **동료**들의 경험을 깊이 중시한다.

0470 depress
동 우울하게 만들다, 떨어뜨리다

[2019 국가직]
"This would depress consumption," said Andy Xie, an Asia-Pacific economist at Morgan Stanley.
"그렇게 되면 소비를 **저하시킬** 것"이라고 모건 스탠리의 아시아태평양지역 연구원인 앤디 씨에가 말했다.

유 disappoint 실망시키다
dismay 실망시키다

0471 come about
동 일어나다, 생기다, 방향을 바꾸다

[2019 국가직]
That advantage can only come about if no one else has discovered it.
그런 장점은 다른 사람이 발견하지 못했을 때에만 **생길** 수 있다.

0472 initiative
명 계획, 진취성, 주도권

[2019 국가직]
The party seized the initiative with both hands.
그 정당은 이때다 하고 얼른 **주도권**을 틀어 쥐었다.

유 drive 추진력

Day 10

0473 agriculture
명 농업, 축산

[2019 국가직]

The majority of the population lives in traditional societies, practicing agriculture.
인구의 대다수가 **농사**를 지으며 전통적인 사회 안에서 살아갑니다.

유 farming 농업, 농사, 사육업
husbandry 농업, 경작, 절약

0474 fuse
동 녹이다, 융합되다 명 퓨즈

[2019 국가직]

With his ability to fuse serious content with humorous style, Hughes attacked racial prejudice in a way that was natural and witty.
진지한 내용과 유머러스한 스타일을 **융합시키는** 능력으로 휴즈는 자연스럽고 재치 있는 방법으로 인종적 편견을 공격했다.

유 amalgamate 혼합시키다
mingle 어울리다, 섞이다
consolidate 통합하다, 강화하다

0475 extraterrestrial
형 지구 밖의, 우주의

[2019 국가직]

More recently, some movies explored the possibility of sustaining human life in outer space, while other films have questioned whether extraterrestrial life forms may have visited our planet.
더 최근에, 일부 영화들은 우주에서 인간의 생명을 유지할 수 있는 가능성을 탐구했고, 다른 영화들은 **외계** 생명체들이 지구를 방문했을지도 모른다고 의문을 제기했다.

- territory 영토, 영역
- terrain 토양, 땅

0476 addiction
명 중독, 빠짐, 과몰입

[2019 국가직]

This addiction has become a national issue in Korea in recent years.
이 **중독**은 최근 몇 년 동안 한국에서 국가적 이슈가 되었다.

0477 legion | 명 군단, 다수, 군중

[2019 국가직]

But such ready access to the Web has come at a price as legions of obsessed users find that they cannot tear themselves away from their computer screens.
그러나 집착하는 사용자 **집단**들이 컴퓨터 화면에서 자신을 떼어낼 수 없다는 것을 발견함에 따라 그러한 웹에 대한 즉각적인 접근은 대가를 치르게 되었다.

유 multitude 많은, 다수

- legions of   수많은

0478 astronaut | 명 우주 비행사

[2019 국가직]

Everyone marveled at her courage to become an astronaut.
모두들 **우주 비행사**가 되려는 그녀의 용기에 놀랐다.

0479 astronomer | 명 천문학자

[2019 국가직]

Ancient astronomers examined the night sky hoping to learn more about the universe.
고대의 **천문학자**들은 우주에 대해 더 많은 것을 배우기를 바라면서 밤하늘을 조사했다.

0480 compulsory | 형 강제적인, 의무적인

[2019 국가직]

Schooling is compulsory for all children in the United States, but the age range for which school attendance is required varies from state to state.
미국의 모든 아동에게 **의무적인** 교육이지만, 학교 출석이 요구되는 연령대는 주마다 다르다.

유 mandatory 의무적인
obligation 의무적인, 의무의

0481 incorporate | 동 통합시키다, 창립하다

[2019 국가직]

They have incorporated all existing language-related artificial intelligence technologies.
그들은 기존의 모든 언어 관련 인공 지능 기술을 **통합했습니다**.

유 integrate 통합하다
consolidate 합치다, 강화하다

Day 10   093

0482 financial 형 금융의

[2019 국가직]

The result was the worst financial crisis since the breakdown of our economy in 1929.
그 결과는 1929년 우리 경제가 붕괴된 이후 최악의 **금융** 위기였다.

- financial crisis 금융위기

0483 exhaustion 명 탈진, 소진, 고갈

[2019 국가직]

They hunt in packs and usually tire their prey to exhaustion.
그들은 무리를 지어 사냥하고, 보통 그들의 먹이를 피곤하게 만들어 **지치게** 합니다.

유 enervation 쇠약, 무기력
tiredness 피로, 권태

- exhaustive 철저한, 완전한

0484 competitive 형 경쟁을 하는, 경쟁적인

[2019 국가직]

A growing number of students have skipped school to stay online, shockingly self-destructive behavior in this intensely competitive society.
점점 더 많은 학생들이 온라인에서 지내기 위해 학교를 빼먹었는데, 이는 이 치열한 **경쟁** 사회에서 충격적일 정도로 자기 파괴적인 행동이었다.

0485 authentic 형 진본[진품]인, 진짜인, 모사한

[2019 국가직]

Creative and experimental, Hughes incorporated authentic dialect in his work.
실험적인 포옹은 그의 작품에 **진정한** 사투리를 접목시켰다.

유 original 진짜의, 원조의, 독창적인

0486 complementary 형 상호 보완적인 명 대체

[2019 국가직]

Interestingly enough, the concept has even spread abroad in a complementary sense.
흥미로운 것은, 이 취지가 **보완적** 의미에서 해외에까지 퍼져나가게 되었다는 점이다.

유 supplementary 보충의, 보완하는

0487 argue
동 언쟁하다, 주장하다, 입증하다

[2019 국가직]
He argued that it could lead to despair and even suicide.
그는 그것이 절망과 심지어 자살로 이어질 수 있다고 **주장했다**.

유 assert 주장하다, 단언하다
maintain 주장하다, 유지하다

- argument 논쟁, 말다툼, 주장, 논거

0488 differentiate
동 구별하다, 구분 짓다

[2019 국가직]
The body cannot differentiate up from down.
몸이 위와 아래를 **구분할** 수 없다.

유 distinguish 구별하다, 구분하다
discriminate 차별하다, 식별하다
discern 식별하다, 분간하다

0489 cartography
명 지도 제작, 지도제작술

[2019 국가직]
The tools and techniques of cartography are employed to produce it, and in some ways it resembles a map.
그것을 생산하기 위해 **지도제작**법의 도구와 기법이 사용되고 있으며, 어떤 면에서 이것은 지도를 닮았다.

0490 available
형 이용할 수 있는, 시간이 있는

[2019 국가직]
Domesticated animals are the earliest and most effective 'machines' available to humans.
가축은 인간이 **이용할 수 있는** 가장 빠르고 효과적인 '기계'이다.

0491 contrary to
전 ~에 반해서, ~와 상반되는

[2019 국가직]
Contrary to popular usage, myth does not mean "falsehood."
일반적인 관습과는 **달리**, 신화는 "거짓말"을 의미하지는 않는다.

유 opposed to ~와 반대되는, ~에 반하여

492 benefit
명 혜택, 이득, 수당　**동** ~에게 이익이 되다

[2019 국가직]

Since they are so obviously of great benefit, we might expect to find that over the centuries humans would increase the number and quality of the animals they kept.
그들은 매우 명백하게 큰 **이익**이 되기 때문에, 우리는 수세기에 걸쳐 인간이 그들이 기르고 있는 동물의 수와 질을 증가시킬 것이라는 것을 발견하기를 기대할 수 있다.

유 profit 이익, 수입
merit 장점, 이점, 공로

■ benefit from　~로부터 이익을 얻다

493 disability
명 신체장애, 무력, 무능

[2019 지방직]

Disciplined dogs can do many things for people with disabilities.
훈련된 강아지는 **장애**를 가진 사람들을 위해 많은 것을 도울 수 있습니다.

유 disorder 장애, 질환, ~증, 이상, 무질서

494 component
명 성분, 구성요소, 부품

[2019 지방직]

Today the technology to create the visual component of virtual-reality (VR) experiences is well on its way to becoming widely accessible and affordable.
오늘날, 가상현실의 시각적 **요소**를 창조하기 위한 기술은 매우 접근하기 쉬워지고 저렴해지고 있다.

유 element 요소, 원소
constituent 구성 요소, 성분

495 fatality
명 사망자, 숙명, 치사율

[2019 지방직]

However, China routinely experiences high levels of road fatalities.
하지만, 중국은 대부분 도로 **사망률**이 높다.

■ fatality rate　사망률

496 dweller
명 거주자, 주민

[2019 지방직]

It has been suggested that Stone Age cave dwellers may have treated behavior disorders with a surgical method called trephining.
석기 시대의 동굴 **거주자**들은 트레파이닝이라는 수술방법으로 행동장애를 치료했을지도 모른다고 생각된다.

유 resident 주민, 거주민, 거주하는
settler 정착자, 이주자, 개척자
habitant 거주자, 주민

0497 inhabit — 동 거주하다, 서식하다

[2019 지방직] It was believed that doctors could not pass along disease because gentlemen did not **inhabit** quarters with bad air.
신사들이 나쁜 공기를 가진 숙소에 **거주하지** 않았기 때문에 의사들이 질병을 옮길 수 없다고 믿었다.

유 populate 인구, 살다
reside 거주하다, 살다

0498 causal — 형 원인의, 인과 관계의

[2019 지방직] It isn't uncommon among us economists to focus on one or two **causal** factors, exclude everything else, hoping that this will enable us to understand how just those aspects of reality work and interact.
우리 경제학자들 사이에서 한두 가지 **인과의** 요소에 집중하고, 현실의 그런 측면들이 어떻게 작동하고 상호작용을 하는지 이해할 수 있도록 다른 모든 것을 배제하는 것은 드문 일이 아니다.

- causative — 원인이 되는, 야기하는
- cause and effect — 인과 관계
- casual — 가벼운, 평상복

0499 exhume — 동 발굴하다, 파내다

[2019 지방직] Medical experts are to **exhume** the bodies and will determine the circumstances of their death.
의학 전문가들은 시체를 **발굴하고** 사망 당시의 정황을 결정할 것이다.

유 excavate 발굴하다, 굴착하다
unearth 발굴하다, 파내다

0500 commission — 명 수수료, 위원회

[2019 지방직] We take a small **commission** of 4 dollars.
우리는 약간의 **수수료**로 4달러를 받습니다.

PART 1 공무원 기출어휘
Day 11

0501 for free — 무료로, 무상으로

[2019 지방직]
We convert your currency back for free.
환전을 **공짜로** 해드립니다.
유 on the house 공짜로

0502 layered — 층을 이룬, 층이 있는

[2019 지방직]
Proper language is itself double-layered.
적절한 언어는 그 자체로 이중 **계층**이다.

0503 demonic — 악령의, 마력을 가진

[2019 지방직]
According to historians, these ancient peoples attributed many forms of illness to demonic possession, sorcery, or the behest of an offended ancestral spirit.
역사학자들에 의하면, 이 고대인들은 많은 형태의 질병을 **악령** 빙의, 주술, 또는 화가 난 조상 정령의 지령 탓으로 돌렸다.

0504 subordinate — 명 부하, 하급자 형 부차적인 동 종속시키다

[2019 지방직]
He rebuked his subordinate for negligence of duty.
그는 **부하 직원**의 직무 태만을 나무랐다.

0505 look forward to -ing — ~를 고대하다

[2019 지방직]
I look forward to receiving your reply as soon as possible.
나는 너의 답장을 가능한 한 빨리 받기를 **고대한다**.

0506 profession — 직업, 직종, 직위

[2019 지방직]
There are countless professions where a master's is a must.
석사학위가 반드시 필요한 수 많은 **직업**이 있다.
유 occupation 직업, 업무, 일
career 경력, 진로
vocation 직업

0507	**deliberately**	부 의도적으로, 고의로, 일부러

[2019 지방직] The modern economist does this by building models, which are **deliberately** stripped down representations of the phenomena out there.
현대 경제학자는 모형을 만들어서 이런 일을 하는데, 이것은 **의도적으로** 바깥에 나타난 현상들을 묘사하는 것을 분해하려고 한다.
유 intentionally 고의적으로
on purpose 의도적으로, 고의로

0508	**exchange rate**	명 환율

[2019 지방직] What's the **exchange rate**?
환율이 어떻게 되죠?

0509	**dialect**	명 방언, 사투리

[2019 지방직] **Dialects** play a critical role.
방언은 중요한 역할을 한다.

0510	**exclude**	동 제외하다, 배제하다

[2019 지방직] It isn't uncommon among us economists to focus on one or two causal factors, **exclude** everything else.
우리 경제학자들 사이에서 한두 가지 인과의 요소에 집중하고, 다른 모든 것을 **배제하는** 것은 드문 일이 아니다.
유 rule out 배제하다, 제외하다

0511	**microbe**	명 병원균, 미생물

[2019 지방직] People started realizing there were invisible things called **microbes** and bacteria that were the real cause of diseases.
사람들은 **미생물**과 박테리아라고 불리는 눈에 보이지 않는 것들이 질병의 진짜 원인이라는 것을 깨닫기 시작했다.

0512	**break apart**	동 갈라지다, 분열하다

[2019 지방직] Unless what you are hearing convincingly matches the visuals, the virtual experience **breaks apart**.
당신이 듣고 있는 것이 확실히 시각과 일치하지 않으면, 가상의 경험은 **깨진다**.

Day 11

0513 roam
동 돌아다니다, 배회하다

[2019 지방직] Even in rural America few children are still roaming in a free-ranging manner, unaccompanied by adults.
심지어 시골의 미국에서도 성인과 동반하지 않고 자유로운 범위 내에서 **돌아다니는** 아이들은 거의 없다.

유 rove 헤매다, 배회하다, 유랑
wander 돌아다니다, 배회하다, 헤매다

0514 decade
명 10년

[2019 지방직] She was married to her husband for more than two decades.
그녀는 남편과 결혼한 지 20**년** 이상 되었다.

- decades of 수십 년 간의

0515 evil spirit
명 악령

[2019 지방직] Abnormal behaviors were believed to result from evil spirits affecting a person.
비정상적인 행동은 사람에게 영향을 미치는 **악령**에서 비롯된다고 믿어졌다.

0516 indicate
동 나타내다, 보여주다, 가리키다

[2019 지방직] Surprisingly, trephined skulls have been found to have healed over, indicating that some patients survived this extremely crude operation.
놀랍게도, 트레파인된 스컬이 치유된 것으로 밝혀졌는데, 이는 일부 환자들이 이 극도로 미숙한 수술에서 회복했음을 **보여준다**.

유 point out 지적하다

0517 currency
명 통화, 화폐

[2019 지방직] Okay. What currency do you need?
알겠습니다. 어떤 **통화**가 필요하신가요?

0518 as soon as possible
가능한 한 빨리

[2019 지방직] Mom should ask her daughter to get her hearing checked as soon as possible.
그 어머니는 딸에게 **가능하면 빨리** 청각 테스트를 받도록 요구해야 합니다.

0519 haunt
동 괴롭히다, 출몰하다

[2019 지방직] There is a thought that can haunt us.
우리를 **괴롭힐** 수 있는 생각이 있다

0520 bother
동 ~을 괴롭히다, 귀찮게도 ~하다

[2019 지방직] Why bother with the history of everything?
왜 모든 것의 역사에 **신경을 쓰는가**?

유 torment 고통, 괴롭히다
annoy 짜증나게 하다

0521 excavate
동 ~을 발굴하다, 파서 만들다

[2019 지방직] I came to see these documents as relics of a sensibility now dead and buried, which needed to be excavated.
나는 이 문서들을 **발굴되어야** 하는 죽어서 묻혀 있는 감성의 유물로 보았다.

유 unearth 발굴하다, 파내다
dig 파내다
exhume 파내다, 발굴하다

0522 approximately
부 대략, 약

[2019 지방직] Before the famine, the population of Ireland was approximately 6 million.
기근 전에, 아일랜드의 인구는 **대략** 6백만 명이었다.

유 about ~에 대하여, 약~, 정도
roughly 대략, 거의, 거칠게

0523 gather
동 모이다, 수집하다, 모여들다

[2019 지방직] The term playground refers to all those places where children gather to play their free, spontaneous games.
놀이터라는 용어는 아이들이 그들의 자유롭고 자발적인 게임을 하기 위해 **모이는** 모든 장소를 가리킨다.

유 congregate ~을 모으다, 모이다
flock 모이다, 떼를 짓다

0524 convulsive
형 발작적인, 경련성인, 경련의

[2019 지방직] Abnormal behaviors, from simple headaches to convulsive attacks, were attributed to evil spirits that inhabited or controlled the afflicted person's body.
단순한 두통에서 **경련성** 발작에 이르기까지 비정상적인 행동은 고통 받는 사람의 몸에 살거나 그 몸을 지배하는 악령 탓으로 여겨졌다.

0525 passively
부 수동적으로

[2019 지방직] The common view of leadership was that leaders actively led and subordinates, later called followers, passively and obediently followed.
지도자의 공통된 견해는 지도자들이 적극적으로 이끌고 나중에 추종자라고 불리는 부하들이 **수동적이고** 고분고분하게 따르는 것이었다.

0526 overwhelm
동 휩싸다, 압도하다

[2019 지방직] He overwhelmed the scholars, technocrats, military generals, and even linguists.
그는 학자들, 과학 기술 전문가, 군대의 장군들과 심지어 언어학자들을 **압도했습니다**.

유 overpower 압도하다, 이기다

0527 influence
명 영향, 요인 **동** 영향을 주다

[2019 지방직] Leadership is a social influence process shared among all members of a group.
리더십은 그룹의 모든 구성원들 사이에서 공유되는 사회적 **영향**의 과정이다.

유 effect 영향, 효과
impact 영향, 충격

0528 hardship
명 고난, 어려움, 역경

[2019 지방직] You may even learn a valuable lesson from your hardship.
당신은 심지어 **역경**으로부터 가치 있는 교훈을 배울 수 있다.

유 tribulation 시련, 고난, 재난
peril 위험, 위기
ordeal 시련, 고난

0529 convert
통 전환하다, 바꾸다

[2019 지방직]
I need to **convert** dollars into pounds.
달러를 파운드로 **바꿔야** 해요.
유 change 변화, 바꾸다

0530 assumption
명 가정, 추측

[2019 지방직]
Western society's system of health was based on this **assumption**.
서구 사회의 건강 체계는 이러한 **가정**에 기초하고 있었다.
유 hypothesis 가설, 가정, 추측

0531 convey
통 전달하다, 전하다

[2019 지방직]
The various speech sounds **convey** coherent messages.
다양한 말소리는 일관된 메시지를 **전달한다**.
유 deliver 전달하다, 배달하다

0532 pedestrian
명 보행자

[2019 지방직]
Each year, more than 270,000 **pedestrians** lose their lives on the world's roads.
매년, 27만 명 이상의 **보행자**들이 전 세계의 도로에서 목숨을 잃는다.
유 passerby 통행인, 지나가는 사람

- impede   딴죽걸다, 방해하다
- pedal   발판
- peddler   행상

0533 keep away from
통 ~을 피하다, 가까이 하지 않다

[2019 지방직]
It is also important to **keep away from** cars while walking.
걸을 때 차에서 **멀리 떨어져** 걷는 것도 중요합니다.

0534 increment
명 증가, 증가량, 이익

[2019 지방직]
What short-term goals can you associate with losing the smaller **increments** of weight that will get you there?
당신을 거기에 이르게 할 더 작은 **양**의 몸무게를 잃는 것과 어떤 단기적인 목표들을 연관시킬 수 있는가?

Day 11 103

0535 enormity
명 (영향력의) 거대함, 심각함

[2019 지방직]

We can focus on incremental accomplishments instead of being overwhelmed by the enormity of the goal in our profession.
우리는 우리의 직장에서 그 목표의 **거대함**에 압도되는 대신에 점진적인 성취에 초점을 맞출 수 있다.

유 vastness 광대함
immensity 광대, 거대
hugeness 막대함, 엄청남

0536 sedentary
형 가만히 있는 (주로 앉은 자세)

[2019 지방직]

They are rapidly disappearing from the natural terrain of creeks, hills, and fields, and like their urban counterparts, are turning to their indoor, sedentary cyber toys for entertainment.
그들은 숲, 언덕, 들판의 자연적인 지형에서 빠르게 사라지고 있으며, 도시 사람들과 마찬가지로 오락용으로 실내에 **앉아 있는** 사이버 장난감으로 눈을 돌리고 있다.

유 inert 비활성의, 무기력한

0537 aspect
명 측면, 양상

[2019 지방직]

One aspect of leadership is particularly worth noting in this regard.
리더십의 한 **측면**은 특히 주목할 가치가 있다.

유 facet 양상, 작은 면, 일면

0538 grief
명 슬픔, 비탄, 애도

[2019 지방직]

His death has thrown the nation into a state of collective shock and grief.
그의 죽음은 나라 전체를 총체적인 충격과 **슬픔**의 상태에 빠지게 했다.

유 lamentation 애가, 비탄
sorrow 슬픔, 애도

0539 mediate
동 중재하다, 조정하다 **형** 매개하는

[2019 지방직]

Their suggested approach, labeled as "Mediating Assessments Protocol," or MAP, has a simple goal.
'평가 프로토콜 **중재**'로 불리는 그들의 제안된 접근법 또는 MAP는 단순한 목표를 가지고 있다.

유 arbitrate 중재하다, 조정하다
intercede 중재하다, 조정하다

- meditate 명상하다
- medicate 약물치료하다

540 (be) preoccupied with
형 ~에 집착하는, 사로잡힌

[2019 지방직]
We are too preoccupied with our phones to enjoy the dining experience.
우리는 전화기에 너무나 **사로 잡혀있어서** 식사를 즐길 수 없습니다.

유 be engrossed in ~에 몰두한

541 antiseptic
명 소독제, 방부제 형 살균의

[2019 지방직]
This new view of disease brought sweeping changes to medicine, as surgeons adopted antiseptics and scientists invented vaccines and antibiotics.
이러한 새로운 질병 관점은 의과의들이 **소독제**를 채택하고 과학자들이 백신과 항생제를 발명함에 따라 의학의 전반적인 변화를 가져왔다.

유 hygienic 위생적인, 위생학의
sanitary 위생적인, 청결한
sterile 살균한, 메마른, 쓸모 없는

542 incident
명 사건, 사고

[2019 지방직]
These incidents cause much suffering and grief as well as economic hardship.
이러한 **사건**들은 경제적 어려움뿐만 아니라 많은 고통과 슬픔을 야기한다.

543 (be) engrossed in
동 몰두하다, 열중하다

[2019 지방직]
Time does seem to slow to a trickle during a boring afternoon lecture and race when the brain is engrossed in something highly entertaining.
시간은 지루한 오후 강의 중에 천천히 흘러가고 뇌가 매우 재미있는 것에 **몰두할** 때 질주하는 것처럼 보인다.

유 be preoccupied with 몰두하다
be addicted to 몰두하다, ~에 중독되다

544 ordinary
형 일반적인, 평범한

[2019 지방직]
The idea of germs gave ordinary people the power to influence their own lives.
세균에 대한 개념은 **평범한** 사람들에게 그들 자신의 삶에 영향을 줄 수 있는 힘을 주었다.

유 normal 정상, 일반적인, 보통의, 평범한, 일상적인

■ mediocre   보통의, 뛰어나지 않은

Day 11 105

0545 artificial
형 인공의, 인위적인, 거짓된, 꾸민

[2019 국가직] And they will crash into the Atlantic Ocean and will become artificial reefs.
그리고 로켓들은 대서양으로 추락하여 **인공** 암초가 될 것입니다.

유 factitious 꾸며낸, 인공적인, 인위적인
manmade 인공의

0546 neighborhood
형 동네의 **명** 이웃, 인근

[2019 지방직] When out of school, they are commonly found in neighborhoods digging in sand, building forts, playing traditional games, climbing, or playing ball games.
학교 밖에 있을 때, 그들은 **동네**에서 모래밭에서 땅을 파거나, 요새를 짓거나, 전통적인 게임을 하거나, 등산을 하거나, 공놀이를 하는 것이 발견된다.

유 vicinity 주변, 인근

0547 scrape
명 긁힌 상처, 자국 **동** 긁다

[2019 지방직] Cleaning cuts and scrapes could help people to stay healthy.
상처와 **긁힌 상처**를 닦는 것은 사람들을 건강하게 하는데 도움을 줄 수 있다.

유 bruise 멍, 상처, 타박상

0548 permanent
형 영구적인, 상설의

[2019 지방직] Some of them are left with permanent disabilities.
그들 중 일부는 **영구적인** 장애를 가지게 된다.

유 lasting 지속되는, 영구적인, 오랜
perpetual 영구적인

0549 emotion
명 감정, 정서

[2019 지방직] Riding a roller coaster can be a joy ride of emotions.
롤러코스터를 타는 것은 즐거운 **감정**의 놀이기구일 수 있다

유 sentiment 감정, 정서

0550 script
명 대본, 원고, 답안

[2019 지방직] I am just increasingly working without a script.
나는 **대본** 없이 점점 더 많은 일을 하고 있다.

■ manuscript   필사본, 필사

PART 1 공무원 기출어휘
Day 12

| 0551 | **immigration** | 명 이민, 이주, 출입국 관리 |

[2019 지방직]

"Can you write a story about tax policy/immigration/climate change?"
당신은 "세금 정책/**이주 문제**/기후 변화에 대한 이야기를 쓸 수 있나요?"

| 0552 | **playground** | 명 놀이터, 운동장 |

[2019 지방직]

Children's playgrounds throughout history were the wilderness.
역사를 통틀어 아이들의 **놀이터**는 황무지였다.

| 0553 | **occasional** | 형 가끔의, 때때로의 |

[2019 지방직]

We've had occasional rain, so the temperature is cool enough.
가끔 비가 와서, 기온이 충분히 선선해.

유 sporadic 간헐적인

| 0554 | **relevant** | 형 관련 있는, 적절한 |

[2019 지방직]

"Economics is a science of thinking in terms of models joined to the art of choosing models which are relevant to the contemporary world."
"경제학은 현대세계와 **관련된** 모델을 선택하는 기술에 결합된 모델들의 관점에서 생각하는 과학이다."

유 related 관련된, 연관된
associated 연관된, 관계가 있는, 연상되는

| 0555 | **sweeping** | 형 전면적인, 광범위한 |

[2019 지방직]

This new view of disease brought sweeping changes to medicine.
이런 질병의 새로운 관점은 의학의 **전반적인** 변화를 가져왔다.

유 far-reaching 방대한, 광범위한
extensive 광범위한, 대규모의

| 0556 | **weigh down** | 동 (무겁게) 짓누르다 |

[2019 지방직]

If we are weighed down by that worry, though, we won't ever make progress.
하지만 우리가 그 걱정에 **짓눌린다면**, 우리는 결코 발전하지 못할 것이다.

0557 obediently
부 고분고분하게

[2019 지방직]

The common view of leadership was that leaders actively led and subordinates, later called followers, passively and obediently followed.
지도자의 공통된 견해는 지도자들이 적극적으로 이끌고 나중에 추종자로 불리는 부하들이 수동적이고 **고분고분하게** 따르는 것이었다.

0558 state
명 상태, 국가, 정부 동 진술하다

[2019 지방직]

People may have believed that when the evil spirit left, the person would return to his or her normal state.
사람들은 악령이 떠나면 그 사람은 자연 **상태**로 돌아갈 것이라고 믿었을지도 모른다.

유 condition 조건, 상태, 환경, 상황, 병

0559 apathetic
형 무관심한, 냉담한

[2019 지방직]

The people will also become selfish and apathetic toward their co-workers and the organization.
사람들은 이기적이게 되고 동료와 조직에 대해 **무관심해질** 것이다.

유 indifferent 무관심한, 무관한
uninterested 무관심한, 냉담한

0560 upend
동 거꾸로 하다, ~을 뒤엎다

[2019 지방직]

As the digital revolution upends newsrooms across the country, here's my advice for all the reporters.
디지털 혁명이 전국의 뉴스룸을 **뒤엎고** 있는 상황에, 여기 모든 기자들을 위한 나의 조언이 있다.

0561 terrain
명 토양, 지형, 지역

[2019 지방직]

They are rapidly disappearing from the natural terrain of creeks, hills, and fields.
그들은 숲, 언덕, 들판의 자연적인 **지형**에서 빠르게 사라지고 있다.

0562 strip down
동 ~를 벗겨내다, 지우다

[2019 지방직]

Don't strip down the wallpaper as long as you get the alternation for it.
대체품을 구하기 전까지 벽지를 **벗겨내지** 마라.

| 0563 | **a fancy term** | 명 화려한 용어 |

[2019 지방직]

The most respected health and medical experts all insisted that diseases were caused by "miasma," **a fancy term** for bad air.
가장 존경 받는 건강 및 의학 전문가들은 모두 질병이 나쁜 공기를 나타내는 **화려한 용어**인 '미아즈마'에 의해 발생한다고 주장했다.

| 0564 | **sequence** | 명 순서, 배열, 서열 |

[2019 지방직]

The **sequence** is what matters.
순서가 중요한 것이다.

| 0565 | **texting** | 명 문자 메시지 주고받기 |

[2019 지방직]

Only during the past few decades have children vacated these natural playgrounds for their growing love affair with video games, **texting**, and social networking.
지난 몇 십 년 동안만 아이들은 비디오 게임, **문자 메시지**, 그리고 소셜 네트워킹과 점점 더 많은 사랑을 나누기 위해 이런 자연스런 놀이터를 비워왔다.

| 0566 | **that being the case** | 그렇다면, 그렇다고 하면 |

[2019 지방직]

That being the case, it's a good idea to consider what short-term goals we can accomplish that will eventually lead to accomplishing long-term goals.
그렇다면 우리가 목표를 달성할 수 있는 어떤 단기적인 목표가 결국 장기적 목표를 달성하는 것으로 이어질 것인지 고려하는 것이 좋은 생각이다.

| 0567 | **supposedly** | 부 아마, 비록 |

[2019 지방직]

In California, the white-crowned sparrow has songs so different from area to area that Californians can **supposedly** tell where they are in the state by listening to these sparrows.
캘리포니아에서는 머리에 흑백 줄무늬가 있는 참새의 노래가 지역마다 매우 달라서 이 참새들의 노래를 들어보면, **아마도** 그 주의 어디에 있는지 알 수 있을 것이라고 한다.

| 0568 | **transformation** | 명 변화, 변질 |

[2019 지방직]

The most dramatic **transformations** have come in the last half dozen years.
가장 극적인 **변화**가 지난 6년 동안 왔다.

유 conversion 전환, 변화
alteration 변화, 변경

0569 spontaneous
형 자발적인, 자연스러운

[2019 지방직] Prior training was not given to the horses and their reactions were spontaneous.
사전 훈련은 말들에게 실시되지 않았고, 그들의 반응은 **자연스러운** 것이었다.

0570 stuff
명 물건, 물질

[2019 지방직] They are the white stuff on the face of a coin on the right!
오른쪽 동전의 앞면 위에 있는 하얀 **물건**들입니다.

유 supplies 저장품, 물품

0571 injure
동 부상을 입히다, 상처를 입히다

[2019 지방직] Millions of pedestrians are non-fatally injured.
몇 만 명의 보행자는 생명의 지장이 안가는 **부상을 입는다**.

유 hurt 부상 입히다
wound 부상 입히다

0572 species
명 종, 종류

[2019 지방직] And just as many human languages have dialects, so do some bird species.
그리고 인간의 언어에도 방언이 있듯이, 몇몇 새 **종**도 그렇다

0573 victim
명 희생자, 피해자

[2019 지방직] Within this system of belief, called demonology, the victim was usually held at least partly responsible for the misfortune.
악마학이라 불리는 이 믿음의 체계 안에서, **피해자**는 대개 적어도 부분적으로 그 불행에 책임이 있었다.

유 casualty 피해자, 사상자

0574 share
동 공유하다

[2019 지방직] Leadership is a social influence process shared among all members of a group.
리더십은 그룹의 모든 구성원들 사이에서 **공유되는** 사회적 영향 과정이다.

| 0575 | **shortage** | 명 부족, ~난 |

[2019 지방직] After the great food *shortage*, it was about 4 million.
엄청난 식량 **부족** 이후에, 인구는 4백만 명 정도였다.

유 deficiency 부족, 결함
scarcity 부족, 결핍, 식량난
dearth 부족, 결핍, 기근

| 0576 | **sincere** | 형 진실된, 진정한 |

[2019 지방직] Rich as you may be, you can't buy *sincere* friends.
당신이 부자일지라도 당신은 **진실한** 친구들을 살 수는 없다.

유 straightforward 솔직한, 진실된
candid 솔직한

| 0577 | **nervous** | 형 긴장되는, 불안한 |

[2019 지방직] When we are very *nervous*, we tend to murmur or stutter.
너무 **긴장되면** 중얼거리거나 말을 더듬죠.

유 tense 긴장한, 시제, 팽팽한, 긴박한
uneasy 불안한, 불편한, 쉽지 않은, 불쾌한
disturbed 불안한, 산란한, 마음이 동요하고 있는

| 0578 | **receipt** | 명 영수증, 증서 |

[2019 지방직] I felt a bit confused as I got the *receipt* and left the store.
나는 당황했고, **영수증**을 가지고 가게를 나왔다.

유 bill 빌, 지폐, 증권, 청구서
invoice 청구서, 송장, 인보이스

- receive 받다, 수상하다, 얻다
- recipient 수혜자, 받는 사람

| 0579 | **investigation** | 명 조사, 연구, 수사 |

[2019 지방직] After *investigation*, the women in the picture turned out not to be the thief.
조사 끝에 사진 속 여성은 도둑이 아닌 것으로 드러났다.

유 inspection 검사, 조사
inquiry 조사, 문의, 수사

580 representation
명 표현, 초상, 대표

[2019 지방직]
The show has also received critical acclaim for being progressive due to its positive representation of diversity.
그 프로그램은 다양성의 긍정적 **표현**에 대한 혁신으로 비평가들의 호평도 받았다.

유 expression 표현, 표현법, 표정

581 uncommon
형 흔치 않은, 이상한

[2019 지방직]
The scientists said that feather-loss disorder is uncommon in most bird species.
과학자들은 깃털 빠지는 병이 대부분의 새의 종에서 **흔치 않은** 현상이라고 말했습니다.

유 weird 이상한, 기묘한
odd 이상한, 특이한, 홀수의

582 headache
명 두통, 골칫거리

[2019 지방직]
He marketed it as a nerve tonic and insisted that it could cure headaches.
그는 이것을 신경제로 광고했고 이것이 **두통**을 치료할 수 있다고 주장했습니다.

유 migraine 편두통

583 behest
명 명령, 요청

[2019 지방직]
At the behest of the captain, the soldiers began to march.
대위의 **명령**에 따라, 병사들이 행진하기 시작했다.

유 instruction 지시, 설명, 명령
order 명령, 질서, 순서

■ at the behest of   ~의 명령으로

584 misfortune
명 불행, 불운, 역경

[2019 지방직]
We have to keep in mind that anyone can be visited by misfortune.
우리는 누구에게나 **불행**이 닥칠 수 있다는 것을 명심해야 한다.

유 mischance 불운, 재난, 불행
adversity 역경, 재난, 불운
mishap 사고, 재난, 불운

0585 podcast
명 팟캐스트 (인터넷 망을 이용한 음악, 뉴스 등 콘텐츠 제공 서비스)

[2019 지방직]
"Podcast" describes a popular way of distributing music or video files through the Internet.
'팟캐스트'는 인터넷을 통해 음악이나 동영상을 보급하는 인기 있는 방법을 가리킨다.

0586 presidential
형 대통령의

[2019 지방직]
The presidential electors are collectively known as the Electoral College.
대통령 선거인들은 집합적으로 선거인단으로 알려져 있다.

0587 wilderness
명 황야, 자연

[2019 지방직]
If you're camping in the wilderness, stay away from tall, isolated trees.
만약 벌판에서 캠핑을 하고 있다면, 크고 격리되어 있는 나무에서 멀리 떨어지세요.

0588 symphony
명 교향곡, 교향악단, 심포니

[2019 지방직]
Holland simply wants to finish a symphony, while working as a music teacher.
홀랜드는 단지 음악교사로 재직하면서 교향곡 작곡을 완성하고 싶어한다.
유 orchestra 오케스트라, 교향악단

0589 reward
명 보상, 대가 동 상을 주다

[2019 지방직]
Receiving rewards for doing chores will teach kids that hard work brings rewards.
집안일을 하는 것에 대해 보상받는 것은 아이들에게 힘든 일은 보상을 가져온다는 것을 가르쳐 줄 것입니다.
유 recompense 보상, 보수, 보답

0590 a far cry from
명 ~와는 거리가 먼 경험

[2018 국가직]
The price is a far cry from what we expected.
가격이 예상했던 것과 크게 다르다.
유 remote 먼

Day 12　113

| 0591 | **embrace** | 동 수용하다, 받아들이다 |

[2018 국가직]   When you embrace a portfolio approach, you will be less inclined to dwell on individual losses.
만약 당신이 포트폴리오 접근 방식을 **수용한다면**, 개별적인 손실은 훨씬 더 큰 그림의 작은 부분이라는 것을 알기에 개별적인 손실에 대해 덜 생각하게 될 것이다.

유 accommodate 수용하다, 맞추다

| 0592 | **adjust to** | 동 ~에 적응하다 |

[2018 국가직]   They can turn up or flatten to adjust to the flow of water around the shark.
그것들은 상어 주변의 물의 흐름에 따라 **적응하기** 위해 평평해지거나 나타날 수 있다.

| 0593 | **conceive** | 동 상상하다, 임신하다, ~을 품다 |

[2018 국가직]   I cannot conceive what it must be like.
그게 어떤 모습이어야 하는지 나는 **상상이** 안 **된다**.

유 come up with 창안하다, 생각해내다

| 0594 | **a fit of** | 형 갑작스런 |

[2018 국가직]   Whenever you catch yourself having a fit of worry, stop and change your thoughts.
당신이 스스로 **갑자기** 걱정거리를 생각하려고 할 때마다, 멈춰서 당신의 생각을 바꿔라.

유 sudden 갑작스런, 갑작스러움

| 0595 | **contingent (upon)** | 형 ~여하에 달린 |

[2018 국가직]   All payments are contingent upon satisfactory completion dates.
모든 대금 지불은 (작업) 완료 날짜 충족 여부**에 따르게** 됩니다.

유 depending on ~에 달린

| 0596 | **handful** | 명 소수, 한줌 (명사로만 쓰임) |

[2018 국가직]   At Macaulay and a handful of other service academies, work colleges, single-subject schools and conservatories, 100 percent of the student body receive a full tuition scholarship for all four years.
Macaulay 그리고 **소수**의 군 사관학교, 교양 대학, 단과 대학, 음악 대학들에서는, 100퍼센트의 전 학생들이 총 4년 동안 장학금 총액을 받는다.

- **a handful of**   소수의, 한줌의

0597 bumper
명 범퍼 형 엄청나게 큰

[2018 국가직]

The bumper absorbs shock on impact.
(자동차) **범퍼**는 충돌 때 충격을 흡수한다.

0598 culprit
명 범인, (문제를 일으킨) 장본인

[2018 국가직]

The police failed to apprehend the culprit.
경찰은 **범인**을 체포하는 데 실패했다

유 suspect 용의자

0599 accommodate to
동 ~에 적응하다

[2018 국가직]

I needed to accommodate to the new schedule.
내가 새 일정에 **맞춰야** 했다.

유 adapt to ~에 적응하다

0600 demagogue
명 선동 정치가

[2018 국가직]

It is unjust to label him as a demagogue[liar].
그에게 **선동 정치가**[거짓말쟁이]라는 딱지를 붙이는 것은 부당하다.

유 agitator 선동자

Day 13

0601 consistently
부 시종일관하여, 지속적으로

[2018 국가직]
Acute insomnia is the inability to consistently sleep well for a period of less than a month.
급성 불면증은 한 달보다는 적게, **지속적으로** 잠을 제대로 잘 수 없는 것이다.

0602 a prelude to
명 ~의 서막

[2018 국가직]
The incident was merely a prelude to war.
그 사건은 전쟁**의 시작을 알리는 서곡**에 불과했다.
유 opening of ~의 서막

0603 classify
동 분류하다

[2018 국가직]
Please classify the document by date.
서류를 날짜별로 **분류해** 주세요.
유 sort 분류하다

0604 clutter
명 혼란 **동** 어질러놓다

[2018 국가직]
Worry is a complete waste of time and creates so much clutter in your mind.
걱정은 완전히 시간낭비이고, 당신 마음속에 **혼란**을 만든다.
유 mess 엉망, 혼란, 망치다
confusion 혼란, 혼동

0605 dilettante
명 호사가

[2018 국가직]
There is something of the dilettante about him.
그에게는 좀 **호사가** 같은 면이 있다.

0606 aspire
통 열망하다

[2018 국가직] Few people who aspire to fame ever achieve it.
명성을 **열망하는** 사람들 중 그것을 성취하는 사람은 극소수이다.

㈜ long for 열망하다

0607 be inclined to Ⓡ
통 ~하는 경향이 있다

[2018 국가직] Good listeners are inclined to accept or tolerate rather than to judge and criticize.
좋은 경청자들은 판단하고 비판하는 것보다 받아들이거나 참는 **경향이 있다**.

0608 entrepreneur
명 사업가

[2018 국가직] The young entrepreneur launched new niche retailing with a groundbreaking idea.
젊은 **사업가**가 획기적인 발상으로 새로운 틈새 소매업을 시작했다.

㈜ businessman 사업가

0609 deforestation
명 삼림벌채

[2018 국가직] By some estimates, deforestation has resulted in the loss of as much as eighty percent of the natural forests of the world.
몇몇 추산에 따르면, **삼림벌채**는 전 세계의 삼림의 80퍼센트정도가 손실되는 결과를 가져왔다.

0610 annually
부 일년에 한 번, 매년

[2018 국가직] The exhibition is held annually.
그 전시회는 **일년에 한 번** 개최된다.

㈜ once a year 연 1회

- annual   연간의, 일년의
- anniversary   기념일(1년에 한 번 돌아오는)

0611 compromise
통 타협하다, 위태롭게 하다

[2018 국가직] The debt burden, she says, "really compromises decisions students make in college, and we are giving them the opportunity to be free of that."
그녀가 말하길, 채무 부담은 "학생들이 학교에서 결정하는 것에 대해 **타협하게** 합니다. 그리고 우리는 그들에게 그것을 벗어날 수 있는 기회를 주어야 합니다."

㈜ negotiate 협상하다, 협의하다, 합의하다

Day 13

0612 intensely
부 격렬히, 강렬하게

[2018 국가직]

Some remain intensely proud of their original accent and dialect words.
어떤 이들은 그들의 원래의 악센트와 사투리 단어들을 **몹시** 자랑스러워 한다.

유 extremely 매우, 극도로, 굉장히, 지나치게
excessively 과도하게, 지나치게, 매우

0613 audible
형 들을 수 있는, 들리는

[2018 국가직]

It triggers visual or audible displays.
이것은 볼 수 있는 혹은 **들을 수 있는** 표시들을 유발한다.

0614 curiosity
명 호기심, 진기한 것

[2018 국가직]

His emotions swung between fear and curiosity.
그의 감정은 두려움과 **호기심** 사이를 오갔다.

유 interest 관심, 흥미, 감흥, 재미, 호기심

0615 get across
동 이해시키다, 이해되다

[2018 국가직]

The speaker was not good at getting his ideas across to the audience.
그 연사는 자기 생각을 청중에게 **전달하는** 데 능숙하지 않았다.

0616 institute
명 연구소, 전문교육기관

[2018 국가직]

"There aren't enough teachers and enough teacher-training institutes," says Kisha.
"충분한 선생님이 없고 교직을 양성하는 **교육 기관**들이 충분하지 않습니다." Kisha는 말했다.

0617 biologist
명 생물학자

[2018 국가직]

Biologists have identified a gene that will allow rice plants to survive being submerged in water for up to two weeks.
생물학자들은 벼가 현재보다 1주일 정도 이상 더 오래 물에 잠길 수 있도록 하는 유전자를 밝혀냈다.

| 0618 | **from time to time** | 🟢튀 가끔, 이따금씩 |

[2018 국가직] The house has been added to from time to time.
집에 **가끔씩** 증축을 했어요.

유 sometimes 가끔
every now and then 때때로, 가끔, 종종
once in a while 때때로, 이따금
occasionally 종종, 가끔

| 0619 | **insomnia** | 🟢명 불면증, 불면 |

[2018 국가직] Insomnia can be classified as transient, acute, or chronic.
불면증은 일시적, 급성, 혹은 만성 불면증으로 분류될 수 있다.

| 0620 | **autonomic** | 🟢형 자율적인, 자치의, 자발적인 |

[2018 국가직] The final requirement of the on-demand environment is that it must be autonomic.
온 디맨드 환경의 마지막 요구사항은 **자율화**입니다.

유 independent 독립적인

| 0621 | **aspiring** | 🟢형 장차 ~가 되려 하는, 열망이 있는 |

[2018 국가직] Aspiring musicians need hours of practice every day.
장차 음악가가 되려는 사람들은 매일 여러 시간 연습을 해야 한다.

유 would-be 장차 ~이 되려고 하는
prospective 예비의, 장래의

| 0622 | **initiate** | 🟢동 시작하다, 추진하다 🟢형 주도한 |

[2018 국가직] Acute insomnia is present when there is difficulty initiating or maintaining sleep or when the sleep that is obtained is not refreshing.
급성 불면증은 잠을 **시작하거나** 유지하는 데 어려움이 있을 때, 혹은 잠을 잔 것이 상쾌하지 않을 때 생기는 것이다.

유 commence 시작하다

| 0623 | **grant** | 🟢동 부여하다, 주다, 허가하다 |

[2018 국가직] Schools that grant free tuition to all students are rare.
모든 학생들에게 수업비용을 공짜로 **허가하는** 학교는 드물다.

유 approve 승인하다, 허가하다
assign 부여하다, 할당하다

0624 ingrained
형 뿌리깊은, 깊이 베어 든

[2018 국가직]

Worrying becomes such an ingrained habit that to avoid it you consciously have to train yourself to do otherwise.
걱정하는 것은 **몸에 밴** 습관 같은 것이 되어서, 당신은 그것을 피하기 위해 의식적으로 훈련해야 한다.

유 rooted 뿌리 깊은, 정착한

0625 ensure
동 보장하다

[2018 국가직]

Rice yields must increase by 30 percent over the next 20 years to ensure a billion people can receive their staple diet.
쌀 생산량은 10억 명의 사람들이 그들이 주된 식량을 받도록 **보장하기** 위해 향후 20년 동안 30퍼센트까지 증가해야 한다.

유 guarantee 보장하다, 보증, 장담하다
vouch 보증하다, 단언하다, 인용하다

0626 meteor
명 유성, 별똥별

[2018 국가직]

It was such a beautiful meteor storm that we watched it all night.
그것은 너무나 아름다운 **유성** 폭풍이어서 우리는 밤새 그것을 보았다.

0627 fluctuation
명 변동, 오르내림, 파동, 동요

[2018 국가직]

There is a wide fluctuation in the prices of commodities.
물가의 **격변**이 있다.

유 change 변동

0628 averse
형 ~을 싫어하는

[2018 국가직]

I mentioned it to Kate and she wasn't averse to the idea.
내가 케이트에게 그 생각을 말해 봤는데 그녀도 **싫어하지** 않았어.

0629 hallucination
명 환각, 환영, 환청

[2018 국가직]

High temperatures can cause hallucination.
고열은 **환각**을 초래할 수 있다.

유 illusion 환상, 환각

0630 ingenuity
명 기발한 재주, 재간, 독창성

[2018 국가직]
Some historic painters, so called geniuses, thrived on their own **ingenuity**.
소위 천재라고 불리는 몇몇 역사적인 화가들은 그들 자신만의 **독창성**들을 가지고 있었다.

유 inventiveness 독창적임

0631 consequence
명 결과, 영향, 성과

[2018 국가직]
Its **consequences** such as sleepiness and impaired psychomotor performance are similar to those of sleep deprivation.
졸음과 손상된 정신운동수행과 같은 **결과**들은 수면 부족의 결과들과 비슷하다.

유 conclusion 결론
outcome 결과, 성과, 소산

0632 impoverished
형 빈곤한, 저하된, 결핍된

[2018 국가직]
The country was **impoverished** by the war.
그 나라는 전쟁으로 **빈곤해졌다**.

유 needy 궁핍한
destitute 빈곤한
indigent 빈곤한

0633 glance
동 흘낏 보다, 휙휙 훑어보다 명 흘낏 봄

[2018 국가직]
She sneaked a surreptitious **glance** at her watch.
그녀는 몰래 시계를 **슬쩍 보았다**.

유 scan 훑어보다

0634 kindergarten
명 유치원

[2018 국가직]
India's student-age population of 230 million (**kindergarten** to college) is one of the largest in the world.
인도의 2억3천만 취학연령 인구는 (**유치원**부터 대학까지) 세계에서 가장 큰 숫자이다.

0635 execute
동 처형하다, 실행하다, 해내다

[2018 국가직]
Together, we would be able to **execute** the joint marketing promotion with minimal additional cost to both companies.
우리가 협력하면, 양사는 최소한의 추가 비용만으로 공동 시판 프로모션을 **실행할** 수 있을 것입니다.

유 carry out 실행하다

Day 13 121

0636 optimistic
[2018 국가직]

형 낙관적인, 긍정적인

There's a lot of attention paid to this question of whether it's better to have an optimistic or pessimistic lens.
낙관적인 인식을 가지는 것이 나을지, 부정적인 인식을 가지는 것이 나을지에 대한 문제에 많은 관심이 있다.

유 sanguine 낙천적인, 쾌활한

0637 fit in
[2018 국가직]

동 맞추다, 정하다

We will lose the sense that others have an accent and we will begin to fit in.
우리는 다른 사람이 다른 악센트를 가지고 있다는 인식을 잃어갈 것이고, 우리는 거기에 **적응하기** 시작할 것이다.

0638 dichotomy
[2018 국가직]

명 양분, 이분, 이분법

Some people think that the central dichotomy in life is whether you're positive or negative about the issues that interest or concern you.
어떤 사람들은 생각하기를, 삶에서 중심적인 **이분법**은 당신의 흥미 혹은 걱정을 불러일으키는 어떤 이슈에 대해 긍정적이냐 혹은 부정적이냐 에 대한 것이다.

0639 immobile
[2018 국가직]

형 움직이지 않는

His illness has left him completely immobile.
그는 병으로 전혀 **움직이지 못하게** 되었다.

유 motionless 움직이지 않는

0640 trigger
[2018 국가직]

명 방아쇠 동 촉발시키다

He kept his finger on the trigger.
그는 **방아쇠**에서 손가락을 떼지 않았다.

유 set off 촉발시키다

0641 cut it close
[2018 국가직]

동 (시간 따위를) 절약하다

Come this way cut it close!
이쪽 길로 가면 **빨라**.

유 save 절약하다

0642 scale
명 (어류·파충류) 비늘, 규모, 척도, 저울

[2018 국가직] Sharks are covered in scales made from the same material as teeth.
상어는 이빨과 똑같은 성분으로 만들어진 **비늘**로 뒤덮여있다.

0643 malefactor
명 범인, 악인, 죄인

[2018 국가직] The police spent seven months working on the crime case but were never able to determine the identity of the malefactor.
경찰관들은 그 범죄사건을 조사하는데 7개월이 걸렸으나, 그 **범죄자**의 신원을 밝히지 못했다.

유 offender 범죄자, 위반자
criminal 범인
culprit 범인, 죄인

- benefactor 후원자, 은인

0644 transient
형 일시적인, 순간적인 **명** 단기 체류자

[2018 국가직] A glass of whisky has only a transient warming effect.
위스키 한 잔은 **일시적으로** 몸을 따뜻하게 하는 효과가 있을 뿐이다.

유 temporary 일시적인

- transform 변형하다
- transfer 이동시키다
- transport 이동시키다
- transaction 거래
- transit 경유
- translation 번역

0645 itinerant
형 떠돌아다니는 **명** 떠돌이

[2018 국가직] That guy is an itinerant who has done all sorts of jobs all over the country.
그 사람은 방방곡곡을 돌며 안 해 본 일이 없는 **떠돌이**다.

유 strolling 떠돌아다니는

- itinerary 일정, 기행, 여정

0646 energize 동 격려하다, ~의 기운을 복돋우다

[2018 국가직]

The way to learn to stop worrying is by first understanding that you energize whatever you focus your attention on.
걱정을 멈추기 위한 방법은, 당신이 관심을 가지는 무엇이든지 **활기를 띠게** 된다는 것을 우선 이해하는 것이다.

유 inspirit 활기를 북돋우다, 격려하여 시키다, 고무하다
enliven 활기 띠게 하다, ~을 약동하게 하다, 쾌활하게 하다

0647 rocking horse 명 흔들목마

[2018 국가직]

Worry is like a rocking horse.
걱정은 **흔들목마**와 같다.

0648 primary 형 주요한, 초등학교의

[2018 국가직]

It can be caused by another disorder, or it can be a primary disorder.
그것은 역시 다른 질병으로부터 야기되며, 혹은 이것은 **주요** 질병이 될 수 있다.

유 vital 중요한, 필수적인, 주요한, 생명과 관련된

0649 facility 명 시설, 기능

[2018 국가직]

To accommodate an increasing staff size, we have moved our offices to a larger facility in Daegu.
늘어나는 직원을 수용하기 위해 당사는 대구에 있는 더 큰 **시설**로 사무실을 이전했습니다.

유 installation 시설

0650 ravenous 형 굶주린, 탐욕스러운

[2018 국가직]

What's for lunch? I'm absolutely ravenous.
점심은 뭐예요? 저 진짜 **배가 고파 죽겠어요**.

유 starving 배가 고픈

Day 14

0651 in good times and bad times
부 좋을 때나 나쁠 때나

[2018 국가직] These are people whose company you enjoy, in good times and bad times.
이분들은, **좋을 때나 나쁠 때나**, 당신이 함께 즐거운 시간을 보낼 수 있는 사람들입니다.

유 through thick and thin 좋을 때나 안 좋을 때나

0652 pursue
동 추구하다, 추진하다

[2018 국가직] Macaulay students also receive a laptop and $7,500 in "opportunities funds" to pursue research.
Macaulay 학생들은 또한, 연구를 **추진하기** 위해 노트북 컴퓨터와 $7,500의 "기회 기금"을 받는다.

유 go after 추구하다, 구하다, 타려고 하다

0653 pessimistic
형 비관적인, 비관주의적인

[2018 국가직] I think you're being far too pessimistic.
내 생각에는 당신이 너무 지나치게 **비관적인** 것 같아요.

유 gloomy 비관적인, 우울한

■ optimistic 낙관적인, 낙관론의

0654 exposure
명 노출, 폭로

[2018 국가직] What children in remote parts of India lack is access to good teachers and exposure to good-quality content.
인도의 외딴 지역에 사는 아이들은 좋은 선생님에 대한 접근과 양질의 수업에 대한 **노출**이 부족합니다.

0655 through thick and thin
부 좋을 때나 안 좋을 때나, 때를 가리지 않고

[2018 국가직] While at first glance it seems that his friends are just leeches, they prove to be the ones he can depend on through thick and thin.
그의 친구들을 얼핏 보면 거머리들에 불과한 것처럼 보이나, 그들은 그가 **좋을 때든, 나쁠 때든** 기댈 수 있는 사람들임이 밝혀졌다.

0656 **rice paddy** 　 명 논

[2018 국가직]　A long drought[dry weather] dried up all the rice paddy.
오랜 가뭄이 **논**을 몽땅 태웠다

- field　　　밭
- wheat field　밀밭
- cornfield　옥수수밭

0657 **muscular** 　 형 근육의, 강력한

[2018 국가직]　They might include muscular weariness, hallucinations, and/or mental fatigue.
그들은 **근육의** 피로, 환각, 그리고/혹은 정신적 피로를 포함할지도 모른다.

0658 **lessen** 　 동 줄다, 줄이다

[2018 국가직]　This aromatherapy will lessen your pressure and ease your mind.
이 방향요법이 압박감을 **줄여주고** 마음을 편안하게 해줄 것이다.

유 diminish 줄이다
cut back on ~을 줄이다

0659 **prep** 　 형 예비의, 준비　 명 준비

[2018 국가직]　It offers everything from digitized school lessons to entrance exam prep.
이것은 디지털화된 학교 수업부터 입학시험 **준비**까지 모든 것을 제공한다.

0660 **founder** 　 명 설립자, 창업자

[2018 국가직]　Kisha Padbhan, founder of Everonn Education, in Mumbai, looks at his business as nation-building.
뭄바이의 Everonn 교육 **설립자**인 Kisha Padbhan은 그의 사업을 국가 건설의 일환으로 보았다.

- found　설립하다

| 0661 | **reproduce** | 동 재생산하다, 번식하다, 복제하다, 재현하다 |

[2018 국가직] Biofeedback training teaches one to produce a desired response by reproducing thought patterns or actions that triggered the displays.
생체자기제어 트레이닝은 표시들을 유발하는 생각 패턴들, 혹은 행동들을 **재생산함**으로써, 원하는 반응을 생산할 수 있도록 가르친다.

| 0662 | **indigenous** | 형 토착의, 고유의 |

[2018 국가직] Robert J. Flaherty, a legendary documentary filmmaker, tried to show how indigenous people gathered food.
전설적인 다큐멘터리 제작자인 Robert J, Flaherty는 어떻게 **토착**민들이 그들의 음식을 모았는지를 보여주려고 시도했다.

유 native 토착의, 고유한
aboriginal 원주민, 토착, 원래의, 원시

| 0663 | **perish** | 동 사라지다, 죽다 |

[2018 국가직] Plants under water for longer than a week are deprived of oxygen and wither and perish.
1주일 이상 물에 잠겨있는 식물들은 산소가 부족해서 시들어 **죽는다**.

유 pass away 죽다, 보내다, 가 버리다
wither 시들다, 쇠퇴하다, 위축시키다, 활기를 잃다, 부식되다

| 0664 | **get one's feet wet** | 동 시작하다 |

[2018 국가직] I think I'll try going to some open mic nights before then to get my feet wet.
그래서 그 전에 자유 공개 무대에 나가서 **시작해 보려고**.

유 initiate 시작하다

■ from scratch 맨 처음부터

| 0665 | **threat** | 명 위협, 우려, 조짐 |

[2018 국가직] To the brain, loss is a threat and we naturally take measures to avoid it.
뇌에게 손실은 **위협**이고 우리는 자연적으로 그것을 피하기 위해 조치를 취한다.

유 peril 위험, 위기
jeopardy 위험, 위험성
intimidation 위협, 협박

Day 14

0666 prone
형 취약한, ~하기 쉬운

[2018 국가직]

Rice growers in these flood-prone areas of Asia lose an estimated one billion dollars annually to excessively waterlogged rice paddies.
아시아의 홍수 **취약** 지역의 쌀 재배자들은 과도히 침수된 논 때문에 매년 10억 달러의 손해를 입는 것으로 추정된다.

유 susceptible (~에) 취약한

0667 involuntary
형 자기도 모르게 하는, 원치 않는

[2018 국가직]

She gave an involuntary shudder.
그녀는 **자기도 모르게** 몸이 떨렸다.

유 unconscious 무의식적인

0668 native
형 토박이의 **명** 태생인 사람

[2018 국가직]

She speaks Italian like a native.
그녀는 이탈리아어를 **토박이**처럼 (자기 모국어인 것처럼) 한다.

유 born 타고난

0669 waterlogged
형 물에 잠긴

[2018 국가직]

They couldn't play because the pitch was waterlogged.
그들은 경기장에 **물이 잔뜩 스며 있어서** 경기를 할 수가 없었다.

유 flooded 침수된

0670 perception
명 지각, 인식

[2018 국가직]

Our perceptions and production of speech change with time.
우리의 **인지**와 언어 능력의 생산은 시간에 따라 바뀐다.

유 cognition 인지, 인식, 지각
awareness 인식, 의식, 지각, 인지도, 경각심

0671 vulnerable
형 취약한, 연약한

[2018 국가직]

She looked very vulnerable standing there on her own.
거기에 혼자 서 있는 그녀는 너무나 **연약해** 보였다.

유 weak 약한
susceptible (~에) 취약한

| 0672 | **temporary** | 형 일시적인, 임시의 |

[2018 국가직]

His creditors agreed to give him a temporary respite.
그의 채권자들이 그에게 **일시적인** 유예 기간을 주기로 합의했다.

유 momentary 일시적인, 순간의
transitory 일시적인, 덧없는

■ contemporary 동시대의

| 0673 | **break free (of)** | 동 ~로 부터 벗어나다, ~을 떨치다 |

[2018 국가직]

Find a way to break free of this prison.
이 감옥에서 **벗어날** 방법을 찾아라.

| 0674 | **voluntary** | 형 자발적인, 자원 봉사의 |

[2018 국가직]

A technique that enables an individual to gain some voluntary control over autonomic, or involuntary, body functions by observing electronic measurements of those functions is known as biofeedback.
자발적인 혹은 비자발적인 신체 기능을 넘어서, 그러한 기능을 전자 장치를 통해 관찰함으로써, 개인이 스스로 **자발적인** 제어를 할 수 있도록 하는 테크닉은 '생체자기제어'로 알려져 있다.

유 autonomous 자주적인, 자율적인
unforced 강제적이 아닌, 자발적인

| 0675 | **phrase** | 명 구, 구절, 관용구 동 표현하다 |

[2018 국가직]

The Italian phrase can be rendered as 'I did my best'.
그 이탈리아어 **관용구**는 '난 최선을 다했다.'로 번역할 수 있다.

| 0676 | **take a rain check** | 동 다음을 기약하다 |

[2018 국가직]

Can I take a rain check? — I must get this finished tonight.
다음을 기약해도 될까요? 오늘밤에 이 일을 끝마쳐야 해서요.

| 0677 | **utilize** | 동 활용하다 |

[2018 국가직]

The Romans were the first to utilize concrete as a building material.
로마인들이 최초로 콘크리트를 건축 재료로 **이용했다**.

유 use 이용하다, 사용하다, 쓰다
exploit 활용하다, 착취하다

Day 14

0678 leech
명 거머리

[2018 국가직]
She is clinging to the customer like a leech, trying to sell something.
그녀는 손님에게 **찰거머리**처럼 달라붙어 물건을 팔고 있다.

0679 reflection
명 상, 반사, 반영

[2018 국가직]
Your clothes are often a reflection of your personality.
사람이 입는 옷은 흔히 그 사람의 개성을 **반영**한다.

- mirror 반영하다, 거울

0680 identical
형 동일한, 똑같은, 바로 그

[2018 국가직]
In effect, the two systems are identical.
사실상 그 두 시스템은 **동일하다**.

유 same 동일한

0681 manifest
동 나타나다, 분명하게 하다

[2018 국가직]
The past is around us constantly, considering that, the minute something is manifested, it is the past.
과거는 끊임없이 우리 주변에 있고, 이를 고려하면, 어떤 것은 **나타나는** 그 순간, 과거가 되어버린다.

0682 taper
동 끝이 점점 가늘어지다

[2018 국가직]
The scales on the sides of the body are tapered.
몸의 측면에 있는 비늘은 점점 **가늘어진다**.

0683 susceptible
형 취약한, 민감한, 예민한, ~을 허용하는

[2018 국가직]
He's highly susceptible to flattery.
그는 아첨에 대단히 **민감하다**.

유 vulnerable 취약한, 영향 받기 쉬운
prone -에 취약한

0684 pariah
명 버림받은 사람

[2018 국가직]
The one-time press lord is now a pariah.
그 왕년의 언론 황제는 지금은 **따돌림 받는 사람**이다.

유 outcast 따돌림 받는 사람

0685 urbanization   명 도시화

[2018 국가직]
Urbanization can be very good for people.
도시화는 사람들에게 매우 유익할 수 있다.

- urban 도시의
- rural 시골의, 지방의

0686 monsoon   명 우기, 폭풍우, 계절풍

[2018 국가직]
The fields were flooded in the monsoon.
장마 통에 논밭이 물에 잠겼다.

유 rainy season 장마

0687 break up with   ~와 헤어지다, 결별하다

[2018 지방직]
I made up my mind to break up with him.
나는 그와 **헤어지기로** 마음먹었어.

0688 tuition   명 등록금, 수업료, 교육

[2018 국가직]
Students at Macaulay Honors College(MHC) don't stress about the high price of tuition.
Macaulay Honors 대학교의 학생들은 높은 **등록금**에 스트레스 받지 않는다.

0689 trivial   형 사소한, 하찮은

[2018 지방직]
It's a trivial matter and not worth fighting about.
이건 **사소한** 문제이고 다툴 가치도 없다.

유 minor 사소한
minute 적은 양의
petty 의미 없는, 사소한

0690 utterly   부 완전히, 순전히, 전혀

[2018 지방직]
He was utterly bereft when his wife died.
아내가 죽었을 때 그는 **완전히** 상실감에 빠졌다.

유 totally 완전히, 모조리

Day 14

0691 tactical
형 작전의, 전략적인

[2018 지방직]
He was given tactical command of the operation.
그에게 그 군사**작전의** 전술 지휘권이 주어졌다.

유 strategic 전략의, 전략상의

0692 silverware
명 은식기류

[2018 지방직]
All the silverware is on the table.
모든 **은식기류**가 식탁 위에 있어요.

- goldwork 금제품

0693 leather
명 가죽, 피혁

[2018 지방직]
The men wore leather straps with metal studs.
남성들은 징이 박힌 **가죽** 띠를 입었다.

0694 paramount
형 가장 중요한, 최고의

[2018 지방직]
The paramount duty of the physician is to do no harm. Everything else—even healing—must take second place.
의사의 **가장 중요한** 의무는 해를 끼치지 않는 것이다. 다른 모든 일 들은—심지어 치료도—부차적이어야만 한다.

유 chief 최고의, 주된, 최고위자의
preeminent 우위의, 탁월한

0695 theoretical
형 이론상의

[2018 지방직]
Theoretical physics forces atomic energy on us.
이론상의 물리학은 우리에게 원자 폭탄을 만들게 했다.

유 speculative 이론적인, 투기적인, 사색적인
conceptual 개념의, 개념 형성의, 개념상의

0696 weigh in
동 관여하다 명 체중 검사

[2018 지방직]
Last month, in the United States, the scientific establishment weighed in.
지난 달 미국에서는 과학기관이 **관여하였다**.

0697 reference
명 추천서, 참고, 기준, 표준

[2018 지방직]
I am writing in response to your request of a reference for Mrs. Ferrer.
저는 Ferrer 씨에 대한 **추천서**를 달라는 당신의 요청에 응답하여 이 글을 씁니다.

0698 scramble
통 뒤적거리다, 서로 밀치다　**명** 기어가기

[2018 지방직]
She managed to scramble over the wall.
그녀는 용케 그 담을 **재빨리 타고 넘었다**.

유 clamber 기어오르다

0699 do the talking
통 (대표자로서) 말하다, 대변하다

[2018 지방직]
Every time he has an important match, he lets his play do the talking for him.
그는 중요한 경기가 있을 때마다 경기 성적으로 자신 의사를 **대신하게** 한다.

0700 priority
명 우선순위, 중요

[2018 지방직]
You might have tried to decide on priorities.
당신은 아마 **우선사항**을 결정하려 노력했을지도 모른다.

유 preference 선호, 좋아하기

Day 15

0701 turn out (to be)
통 ~로 판명되다, 드러나다

[2018 지방직]
It also turned out to be a great strategic failure for Osama bin Laden.
그것은 또한 오사마 빈 라덴에게 큰 전략적인 실패로 **드러났다**.
유 prove (to be) ~로 판명되다

0702 oppression
명 억압, 탄압

[2018 지방직]
The history of eugenics is full of oppression and misery.
우생학의 역사는 **억압**과 비참함으로 가득 차있다.
유 suppression 억제, 억압
repression 억제, 진압

0703 state-of-the-art
형 최신의, 최근의, 최신 기술의

[2018 지방직]
The system was state of the art.
그 시스템은 **최첨단**이었다.
유 modern 현대적인

0704 networking
명 네트워킹, 네트워크 형성

[2018 지방직]
Building a powerful network doesn't require you to be an expert at networking.
강력한 네트워크를 만드는 것은 당신에게 **네트워크 형성**에 있어 전문가가 될 것을 요구하지 않는다.

0705 pique
동 자극하다, ~의 감정을 상하게 하다 명 화, 불쾌

[2018 지방직]
That's what piques the curiosity of advisers and sponsors.
그것이 조언자들과 후원자들의 호기심을 **자극하는** 것이다.
유 stimulate 자극하다, 촉진시키다
spur 자극, 충동

| 0706 | **secure** | 동 확보하다 형 안전한 |

[2018 지방직] The result is not that he is more secure or certain, but that ten other new problems open up in place of the single solved one.
그 결과는 그가 좀 더 **안전하고** 확신하는 것이 아니라, 10개의 새로운 문제들이 하나의 해결된 문제 대신 발생하는 것이다.

| 0707 | **impede** | 동 지연시키다, 방해하다 |

[2018 지방직] A negative thought may impede the flow of your work.
부정적인 생각은 여러분의 일의 흐름을 **방해할** 수 있다.
유 hinder 방해하다

| 0708 | **proctor** | 명 시험 감독관, 대리인 동 감독하다 |

[2018 지방직] The proctor had charge of the school examination.
그 **감독관**이 학교 시험을 책임지고 있었다.
유 superintendent 감독관

| 0709 | **strategic** | 형 전략적인, 중요한 |

[2018 지방직] It led to a great strategic failure.
그것은 큰 **전략적인** 실패로 이어졌다.

| 0710 | **desperately** | 부 절실하게, 필사적으로 |

[2018 지방직] I tried desperately to make up for lost time.
나는 잃어버린 시간을 만회하기 위해 **필사적으로** 노력했다.

| 0711 | **phase** | 명 단계, 상태 |

[2018 지방직] We entered a new phase as a species when Chinese scientists altered a human embryo to remove a potentially fatal blood disorder.
중국의 과학자들이 잠재적으로 치명적인 혈액 장애를 제거하기 위해 인간 배아를 변형했을 때 우리는 종으로서 새로운 **국면**에 접어들었다.
유 aspect 양상, 측면, ~면
step 단계, 조치, 걸음

Day 15　135

0712 security
명 보안, 경비, 보장

[2018 지방직]

We need tighter security at the airport.
우리는 공항에서 더 엄격한 **보안**이 필요하다.

유 collateral 담보

0713 hierarchy
명 계급 제도, 계층제

[2018 지방직]

The Renaissance kitchen had a definite hierarchy of help who worked together to produce the elaborate banquets.
르네상스 시대의 부엌은 정교한 연회를 만들기 위해 함께 일했던 도우미에 관한 분명한 **서열**을 가지고 있었다.

0714 intimidating
형 겁을 주는, 겁이 나게 하는

[2018 지방직]

The student who finds the state-of-the-art approach intimidating learns less than he or she might have learned by the old methods.
최신식의 접근법이 **두렵다고** 여기는 학생은 오래된 방식들로 그/그녀가 배웠을지도 모르는 것보다 더 적게 학습한다.

유 frightening 겁을 주는, 겁먹게 하는, 무서운, 위협적인

0715 fall
동 떨어지다, 넘어지다 명 낙상, 몰락

[2018 지방직]

Falls are a leading cause of death for adults 65 and older.
65세 이상의 성인에게 **넘어짐**은 사망의 주된 원인이다.

유 crash 추락하다, 붕괴하다
collapse 혼절하다, 붕괴, 붕괴하다

0716 predictable
형 예측 가능한, 예언할 수 있는

[2018 지방직]

The number of fish will reach a predictable level of abundance and stay there.
물고기의 수는 **예측 가능한** 풍부한 수준에 도달할 것이고 유지될 것이다.

0717 separate
동 분리하다, 별거하다 형 개별적인

[2018 지방직]

Separate off disturbances.
방해하는 것들을 **분리해 버려라**.

0718 eliminate

동 제거하다, 없애다

[2018 지방직]

The ancient Olympics events were designed to eliminate the weak and glorify the strong.
고대의 올림픽 경기들은 약함을 **제거하고** 강함을 미화하기 위해 만들어졌다.

유 remove 제거하다, 없애다
get rid of 제거하다, 삭제하다

0719 nickname

명 별명 동 명명하다

[2018 지방직]

Imagine wrestling with "Mr. Fingertips," who earned his nickname by breaking his opponents' fingers!
상대방의 손가락을 부러뜨려 "Mr. Fingertips"라는 **별명**을 얻은 사람과 레슬링하는 것을 상상해봐라.

0720 indeed

부 실로, 참으로

[2018 지방직]

I believe that she meets all the requirements mentioned in your job description and indeed exceeds them in many ways.
저는 그녀가 당신의 직업 설명 사항에 언급된 모든 필요요건들을 충족하고, **실은** 많은 방면으로 그 요구조건들을 능가한다고 생각합니다.

유 in fact 사실상, 실제로

0721 distraction

명 집중을 방해하는 것, 오락

[2018 지방직]

The children are driving me to distraction today.
저 아이들 때문에 내가 오늘 **정신이 하나도 없다**.

0722 superiority

명 우월, 우수

[2018 지방직]

The ancient Olympics provided athletes an opportunity to prove their fitness and superiority, just like our modern games.
고대 올림픽 경기들은 현대 경기와 같이 운동선수에게 그들의 건강함과 **우수성**을 향상할 수 있는 기회를 제공했다.

유 upper hand 우세, 우월, 유리한 상황
supremacy 우위, 우월, 패권, 지배권
preeminence 탁월, 출중, 우위

Day 15 137

0723 hydrogen
명 수소

[2018 지방직]
Hydrogen and oxygen combine to form water.
수소와 산소가 결합하여 물을 생성한다.

0724 nothing more than
~에 불과한

[2018 지방직]
In most people's eyes, she was nothing more than a common criminal.
대부분 사람들의 눈에는 그녀가 그냥 보통 범죄자에 지나지 않았다.

유 mere ~에 불과한

0725 banquet
명 성찬, 연회

[2018 지방직]
A banquet was held in her honor.
그녀에게 경의를 표하는 연회가 열렸다.

유 feast 축하연, 향연, 잔치, 연회

0726 engage with
동 ~와 관계 맺다, ~와 연관 짓다

[2018 지방직]
But it's remarkably hard to engage with those people unless you've already put something valuable out into the world.
그러나 당신이 이미 세계에 가치 있는 무언가를 내놓지 않고서는 그러한 사람들과 관계를 맺는 것은 몹시 어려운 일이다.

0727 fatal
형 치명적인

[2018 지방직]
This type of allergy can very occasionally be fatal.
이런 유형의 알레르기가 아주 가끔 치명적일 수도 있다.

유 lethal 치명적인
deadly 치명적인

0728 supervise
동 감독하다, 관리하다

[2018 지방직]
The dining room was supervised by the butler.
식사 공간은 butler에 의해 지도되었다.

유 direct 직접의, 감독하다, 연출하다, 지시하다
superintend 지휘 감독하다, 감독하다, 지시하다

0729 get cold feet — 겁먹다

[2018 지방직]

It is not unusual that people get cold feet about taking a trip to the North Pole.
사람들이 북극으로 여행가는 것에 대해 **겁이 나는** 것은 드문 일이 아니다.

유 get intimidated 겁먹다

0730 deplete — 고갈되다, 감소하다

[2018 지방직]

These chemicals are thought to deplete the ozone layer.
이 화학물질은 오존층을 **감소시킨다고** 생각된다.

유 drain 소모시키다, 고갈시키다

0731 ideal point — 이상점

[2018 지방직]

The Pension Service is an ideal point of contact to reach this demographic group.
연금 서비스는 이 인구통계학적 그룹에 도달하기 위한 **이상적인 접점**이다.

0732 chief — 주된, 최고위자인 / 최고위자

[2018 지방직]

You yourself are one of the chief offenders.
당신 자신이 **주범**들 중 한 명이다.

유 head 수위, 수석

0733 surrender — 항복하다, 포기하다

[2018 지방직]

If neither surrendered, the two exchanged blows until one was knocked out.
만약 둘 다 **항복하지** 않는 경우에는, 한 명이 녹아웃 될 때까지 펀치를 주고 받았다.

유 give in 항복하다, 굴복하다, ~을 제출하다
capitulate 항복하다
succumb 굴복하다

0734 determine — 결정하다, 판단하다

[2018 지방직]

Only the strongest and most determined athletes attempted this event.
오직 가장 강하고, **결의 있는** 선수들만이 이것에 도전했다.

- determined 단호한, 결연한
- be determined to ⓡ 단호히 결심하다

Day 15 139

0735 coverage
명 보도, 범위, 보급

[2018 지방직]

There was saturation coverage of the event by the media.
언론에서 그 사건[행사]을 포화 상태에 이를 정도로 **다루었다**.

유 reporting 보도

0736 embryo
명 태아, 배아

[2018 지방직]

The sex of the embryo is predetermined at fertilization.
태아의 성별은 수정 때 이미 결정된다.

유 fetus 태아

0737 enhancement
명 상승, 향상, 증대

[2018 지방직]

Because information has become the ultimate commodity, memory enhancement techniques are attracting tremendous interest.
정보가 궁극적인 상품이 되어감에 따라 기억력 **강화** 기술이 많은 흥미를 끌고 있다.

유 promotion 증진

0738 disorder
명 병, 장애, 무질서

[2018 지방직]

He was suffering from some form of psychiatric disorder.
그는 일종의 정신 **장애**를 앓고 있었다.

유 illness 병; 불쾌함

0739 atomic
형 원자의, 원자력의, 핵무기의

[2018 지방직]

Atomic rearrangement can change the property of matter.
원자의 재배열은 물질의 속성을 바꿀 수 있다.

유 nuclear 핵무기의

0740 disturbance
명 방해, 폐해, 소란

[2018 지방직]

He was charged with causing a disturbance after the game.
그는 그 경기가 끝난 후 **소동**을 피운 혐의를 받았다.

유 interruption 방해

0741 empire
명 제국, 왕국

[2018 지방직] Within four years of Pearl Harbor the Japanese empire lay in ruins, utterly defeated.
진주만 이후 4년 내에 일본 **제국**은 폐허가 되었고 완전히 패배하였다.

유 kingdom 왕국, 왕조

0742 empower
동 권한을 주다, 자율권을 주다

[2018 지방직] The law is intended to empower the president to reject the parliament's decision.
그 법은 대통령에게 의회의 결정을 거부할 수 있는 **권한을 줄** 예정이다.

유 authorize 권한을 주다

0743 commercial
형 상업의 명 광고(TV)

[2018 지방직] The pension funds are administered by commercial banks.
연금기금은 **상업적인** 은행들이 관리한다.

유 mercantile 상업적인

0744 enormous
형 엄청난, 거대한

[2018 지방직] She wields enormous power within the party.
그녀는 정당 내에서 **막대한** 권력을 행사한다.

유 tremendous 엄청난, 대단한
gigantic 거대한
mighty 강력한, 거대한

0745 doom
동 운명 짓다 명 비운, 죽음

[2018 지방직] "Fifteen minutes remain," the voice of doom declared from the front of the classroom.
"15분 남았습니다." **운명의** 목소리가 교실 앞쪽에서 들려왔다.

유 death 죽음, 사망
fate 운명, 천명
destiny 운명, 숙명

0746 abundance
명 풍부

[2018 지방직] Fruit and vegetables grew in abundance on the island.
그 섬에서는 과일과 채소가 **풍부**하게 났다.

유 richness 풍요

Day 15 141

0747 booklet
명 작은 책자, 소책자

[2018 지방직]

The **booklet** contains information on pain relief during labor.
그 **책자**에는 산통 완화를 위한 정보가 들어 있다.

0748 eugenic
형 우생의 **명** 우생학 (-s)

[2018 지방직]

But we should call it what it is, "**eugenics**."
하지만 우리는 그것을 있는 그대로 "**우생학**"이라고 불러야 한다.

0749 concentrate on
동 ~에 집중하다

[2018 지방직]

The secret of successful people is usually that they are able to **concentrate** totally **on** one thing.
성공한 사람들의 비결은 보통 그들이 온전히 한 가지 일에 **집중할 수 있다**는 것이다.

유 focus on -에 집중하다

0750 bombard
동 (질문 등을) 퍼붓다, 공격하다

[2018 지방직]

Shop windows **bombard** people daily with things to buy.
상점의 유리창 너머에는 매일 사람들이 사야 할 물건들로 **가득 차 있다**.

PART 1 공무원 기출어휘
Day 16

0751 exceed 동 초과하다, 넘어서다

[2018 지방직]
Do not **exceed** the stated dose.
명시된 복용량을 **초과하지** 마시오.
유 surpass ~보다 낫다, 능가하다

0752 descendant 명 자손, 후손, 유래한 것

[2018 지방직]
Who is an existing **descendant** of the Chosun Dynasty?
조선왕조의 현존하는 **후손**이 누구입니까?
유 successor 후임자

0753 appendix 명 맹장, 부록

[2018 지방직]
I had to have my **appendix** out.
나는 **맹장**을 잘라 내야 했다.
유 supplement 부록

0754 commitment 명 약속, 전념, 헌신

[2018 지방직]
He never faltered in his **commitment** to the party.
그는 조금도 흔들림 없이 당에 **헌신**했다.

0755 ambitious 형 야심 있는, 야심의

[2018 지방직]
They were very **ambitious** for their children.
그들은 자녀들에 대해서 **야심이 컸다**.

0756 endorse 동 지지하다, 통과시키다

[2018 지방직]
A National Academy of Sciences and National Academy of Medicine joint committee **endorsed** embryo editing.
국립과학원 및 국립의학연구원 합동위원회가 배아 수정을 **승인했다**.
유 concede 인정하다, 허용하다, 굴복하다
ratify 비준하다, 승인하다
authorize 승인하다, 허가하다, 위임하다

Day 16　143

0757 paraphrase
다른 말로 바꾸어 표현하다

[2018 지방직] She gave us a quick **paraphrase** of what had been said.
그녀는 재빨리 그 때까지 나온 얘기를 **말을 바꿔** 설명해 주었다.

0758 decoration
명 장식, 장식물

[2018 지방직] This elaborate **decoration** and serving was what in restaurants is called "the front of the house."
이 정교한 **장식**과 서빙이 레스토랑들에서 "the front of the house"이라고 불린 것이었다.

유 ornament 장식

0759 descriptive
형 기술적인, 묘사적인

[2018 지방직] My sentences and **descriptive** gestures got so confused that I communicated nothing more than a very convincing version of a human tornado.
나의 문장들과 **묘사하는** 몸짓들은 너무 혼란스러워져서 나는 굉장히 납득시키려는 사람 버전의 토네이도에 불과한 것밖에 전하지 못했다.

0760 duty
명 의무, 임무

[2018 지방직] I think that studying is a basic **duty** of a student.
나는 공부가 학생의 기본적인 **의무**라고 생각해.

유 accountability 책임, 책무, 의무
obligation 의무, 채무, 계약, 채권

0761 physician
명 의사

[2018 지방직] However, many **physicians** are concerned about these new diet trends.
그러나, 많은 **의사**들은 이런 새로운 다이어트 추세에 대하여 걱정한다.

■ physicist 물리학자

0762 healing
명 치유, 치료

[2018 지방직] The inflammatory process we see as sunburn, is a natural **healing** process.
햇볕에 화상을 입은 것처럼 보이는 염증의 과정은 자연 **치유** 과정이다.

0763 unusual　　형 특이한, 드문, 독특한

[2018 지방직]

The computers also figured out the frequent use of unusual words.
컴퓨터는 **특이한** 단어들의 빈번한 사용도 알아냈다.

유 outlandish 기이한, 희한한, 별나게 보이는
singular 단수의, 독특한, 특별한

0764 integrity　　명 진실성, 도덕성

[2018 지방직]

The tree's upward growth in one direction symbolizes commitment, integrity, and constancy.
그 나무가 한 방향으로 위로 향해 자라는 것은 헌신, **진실성**, 지조를 상징한다.

유 sincerity 진실, 진정성, 성실
righteousness 정직, 고결한 행위

0765 advertise　　동 광고하다, 홍보하다

[2018 지방직]

When food companies advertise products, they could have people try them with the machine.
음식 회사가 제품을 **광고할** 때, 그들은 사람들이 이 기계로 그것들을 맛볼 수 있게 할 수 있습니다.

유 publicize 알리다, 공개되다, 홍보하다

0766 see off　　동 배웅하다, 전송하다

[2018 지방직]

Thanks for coming to see me off.
절 **배웅하러** 와주셔서 고마워요.

유 send off 배웅하다

0767 confection　　명 절임, 당과, 디저트

[2018 지방직]

If you want a very sweet confection, use a whole cup of sugar.
만약 당신이 정말 달콤한 **당과**를 원한다면 완전히 가득 채운 설탕 한 컵을 사용하세요.

0768 shut down　　동 닫다, 폐쇄하다

[2018 지방직]

Shut down your computer right away, otherwise I'm going to tell mom.
지금 당장 네 컴퓨터 **끄지** 않으면, 엄마께 말씀 드릴 거야.

0769 completion
명 완성

[2018 지방직] Any other achievements were from the completion of plans established by his father Jeongjo.
다른 업적은 그의 아버지 정조가 세운 계획을 **완성**한 것이다.

0770 track
동 추적하다 명 트랙

[2018 지방직] This malware tracked individuals and stored confidential information about users.
이 악성 프로그램은 개인들을 **추적하고** 사용자들의 비밀 정보를 저장했다.

유 trace 추적하다, 흔적, 미량, 발견하다, 유래하다

0771 caretaker
명 관리인, 돌보는 사람

[2018 지방직] Nim was taken away from his human caretakers and sent to a research lab.
님은 더 이상 **관리인**에게 양육되지 않았고 연구실로 보내졌다.

유 custodian 관리인, 보관자, 보호인

0772 unforeseen
형 예기치 않은, 의외의

[2018 지방직] Because in the balloon, like in life, we go very well in unforeseen directions.
왜냐하면 열기구는 마치 삶과 같아서 **예측 불가능한** 방향으로 오히려 더 잘 가기 때문입니다.

유 unplanned 예상외의, 계획이 서지 않은
unanticipated 뜻밖의, 예상하지 못한

0773 caution
명 주의, 경고, 신중함 동 주의를 주다

[2018 지방직] We must exercise caution in protecting our institutions and our traditions from unnecessary intrusion.
우리는 기관들과 전통들을 불필요한 침해로부터 보호하는 데 있어 **주의**를 해야 한다.

유 wariness 주의 깊음, 신중함, 조심
precaution 예방, 주의, 대비, 조심, 경계

0774 knock out
동 기절시키다, 녹초가 되다

[2018 지방직] That was enough to knock out an adult.
그것은 성인을 **기절시키기**에 충분했다.

0775 fitness
명 건강, 운동, 피트니스

[2018 지방직]
This competition is held annually for children to encourage them to improve their physical fitness.
이 경기는 어린이들의 신체 **건강**을 증진시키도록 권장하기 위해서 매년 어린이들을 위해 열립니다.

0776 glorify
동 미화하다, 찬송하다

[2018 지방직]
Rulers tend to glorify their deed, which may distort history.
지도자가 자신의 업적만을 **미화시키려** 한다면, 그것은 역사 왜곡이라 할 수 있다.

유 eulogize ~을 칭송하다, ~에 찬사를 보내다
compliment 칭찬하다, 찬사
applaud 박수 치다, 칭찬하다, 환영하다

0777 gouge
동 찌르다, 바가지를 씌우다

[2018 지방직]
She reached up and tried to gouge her attacker's eyes.
그녀는 손을 뻗어 공격자의 눈을 **찌르려고** 했다.

0778 contender
명 도전자, 경쟁자

[2018 지방직]
The team is a serious contender for the title this year.
그 팀은 올해 선수권을 노리는 만만찮은 **경쟁자**이다.

유 rival 라이벌, 경쟁자
competitor 경쟁자, 선수

0779 bomb
명 폭탄 동 폭격하다

[2018 지방직]
Fortunately, the police were able to safely remove the bomb.
다행스럽게도, 경찰은 **폭탄**을 안전하게 제거할 수 있었습니다.

0780 a multitude of
형 다수의, 수많은

[2017 지방직(상)]
"At the two week point without exercising, there are a multitude of physiological markers that naturally reveal a reduction of fitness level," says Scott Weiss.
"운동을 하지 않은 채로 2주가 되는 시점에는 피트니스 레벨의 감소를 자연스럽게 드러내는 **많은** 신체적인 표시들이 나타납니다."라고 Scott Weiss는 말한다.

781 demolish — 철거하다, 무너뜨리다

[2017 국가직]

We will demolish these houses first so that the new building can be built.
우리는 먼저 이 집들을 **철거해서** 새로운 빌딩을 지을 수 있게 할 것입니다.

782 blood pressure — 명 혈압

[2017 국가직(상)]

I use this home blood pressure monitor.
저는 이 가정용 **혈압**계를 사용합니다.

783 subject — 명 주제, 학과, 실험 대상자 형 ~될 수 있는

[2017 국가직]

He nudged the conversation towards the subject of money.
그가 대화를 슬슬 돈 **문제**로 몰아갔다.

유 topic 주제

784 a variety of — 형 다양한, 많은

[2017 국가직(상)]

Today, there are well over 100 different award and prizes by a variety of organizations.
오늘날, 100가지는 족히 넘는 상이 **다양한** 기관에 의해 수여되고 있다.

유 vaious 다양한

- variety 다양성, 종류, 품종

785 adoption — 명 입양, 채택, 선정

[2017 국가직]

She put the baby up for adoption.
그녀는 그 아기를 **입양**시키도록 내주었다.

유 selection 선택, 채택

786 strap — 명 끈, 혁대

[2017 국가직(상)]

First, you have to put the strap around your arm.
첫 번째로, 당신은 **끈**으로 당신의 어깨를 둘러야 합니다.

0787 brainchild
명 아이디어, 발명품

[2017 국가직]
The artificial lake is a brainchild of the city planner.
그 인공 호수는 그 도시계획 입안자의 **아이디어**이다.
유 invention 발명품

0788 sensation
명 감각, 느낌, 센세이션

[2017 국가직(상)]
It takes a more intense taste to produce the same level of sensation.
같은 수준의 **감각**을 느끼기 위해서는 보다 더 강렬한 맛이 필요하다.
유 sense 감각, 의미, 의식, 느끼다, 감지하다

0789 morality
명 도덕, 도덕성, 도덕률

[2017 국가직]
Standards of morality seem to be dropping.
도덕 수준이 떨어지고 있는 것 같다.
유 ethics 윤리, 윤리학

0790 abhor
동 혐오하다

[2017 국가직]
I usually abhor some of these teenage movies, but I adore some funny movies.
나는 보통 십대취향의 영화를 **싫어하지만** 코믹 영화들은 좋아한다.
유 detest 몹시 싫어하다, 혐오하다
loathe 몹시 싫어하다, 질색하다, 싫어하는
abominate 혐오하다, 싫어하다
hate 싫어하다, 증오하다, 미워하다

0791 border on
동 ~에 접하다, 거의 ~에 달하다

[2017 지방직(상)]
For learned men, this bordered on heresy.
학식 있는 사람들에게, 이것은 **거의** 이단**으로 여겨졌다**.

0792 amenity
명 편의시설, 쾌적함

[2017 국가직(상)]
The Soleil department store outlet in Shanghai would seem to have all the amenities necessary to succeed in modern Chinese retail.
상하이에 있는 Soleil 백화점은 현대 중국 소매업에서 성공하기 위해 필요한 모든 **편의시설**을 갖고 있는 것으로 보인다.

0793 blind spot
명 맹점, 사각 지대, 약점

[2017 지방직(상)] One is that we have a blind spot in our imagination.
하나는 우리가 상상 속에 **사각 지대**를 가지고 있다는 것이다.

0794 as contrasted with
전 ~와 비교하여

[2017 국가직(상)] The amount of information gathered by the eyes as contrasted with the ears has not been precisely calculated.
귀와 **대비되었을 때**, 눈에 의해서 모이는 정보의 양은 계산되지 않는다.

0795 confident
형 자신 있는, 확신 있는

[2017 국가직(상)] You decide how to present a confident, cheerful face, what to wear, what to do with your hands, and so on.
당신은 어떻게 **자신있게 보이고**, 밝은 얼굴을 하고, 어떤 옷을 입고, 어떤 식으로 해야 하는지 등등을 결정한다.

유 self-assured 자신이 있는, 자기 만족의, 자신 있는

0796 alert
명 경계 동 주의하다, 집중하다 형 기민한

[2017 국가직(상)] In normally alert subjects, it is probable that the eyes may be as much as a thousand times as effective as the ears in sweeping up information.
일반적으로 **기민한** 대상자들에게는, 시각이 청각에서 정보를 처리함에 있어서, 1천배나 더 효과적일 수 있다고 할 수 있을 것이다.

유 cautious 신중한, 조심스러운, 주의를 기울이는
prudent 신중한, 분별 있는, 빈틈 없는
considerate 배려하는, 이해심이 있는, 마음씨 좋은

0797 distribution
명 분배, 분포, 유통

[2017 국가직] The company has worldwide distribution channels.
그 회사는 전 세계적인 **배급** 유통망을 갖고 있다.

유 division 분할; 분배

0798 mound
명 흙더미, 언덕, 많은 양

[2017 국가직] The castle was built on top of a natural grassy mound.
그 성은 풀이 덮인 자연 그대로의 **언덕** 위에 지어져 있었다.

유 heap 더미, 무더기

0799 bold　　　　형 과감한, 힘있는

[2017 국가직(상)]　　Soleil has decided against making **bold** moves.
Soleil은 **대담한** 움직임에 반대하기로 결정했다.
유 brave 용감한, 용기, 무릅쓰다, 멋진, 용사
daring 대담한, 용감한, 감히

■ bald　　　　대머리의

0800 compel　　　　동 강요하다, 자아내다

[2017 국가직]　　The law can **compel** fathers to make regular payments for their children.
아버지가 자녀들을 위해 정기적으로 돈을 지불하도록 법으로 **강제할** 수 있다.
유 force 강제하다, 강요하다

Day 17

0801 disparity
명 격차, 차이, 불균형

[2017 국가직(상)]
That disparities between rich and poor are still too great is undeniable.
부유한 사람과 가난한 사람 사이의 **불균형**이 크다는 것은 더할 나위 없다.
유 inequality 불평등, 불균형
contrast 대조, 대비, 차이

0802 complexity
명 복잡성, 복잡함, 복잡한 특징들

[2017 국가직]
Skaters score extra points for technical complexity.
스케이트 선수들은 기술적인 **복잡성**에 대해 추가 점수를 받는다.
유 complication 복잡, 문제, 합병증

0803 dot
명 점 동 점을 찍다, 산재하다

[2017 국가직(상)]
A baby's mouth has many more taste buds than an adult's, with some even dotting the cheeks.
아기의 입은 성인보다 더 많은 미각돌기를 갖고 있고 몇몇은 뺨에도 **산재해 있다**.

0804 beforehand
부 사전에, 미리

[2017 국가직(상)]
So you talk through the issues with yourself beforehand.
그래서 당신은 **사전에** 당신 스스로 이슈에 대해 얘기한다.
유 in advance 미리, 사전에

0805 exclusive
형 독점적인, 전용의, 배타적인 명 독점 기사

[2017 국가직]
The two views are not mutually exclusive.
그 두 가지 견해는 상호 **배타적**이지 않다.

0806 altruism
명 이타주의, 이타적 행위

[2017 국가직(상)]
Suffering becomes a conduit to altruism or heroism.
고통은 **이타주의** 또는 영웅주의와의 연결점이 된다.

0807 devise
동 고안하다, 생각하다, 마련하다

[2017 국가직(상)] It is easy to devise numerous possible scenarios of future developments.
수많은 가능한 미래의 발전에 대한 시나리오를 **고안하는** 것은 쉽다.

유 contrive 고안해내다

0808 cochlear
형 달팽이관의, 나선 계단의

[2017 국가직] NHS trusts limit the supply of cochlear implant procedures.
영국의 보건 의료 제도는 **달팽이관** 이식 절차의 공급을 제한하고 있다.

- cochlear canal 달팽이관

0809 retail
명 소매, 소매상 **형** 소매의 **동** 이야기하다

[2017 국가직] The retail trade is witnessing a sharp fall in sales.
소매 거래의 매출이 급락세를 보이고 있다.

유 recount 자세히 이야기하다

0810 examine
동 조사하다, 검토하다

[2017 국가직(상)] Let us examine a situation of simple distribution such as occurs when an animal is killed in a hunt.
사냥에서 동물이 죽임 당했을 때, 발생하는 것과 같은 단순한 분배의 상황을 **관찰해**보자.

유 scrutinize 조사하다, 보다, 검토
inspect 검사하다, 조사하다
look into 조사하다

0811 blunt
형 무딘, 뭉툭한, 무뚝뚝한 **동** 무뎌지게 하다

[2017 국가직(상)] Children adore sweets partly because the tips of their tongues, more sensitive to sugar, haven't yet been blunted by trying to eat hot soup before it cools.
아이들은 사탕(단 것)을 좋아하는데, 이는 당분에 더 민감한 그들의 혀의 끝이 식기 전에 뜨거운 스프를 맛보는 행위로 **무뎌지지** 않았기 때문이다.

유 dull 지루한, 따분한, 둔한

0812 responsiveness
명 민감, 반응성, 응답

[2017 국가직]
The responsiveness of the Olie makes it a favorite with athletes everywhere.
올리의 **반응성**은 전 세계의 운동 선수들에게 인기가 있다.

유 sensitiveness 민감성

0813 missing
형 실종된, 놓친, 부족한

[2017 국가직(상)]
The store's management thought it was still missing something to attract customers.
매장 관리자는 고객을 끌어들이는 무언가를 여전히 **놓치고 있다**고 생각했다.

유 wanting 모자라는, ~이 없는, 부족한
lacking 부족한, ~이 없는, 결여된
absent 결석한, 불참한

0814 extent
명 정도, 범위

[2017 국가직(상)]
The study notes that openness to foreign trade benefits the poor to the same extent that it benefits the whole economy.
연구는 외국 무역에 대한 개방성이 가난한 사람들에게 주는 이익이 그것이 전체 경제에게 이익을 주는 것과 같은 **범위**로 이익을 준다는 것에 주목한다.

유 scope 범위, 영역, 한계

0815 detest
동 혐오하다, 매우 싫어하다

[2017 국가직(상)]
I absolutely detested the idea of staying up late at night.
나는 밤 늦게까지 깨어있다는 생각을 **매우 싫어했다**.

유 hate 싫어하다, 증오하다, 미워하다
dislike 싫어하다, 싫음, 반감
abhor 혐오하다, 싫어하다, 증오하다
abominate 혐오하다, 싫어하다, 증오하다, 질색하다
loathe 몹시 싫어하다, 질색하다, 싫어하는

0816 innovative
형 혁신적인, 독창적인

[2017 국가직(상)]
The most innovative of the group therapy approaches was psychodrama.
가장 **혁신적인** 그룹 치료법은 사이코 드라마이다.

유 creative 창조적인
imaginative 상상의, 창의적인
ingenious 독창적인, 재치 있는, 교묘한

0817 contribution
명 기여, 공헌, 가중

[2017 국가직(상)] An award may honor a particular book or an author for a lifetime contribution to the world of children's literature.
어떤 상이 아동문학의 세계에 평생 동안 **공헌**한 작가나 특정 책을 기념할 수도 있다.

0818 evaluate
동 평가하다

[2017 국가직] We need to evaluate how well the policy is working.
우리는 그 정책이 얼마나 잘 작용하고 있는지 **평가해** 볼 필요가 있다.

유 assess 평가하다

0819 method
명 방법, 방식, 수단

[2017 국가직(상)] There are no methods for successful prediction.
성공적인 예측을 위한 **방법**은 없다.

유 means 수단, 방법, 목적, 부, 수입
manner 방식, 예의범절, 매너, 태도, 습관

0820 dividend
명 배당금, 상금

[2017 국가직] The demographic dividend effect is going to decrease.
인구**배당** 효과는 줄어들 예정이에요.

유 distribution 배당

0821 heroism
명 영웅적 행위

[2017 국가직] The daily heroism of firefighters is remarkable.
소방관들이 매일 보여주는 **영웅적인 행동**은 놀랄만하다.

유 gallantry 공공심, 애국심, 용맹

0822 astute
형 약삭빠른, 영악한

[2017 국가직] It was an astute move to sell the shares then.
그때 그 주식을 판 것은 **약삭빠른** 처사였다.

유 shrewd 기민한, 재빠른

Day 17 155

0823 influential
[2017 국가직(상)]

형 영향력 있는, 유력한

The larger national awards given in most countries are the most influential.
대부분의 나라에서 주어지는 국립상이 가장 **영향력도 있다**.

유 convincing 설득력 있는, 납득이 가는, 그럴듯한
decisive 결정적인, 단호한

0824 depression
[2017 국가직(상)]

명 우울, 침체, (경제) 대공황

You get up in the morning with a bad headache or an attack of depression.
당신은 심한 두통이나 **우울증**으로 아침에 일어난다.

0825 obvious
[2017 국가직(상)]

형 분명한, 명백한

In hindsight, it usually seems obvious.
시간이 지나고 보면, 그것은 **명백해** 보인다.

유 perspicuous 명료한, 명쾌한, 분명한
apparent 분명한, 명백한, 뚜렷한
evident 명백한, 뚜렷한,

0826 wear out
[2017 국가직(상)]

동 점점 없어지다, 지치게 만들다

Taste buds wear out every week to ten days.
미각돌기는 일주일에서 10일 만에 **닳아 버린다**.

유 exhaust 기진맥진하게 만들다

0827 leave out
[2017 국가직(상)]

동 빠뜨리다, 빼먹다

But it is just not true that economic growth benefits only the rich and leaves out the poor.
경제성장이 오직 부유한 사람에게만 이익이 되고, 가난한 사람을 **배제한다**는 것은 진실이 아니다.

유 skip 거르다, 생략하다, 건너뛰다
omit 누락하다, 제외하다, 생략하다

0828 elaborate
형 정교한 동 상세히 말하다

[2017 국가직(상)]
Immediately you prepare an elaborate excuse.
즉시 당신은 정말 **정교한** 사과(변명)을 준비한다.

유 sophisticated 정교한, 복잡한, 세련된
exquisite 정교한, 절묘한
intricate 복잡한, 미묘한

0829 considerable
형 상당한, 많은

[2017 국가직]
A number of the monuments are of considerable antiquity.
많은 유물들이 **상당히** 오래된 것들이다.

유 significant 상당한, 많은

- considerate — 사려 깊은
- all things considered — 종합적으로 고려해보면

0830 inequality
명 불평등, 불균형

[2017 국가직(상)]
This inequality is corrected by their getting in their turn better portions from kills by other people.
이 **불평등**이 다른 사람들이 한 사냥으로부터 얻어진 보다 나은 고기의 부위로 인해서 조정된다.

유 imbalance 불균형
disparity 격차, 차이, 불균형, 변이, 불평등

- equality — 평등
- equity — 공평

0831 gigantic
형 거대한

[2017 국가직]
The building has a gigantic frame.
그 건물은 **거대한** 구조를 가지고 있다.

유 enormous 거대한
colossal 거대한, 놀랄만한
huge 큰, 거대한, 엄청난
immense 굉장한, 막대한

Day 17 157

0836 defend
명 방어 동 수비하다

[2017 국가직]

If cornered, the snake will defend itself.
뱀은 궁지에 몰리면 스스로를 **보호하려** 든다.

유 preserve 보호하다, 지키다

0832 ongoing
형 계속 진행 중인

[2017 국가직]

The police investigation is ongoing.
경찰 수사는 **계속 진행 중**이다.

유 in progress 진행 중인

0833 work out
동 되다, 만들어내다, 해결하다

[2017 국가직(상)]

It is essential to work out reasonable scenarios for the future.
미래에 대한 합리적인 시나리오를 **구상하는** 것은 필수적이다.

유 devise 고안하다, 마련하다, 만들어내다
conceive 생각하다, 임신하다, 만들어지다

0834 proportionately
부 비례해서, 균형 잡혀

[2017 국가직]

Prices have risen but wages have not risen proportionately.
물가는 올랐지만 임금은 그에 **비례해서** 오르지 않았다.

유 in proportion 비례로

0835 massive
형 거대한, 막대한, 대규모의

[2017 국가직(상)]

So, repurposing these massive spaces for consumers who have other ways to spend their time and money is likely to require a lot of creativity.
그래서 이러한 돈과 시간을 다른 방식으로 쓰는 소비자들을 위한 **거대한** 공간이 창의성을 요구하고 있는 셈이다.

유 colossal 거대한, 놀랄 만한, 훌륭한
tremendous 엄청난, 대단한, 거대한

0837 empathic
형 공감할 수 있는, 감정이입의

[2017 국가직(상)]

The act of pretending 'as if' one were in another's skin was designed to help bring out the empathic impulse and to develop it to higher levels of expression.
타인의 몸 속에 들어가 있는 것처럼 연기하는 행위는 **감정 이입의** 자극을 유도하고, 이를 보다 높은 수준의 표현으로 발전시키는 것을 돕도록 만들어졌다.

| 0838 | **tolerate** | 동 용인하다, 참다, 견디다 |

[2017 국가직] I don't know how you *tolerate* that noise!
난 당신이 저 소음을 어떻게 **참는지** 모르겠어요!

유 put up with 참고 견디다
endure 견디다, 지속하다, 겪다

| 0839 | **daring** | 형 대담한, 용감한 |

[2017 국가직] She is a *daring* reporter who has covered several wars.
그녀는 몇몇 전쟁에 대한 보도를 한 **용감한** 기자이다.

유 bold 대담한, 담력이 있는
courageous 용감한, 담력 있는
adventurous 대담한, 위험한

| 0840 | **improvisation** | 명 즉흥, 즉석에서 하기 |

[2017 국가직(상)] He relied heavily on theatrical techniques, including role-playing and *improvisation*.
그는 롤 플레이와 **즉흥**극을 포함해 연극적 기법에 크게 의존했다.

유 play it by ear 임기 응변의 조치를 취하다

■ impromptu   즉흥연주의, 즉흥적으로

| 0841 | **notion** | 명 관념, 개념 |

[2017 국가직(상)] A general *notion*, however, of the relative complexities of the two systems can be obtained by comparing the size of the nerves.
그러나, 두 가지 시스템의 상대적 복잡성에 대한 일반적 **관념**은 신경의 크기를 비교해 봄으로써 얻어질 수 있다.

유 concept 생각, 정신

| 0842 | **emphasize** | 동 강조하다, 두드러지게 하다, 역설하다 |

[2017 국가직] I tried to *emphasize* my good points without sounding boastful.
나는 뽐내는 것처럼 들리지 않으면서 나의 장점들을 **강조할** 수 있도록 애썼다.

유 stress 강조하다
underline 강조하다, 보여주다
highlight 강조, 하이라이트

0843 pull through — 이겨내다, 회복하다

[2017 국가직(상)]

There are hopeful signs that she will pull through completely.
그녀가 완전히 **회복되리라는** 낙관적인 징후들이 보인다.

0844 in hindsight — 나중에 생각해 보면,

[2017 국가직]

In hindsight, it would have been better to wait.
뒤늦게 생각해 보건대, 기다리는 편이 더 나았을 것이다.

㊤ afterthoughts 재고, 뒷생각

0845 strangle — 동 목을 조르다, ~을 질식시키다

[2017 국가직(상)]

How on earth will it help the poor if governments try to strangle globalization by stemming the flow of trade, information, and capital — the three components of the global economy?
정부들이 세계경제의 세가지 요소인 무역, 정보, 자본의 흐름을 막음으로써 세계화를 **옥죈다면** 도대체 어떻게 그것이 가난한 이들을 도울 수 있겠는가?

㊤ choke 질식시키다, 막히다
stifle 억누르다, 질식시키다

0846 orient to — 동 적응시키다, ~로 향하다

[2017 국가직(상)]

When you face uncertainty, it makes you orient to other people.
당신이 불확실성을 마주할 때, 그것은 당신으로 하여금 다른 사람에게 **향하도록** 만들어준다.

0847 taste bud — 명 미뢰

[2017 국가직(상)]

Taste buds got their name from the nineteenth-century German scientists Georg Meissner and Rudolf Wagner.
미각 돌기(미뢰)는 그 이름을 19세기 독일 과학자인 Georg Meissner와 Rudolf Wagner로부터 얻었다.

0848 make it through — 동 ~을 통과하다, (어려운 시기를) 견디다

[2017 국가직(상)]

Keltner thinks that poor people must often band together to make it through tough times.
Keltner는 빈곤한 사람들은 **힘든 시간을 견디기** 위해 종종 함께 뭉쳐야 한다고 생각한다.

from scratch 맨 처음부터, 사전지식도 없이

[2017 국가직] I learned French from scratch on ten months.
난 불어를 **맨 처음부터** 10개월만에 배웠다.

 keen 형 예민한, 예리한, 열망하는

[2017 국가직(상)] Children have the keenest sense of taste.
아이들은 가장 **예민한** 미각을 갖고 있다.
유 incisive 예리한, 통렬한, 신랄한

PART 1 공무원 기출어휘
Day 18

851 stem
[2017 국가직]

명 줄기, 손잡이 부분 동 막다

The plant's **stem** is marked with thin green longitudinal stripes.
그 식물 **줄기**에는 가느다란 녹색 세로줄이 나 있다.

유 stalk 줄기

- bark 나무껍질, 배, (개가) 짖다

852 psyche
[2017 국가직]

명 마음, 정신, 심령

She spent her life plumbing the mysteries of the human **psyche**.
그녀는 인간 **정신**의 신비를 파헤치는 데 평생을 보냈다.

유 mind 마음, 정신

853 intervene
[2017 국가직]

동 개입하다, 끼어들다, 생기다

The problem lies in deciding when to **intervene**.
문제는 언제 **개입할** 것이냐를 결정하는 데 있다.

유 interfere in 개입하다
mediate 중재하다, 중개하다
intercede 중재하다, 탄원하다, 조정하다
meddle 개입하다, 간섭하다, 관여하다

854 specific
[2017 국가직(상)]

형 특정한, 구체적인

The awards may be given for books of a **specific** genre of simply for the best of all children's books published within a given time period.
상들이 임의의 시간 내에 발간되어진 아동 도서들 중에서 가장 좋은 **특정** 장르의 책들에 수여될 수도 있다.

855 engage in
[2017 국가직(상)]

동 ~에 관여하다, 종사하다, ~를 하다

It is something that we all **engage in** every day when faced with difficult situations.
우리가 어려운 상황을 마주할 때 매일 **참여하는** 것이다.

0856 poverty line
명 빈곤선 (생계유지를 위한 최소한의 생활수준)

[2017 국가직]

The main beneficiaries of the new law will be those living on or below the poverty line.
새 법의 주요 수혜자는 **빈곤선**에서 또는 그 이하로 살고 있는 사람들이 될 것이다.

유 poverty datum line 빈곤선

0857 take over
동 인수하다, 인계 받다

[2017 국가직(상)]

I'm going to take over his former position.
난 그의 이전 직책을 **인계 받을** 거야.

유 acquire 얻다, 인수하다, 갖다, 배우다, 구입하다

0858 offensive
형 모욕적인, 불쾌한, 공격적인

[2017 국가직]

They launched the offensive on January 10.
그들은 1월 10일에 **공격**을 개시했다.

유 attack 공세

0859 mainstream
명 주류, 대세

[2017 국가직(상)]

Despite his theoretical difference from the mainstream viewpoint. Moreno's influence in shaping psychological consciousness in the twentieth century was considerable.
주류 관점과의 이론적 차이에도 불구하고, 20세기 심리학적 인식의 형성에 있어서의 Moreno의 영향력은 꽤 컸다.

0860 unveil
동 공개하다, 발표하다, 선보이다

[2017 국가직(상)]

So next week they're unveiling a gigantic, twisting, dragon-shaped slide that shoppers can use to drop from fifth-floor luxury boutiques to first-floor luxury boutiques in death-defying seconds.
그래서 다음 주에 그들은 죽을 것 같이 아슬아슬한 단 몇 초 만에, 5층의 럭셔리 부티크로부터 1층의 럭셔리 부티크로 떨어지게 도와주는 거대한, 꼬인 형태의 용 모양의 미끄럼틀을 **선보인다**.

유 display (작품을) 전시하다, 보여주다
reveal 보여주다, 드러내다, 밝히다
unmask 공개하다

Day 18

0861 overlap
동 겹치다, 겹치게 하다 **명** 공통부분

[2017 국가직]

You will need to overlap the pieces of wood slightly.
나무 조각들을 약간 **겹쳐 놓을** 필요가 있을 것이다.

유 duplication 중복

0862 sector
명 부문, 분야, 업종

[2017 국가직(상)]

In other words, incomes of all sectors grow proportionately at the same rate.
다른 말로 하면, 모든 **분야**에서의 소득은 같은 속도로 비례하여 증가한다.

유 area 지역, 분야, 영역
section 부분, 절개, 구역

0863 net result
명 최종적인 결론

[2017 국가직(상)]

The net result in the long run is substantially the same to each person.
장기적으로 봐서 **최종적인 결과**는 근본적으로 같을 것이다.

- net 순-
- net weight 순중량
- net profit 순이익

0864 maintain
동 유지하다, 지속하다, 주장하다

[2017 국가직(상)]

Getting on with our day-to-day lives requires a series of civilized masks if we are to maintain our dignity and live in harmony with others.
우리가 우리의 존엄함을 **유지하고** 다른 사람들과의 조화 속에서 살아가려면, 매일매일의 삶을 살아나가는 것은 일련의 문명화된 마스크를 요구한다.

유 retain 유지하다, 보유하다

0865 take on
동 떠맡다, ~을 고용하다, 의미를 갖다

[2017 국가직(상)]

His most important theatrical tool was what he called role Reversal- asking participants to take on another's persona.
그의 가장 중요한 연극적 도구는 그가 "역할 바꾸기" 이라고 명명한 것인데, 이는 참가자들에게 타인의 페르소나를 **띠도록** 요청하는 것이다.

0866 prerequisite
명 필수 조건

[2017 국가직(상)]

But limited income is hardly a prerequisite for developing this kind of empathy and social responsiveness.
그러나 제한된 수입은 사회적 반응과 공감을 발전시키는데 있어 **필수 조건**은 아니다.

0867 optic
형 눈의, 시력의

[2017 국가직(상)]

The optic nerve contains roughly eighteen times as many neurons as the cochlear nerve.
시신경이 청각 신경 보다 18배나 더 많은 뉴런을 갖고 있다.

유 visual 시각의, 눈에 보이는, 광학상의

0868 pitch in
동 거들다, 기부하다

[2017 국가직(상)]

If she has healthy social times, members of her community will pitch in.
만약 그녀가 올바른 사회생활을 하고 있다면, 그녀의 커뮤니티 멤버들은 그녀를 **거들** 것이다.

유 chip in 기부하다

0869 solitary
형 고독한, 한적한, 쓸쓸한

[2017 국가직(상)]

But he also believed that creativity is rarely a solitary process.
그러나 그는 또한 창의성은 거의 **독립적인** 과정이 아니라고 믿었다.

유 sole 유일한, 단독의, 독점적인
forlorn 고독한, 버림받은, 쓸쓸한

0870 record
명 기록 **동** 기록하다

[2017 국가직]

The airline has an excellent safety record.
그 항공사는 훌륭한 무사고 운항 **기록**을 지니고 있다.

유 document 기록, 문서, 기록하다

0871 uncanny
형 이상한, 불가사의한, 해로운

[2017 국가직(상)]

I had an uncanny feeling that I had seen this scene somewhere before.
나는 이 장면을 이전에 어디선가 봤던 **이상한** 기분이 들었다.

유 odd 이상한, 특이한

Day 18 165

0872 undergraduate
형 대학의, 학부의 명 학부생

[2017 국가직(하)]
Undergraduates are not allowed to use equipment in the laboratory.
학부생들은 실험실에서 장비들을 사용하는 것이 허락되지 않는다.
유 student 학생, 생도

0873 inexperienced
형 경험이 부족한, 미숙한

[2017 국가직(하)]
She is by no means an inexperienced teacher.
그녀는 결코 **경험 없는** 교사가 아니다.
유 callow 미숙한
unskilled 서투른, 미숙한

0874 quintessential
형 본질적인, 전형적인

[2017 국가직(하)]
A hamburger and French fries became the quintessential American meal in the 1950s, thanks to the promotional efforts of the fast food chains.
패스트푸드 체인점의 홍보 노력 덕분에 햄버거와 감자튀김은 1950년대에 **전형적인** 미국식 식사가 됐다.
유 essential 필수의, 가장 중요한, 필요한, 본질적인, 없어서는 안 될

0875 provoke
동 자극하다, 화나게 하다, 도발하다

[2017 국가직(하)]
The article was intended to provoke discussion.
그 기사는 논의를 **유발하기** 위한 의도로 쓴 것이었다.
유 arouse 자극하다
stir up 불러 일으키다

■ provocative   자극적인

0876 submerge
동 잠수하다, 담그다

[2017 국가직(하)]
Except those tiny areas, all parts of Zealandia submerge under the ocean.
그러한 작은 지역들을 제외하고, Zealandia의 모든 부분들은 바다 아래에 **잠겨 있다**.
유 submerse 잠수하다, 담그다, ~을 물속에 넣다

0877 veterinary
명 수의사(vet.) 형 수의과의

[2017 국가직(하)]
Dr. Jennifer Coates, veterinary advisor with pet MD, adds.
반려동물 박사학위를 가진 **수의사** 고문인 Jennifer Coates 박사는 덧붙인다.

0878 preponderance
명 우세함, 다수

[2017 국가직(하)]

My constituency has a preponderance of elderly people.
내 지역구는 노인 인구가 **우세**하다.

유 predominance 우위

0879 odor
명 악취, 냄새, 향기

[2017 국가직(하)]

Healthy dogs who spend most of their time inside may only need to be bathed a few times a year to control natural 'doggy odors.'
시간의 대부분을 내부에서 보내는 건강한 강아지들은 자연스러운 '강아지 **냄새**'를 제어하기 위해 일년에 몇 번만 씻기면 된다.

유 smell 냄새, 냄새를 맡다
stink 악취, 악취를 풍기다

0880 neglect
동 무시하다, 방치하다 명 무시

[2017 국가직(하)]

Stressful events early in a person's life, such as neglect or abuse, can have psychological impacts into adulthood.
인간의 삶의 초기에 **무시**와 학대 같은 스트레스가 많은 사건들은 성인기에 심리적 영향을 끼칠 수 있다.

유 ignore 무시하다, 모르는 체하다
belittle 과소 평가하다, ~을 작게 하다, 얕보다

0881 detrimental
형 해로운, 불리한

[2017 국가직(하)]

But bathing too often can be detrimental to your pet as well.
그러나, 목욕을 너무 자주 하는 것은 당신의 애완동물에게 **해로울** 수 있다.

유 harmful 해로운, 유해한, 해가 되는
mischievous 짓궂은, 유해한
nocuous 해로운, 유해한, 유독한

0882 measurable
형 잴 수 있는, 주목할 만한

[2017 국가직(하)]

The goals should be specific, measurable, attainable, realistic, and timely.
목표는 구체적이고, **측정 가능하고**, 도달할 수 있고, 현실적이며 시기 적절해야 한다.

유 noticeable 주목할 만한

0883 external
형 외부의 **명** 외부

[2017 국가직(하)]

An external auditor will verify the accounts.
외부 감사가 그 회계 장부를 검증할 것이다.

유 outside 외부의

0884 infection
명 감염, 전염병

[2017 국가직(하)]

Good hygiene helps to minimize the risk of infection.
청결한 위생 상태는 **감염**의 위험을 최소화하는 데 도움이 된다.

유 contagion 전염병

0885 via
전 ~을 통하여

[2017 국가직(하)]

Interactive media can be used to question a lecturer or exchange opinions with other students via e-mail.
쌍방향적 미디어는 강사에게 질문하거나, 이메일**을 통해** 다른 학생들과 의견을 교환하는 데 사용될 수 있다.

유 by way of ~을 통해서, ~경유로
by means of ~에 의하여, ~으로

0886 acquire
동 습득하다, 획득하다, (후천적으로) 얻다

[2017 국가직(하)]

One can acquire everything in solitude — except character.
사람은 혼자서 모든 것을 **습득할** 수 있다. 성격은 빼고.

유 obtain 얻다, 구하다

0887 make light of
~을 경시하다, 얕보다

[2017 국가직(하)]

They make light of him as a mere boy.
사람들은 그를 어린애라고 **얕보고** 있다.

유 neglect 무시하다
belittle 경시하다

0888 no longer
더이상 ~아니다

[2017 국가직(하)]

My solicitor is no longer in practice.
내 사무 변호사는 이제 **더 이상** 변호사 일을 하지 **않는다**.

유 not ~ any longer 이미 ~아니다
no more 그 이상 ~하지 않는다

0889 encase
동 감싸다, 둘러싸다

[2017 국가직(하)] Today, pine lumber floors and wall studs encase many of us in their silent strength.
오늘날, 소나무 재목 바닥과 벽 간주는 조용한 힘으로 우리를 **둘러싸고 있습니다**.

유 wrap 감싸다

0890 offspring
명 자식, 후손

[2017 국가직(하)] Both sexes' offspring displayed more anxious behaviors.
두 성별의 **자손** 모두 더 많은 불안 행동을 보여주었다.

유 descendant 후손
progeny 자손, 결과, 후계자
posterity 후세, 후손

0891 supplement
동 보충하다 명 보조식품, 보충, 보완

[2017 국가직(하)] However, bathing is needed for most dogs to supplement the process.
그러나, 그 과정을 **보완하기** 위해 대부분의 강아지들은 목욕을 필요로 한다.

유 replenish 보충하다, 보급하다, 다시 채우다
complement 보완하다, 전량

0892 escalation
명 점증, 확대, 강화

[2017 국가직(하)] Thus, only moderate savings are possible through improved efficiency, which makes an escalation of prices inevitable.
따라서 효율성을 향상시켜 적당한 절감만 가능하므로 가격 **상승**이 불가피하다.

0893 messy
형 지저분한, 엉망인, 골치 아픈

[2017 국가직(하)] The house was always messy.
그 집은 항상 **지저분했다**.

유 squalid 지저분한

0894 drizzle
명 보슬비 동 보슬보슬 내리다, 조금 붓다

[2017 국가직(하)] A fine drizzle began to veil the hills.
고운 **가랑비**에 산들이 가려지기 시작했다.

유 sprinkle 이슬비

0895 not a whole lot of — 많지 않은

[2017 국가직(하)]

Not a whole lot of people doing this stuff.
이런 일을 하는 사람들이 **많진 않아**.

유 few 많지 않은

0896 endangered — 형 멸종 위기의, 위험한

[2017 국가직(하)]

The model could be critically important to efforts to save the **endangered** species.
이 모델은 **멸종위기에 처한** 종들을 구하는 노력에 있어 결정적으로 중요할 수 있다.

0897 convenience — 명 편의, 편리, 편익

[2017 국가직(하)]

Through the ages, industrious individuals have continuously created **conveniences** to make life easier.
어느 시대나, 성실한 개인들은 삶을 더 쉽게 만드는 **편리함**을 계속해서 만들어왔다.

• convenience store — 편의점

0898 adolescent — 명 청소년 형 사춘기의

[2017 국가직(하)]

He was showing off, as is the way with **adolescent** boys.
그는 잘난 척을 하는 중이었다. **청소년기의** 소년들이 으레 그렇듯.

유 pubescent 사춘기의

0899 whereas — 접 반면에, ~인데도

[2017 국가직(하)]

Female mice showed more anxious behaviors compared with control animals, **whereas** the males did not.
수컷 쥐들은 그러지 않는 **반면**, 암컷 쥐는 대조 동물과 비교했을 때 조금 더 많은 불안 행동을 보여주었다.

유 while ~동안에, ~에 반하여, ~하면서
nevertheless 그럼에도 불구하고, 그렇지만
nonetheless 그럼에도, 하지만, 그러나
on the contrary 이와 반대로, 오히려

0900 by word of mouth — 부 말로, 구두로

[2017 국가직(하)]

The club became popular **by word of mouth**.
그 클럽은 **입소문을 통해서** 인기를 얻었다.

PART 1 공무원 기출어휘

Day 19

0901 at least
형 최소한, 적어도, 적게는

[2017 국가직(하)]
I'm sure we have to wait at least 30 minutes.
최소 30분은 기다려야 해.

- at most   많아 봐야
- at best   잘해 봐야

0902 inform
동 알리다, 통보하다

[2017 국가직(하)]
I regret to inform you that your loan application has not been approved.
당신의 대출 승인서가 승인되지 못함을 **알리게** 되어 유감입니다.

유 notify 통보하다, 알리다
apprise 통고하다, 알리다, 통지하다

0903 facilitate
동 가능하게 하다, 용이하게 하다

[2017 국가직(하)]
The new trade agreement should facilitate more rapid economic growth.
새로운 무역 협정은 더 빠른 경제 성장을 **가능하게 할** 것이다.

유 ease 용이하게 하다

0904 analysis
명 분석 연구, (정신) 분석

[2017 국가직(하)]
In analysis the individual resolves difficult emotional conflicts.
정신분석을 통해 그 개인은 힘든 정서적 갈등을 푼다.

유 examination 조사, 검사

0905 satellite
명 위성, 인공위성

[2017 국가직(하)]
You asked us, "What keeps satellites from falling out of the sky?"
당신은 우리에게 물었다. "무엇이 **인공위성**이 하늘에서 떨어지는 것을 막을까?"

906 witness
동 보다, 목격하다 **명** 목격자

[2017 국가직(하)]

The first decades of the 17th century witnessed an exponential growth in the understanding of the Earth and heavens, a process usually referred to as the Scientific Revolution.
17세기의 초반 몇 십 년 동안 지구와 하늘을 이해하는 데 있어 보통 과학적 혁명이라고 불리는 과정인, 기하급수적인 성장이 **목격되었다**.

907 glossy
형 광택이 나는, 번드르르한

[2017 국가직(하)]

Glossy magazines, or on television, color advertisements may be so common that the rare black and white advertisement now attracts attention due to contrast.
번드르르한 잡지와 텔레비전, 색색의 광고는 너무 흔해서 이제는 대조적으로 희귀한 흑백 광고가 관심을 이끈다.

유 shiny 빛나는, 반짝이는, 밝은
polished 광택이 나는

908 afloat
형 떠서 돌아다니는

[2017 국가직(하)]

What keeps them all afloat?
무엇이 그것들을 **떠 있게** 하는가?

유 floating 떠다니는, 부유, 유동적인
buoyant 부력의, 부력 있는, 떠 있는

909 athletic
형 탄탄한, 육상(경기)의

[2017 국가직(하)]

He is very athletic.
그는 **체격이** 매우 **좋다**.

유 robust 탄탄한, 건강한

910 industrious
형 근면한, 부지런한

[2017 국가직(하)]

Eventually an industrious person will be successful.
결국 **부지런한** 사람이 성공할 것이다.

- industrial   산업의, 공업의

0911 appease 동 달래다, 진정시키다

[2017 국가직(하)] These days, Halloween has drifted far from its roots in pagan and Catholic festivals, and the spirits we **appease** are no longer those of the dead.
요즘 할로윈은 이교도와 가톨릭에 근거를 두고 있던 뿌리와는 거리가 멀어졌다, 그리고 우리가 **달래는** 영혼은 더 이상 죽은 사람의 영혼이 아니다.

유 pacify 달래다, 진정시키다
mollify 진정시키다, 달래다, 완화시키다
placate 달래다, 위로하다, 진정시키다
alleviate 경감하다, 완화하다, 덜다
assuage 진정시키다, 누그러뜨리다
allay 완화하다, 진정시키다

0912 agency 명 기관, 소속사, 대행

[2017 국가직(하)] The **agency** said the analysis shows the probability the population has declined since 2010 is nearly 100 percent.
2010년 이후부터, 분석이 개체수가 감소했을 가능성이 거의 100퍼센트임을 보여준다고 **기관**은 말했다.

0913 application 명 지원, 적용, 신청

[2017 국가직(하)] We hope this **application** will be treated sympathetically.
저희는 이 **신청**이 호의적으로 받아들여지기를 바랍니다.

유 request 요청

0914 decisive 형 결정적인, 단호한

[2017 국가직(하)] Becoming a bookworm would only have given them a **decisive** reason for beating me up.
책벌레가 되는 것은 그들이 나를 때리는 **결정적인** 이유를 주는 것일 뿐이었다.

유 conclusive 결정적인, 단호한, 결정적인

0915 apprehend 동 파악하다, 이해하다, 체포하다

[2017 국가직(하)] The police failed to **apprehend** the culprit.
경찰은 범인을 **체포하는** 데 실패했다

유 arrest 체포하다

0916 exponential
형 기하급수적인

[2017 국가직(하)]

Exponential acceleration had the project finished on schedule.
기하급수적인 가속으로 프로젝트는 일정에 맞게 끝났다.

유 geometric 기하학의, 기하급수적인

0917 corresponding
형 상응하는, 같은

[2017 국가직(하)]

It is an interesting historical sidelight to note that the color advertisements in Rosberg's study were considerably more expensive to run than corresponding black and white advertisements.
Rosberg의 연구에서 색 광고가 **상응하는** 흑백 광고보다 상당히 더 비싸다는 것을 알아차린 것은 흥미로운 역사적 측면이다.

유 equivalent 상응하는

0918 assign
통 맡기다, 선임하다, 배치하다

[2017 국가직(하)]

Assign a different color to each different type of information.
정보 유형별로 각각 다른 색깔을 **부여하라**.

유 entrust 맡기다, 위임하다

0919 designate
통 지정하다, 지명하다

[2017 국가직(하)]

But since nobody is in charge of officially designating a new continent, individual scientist will ultimately have to judge for themselves.
그러나 누구도 새로운 대륙을 **지정하는** 역할을 하지 않았기에, 개별의 과학자는 궁극적으로 그들 스스로 판단해야 할 것이다.

0920 chronic
형 만성의, 고질의

[2017 국가직(하)]

Larry James and Lorena Schmidt caused chronic social stress in adolescent mice by regularly relocating them to new cages over the course of seven weeks.
Larry James 와 Lorena Schmidt는 7주마다 청소년기 쥐들을 새로운 우리로 이동시킴으로써, 그들에게 **만성적인** 사회 스트레스를 일으켰다.

■ acute 급성의, 극심한

0921 arrange
통 준비하다, 배열하다, 정리하다

[2017 국가직(하)]

How can I arrange for this package to be delivered?
이 소포 보내려면 어떻게 **준비해야** 할까?

0922 efficiency
명 효율, 능률, 능력

[2017 국가직(하)]
The technology, economy, and efficiency of printing has progressed to the point where color advertisements are no longer so rare.
기술, 경제, 그리고 인쇄의 **효율성**은 색 광고가 더 이상 희귀하지 않은 지점까지 발전해왔다.

유 efficacy 효험, 효능, 유효성
potency 효능, 효력, 권력

0923 hospitable
형 환대하는, 친절한, 쾌적한

[2017 국가직(하)]
They greeted the newcomers with hospitable manners.
그들은 새로 온 사람들을 **호의적인** 태도로 맞이했다.

유 welcoming 따뜻한, 환대하는

0924 despite
전 ~에도 불구하고

[2017 국가직(하)]
Despite these measures, the economy remains in the doldrums.
이러한 조치들**에도 불구하고** 경제가 여전히 부진하다.

유 in spite of ~에도 불구하고

0925 intellectual
형 지능의, 지적인 **명** 지식인

[2017 국가직(하)]
As a child, she was starved of intellectual nourishment.
그녀는 아이일 때 **지적** 자양분에 굶주렸다.

유 mental 이지적인, 지적인

0926 progress
명 진전, 나아감 **통** 진전을 보이다

[2017 국가직(하)]
Progress has been made on all fronts.
모든 영역에서 **진전**이 이루어져 왔다.

유 advance 전진

0927 groom
통 깔끔하게 다듬다 **명** 신랑

[2017 국가직(하)]
"Dogs groom themselves to help facilitate the growth of hair follicles and to support skin health," says Dr. Adam Denish.
"강아지들은 모공의 성장을 돕고, 피부 건강에 좀 더 힘쓰기 위해 그들 스스로를 **깨끗이 한다**"고 Adam Denish는 말한다.

0928 duration
명 지속, (지속되는) 기간

[2017 국가직(하)]
The school was used as a hospital for the duration of the war.
전쟁 **기간** 중에 그 학교는 병원으로 쓰였다.
유 period 기간

0929 crispy
형 바삭바삭한, 아삭아삭한

[2017 국가직(하)]
The skin on Duck de Chine's birds is crispy and caramelized, its meat tender and juicy.
Duck de Chine 오리의 껍질은 **바삭하고**, 카라멜에 절여져서, 그것의 고기는 부드럽고 육즙이 풍부하다.

0930 expanse of
형 광활한, 넓은

[2017 국가직(하)]
The province has a large expanse of plains.
그 지방에는 **넓은** 벌판이 많다
유 vast 방대한, 막대한

0931 irritate
동 짜증나게 하다, 염증을 일으키다, 화나게 하다

[2017 국가직(하)]
It can irritate the skin, damage hair follicles, and increase the risk of bacterial or fungal infections.
그것은 피부 **염증을 유발할** 수 있고, 모공을 손상시킬 수 있고, 박테리아 혹은 곰팡이감염의 위험을 높일 수 있다.
유 vex 귀찮게 하다, 짜증나게 하다

0932 delicate
형 미묘한, 섬세한, 민감한

[2017 국가직(하)]
It is a delicate balance between a satellite's speed and the pull of gravity.
그것은 인공위성의 속도와 중력의 끌어당김 사이의 **미묘한** 균형이다.
유 subtle 미묘한, 섬세한, 미세한

0933 estimate
동 추정하다, 예상하다 **명** 평가, 견적, 추정값

[2017 국가직(하)]
Researchers have developed a new model they said will provide better estimates about the North Atlantic right whale population.
연구원들은 새로운 모델을 개발했고, 그들은 이것이 북방긴수염고래의 개체수에 대한 더 나은 **측정값**을 제공할 것이라고 말했다.
유 assess 추정하다, 평가하다
evaluate 평가하다

0934 flavor　　명 맛, 향, 풍미

[2017 국가직(하)]

We use jujube wood, which is over 60 years old, and has a strong fruit scent, giving the duck especially crispy skin and a delicious **flavor**.

우리는 오리에게 특히 바삭한 껍데기와 좋은 **맛**을 주는 강한 과일향을 가진 60년 이상 된 대추 나무를 사용합니다.

유 taste 맛보다, 맛, 취향, 미각
savor 맛, 풍미, 맛이 나다

0935 intact　　형 손상되지 않은, 온전한

[2017 국가직(하)]

The new research model has successfully demonstrated that the number of right whales has remained **intact** despite the worrisome, widening population gap between whale males and females.

새로운 연구 모델은 수컷 고래와 암컷 고래 사이의 개체 수가 벌어지고 있는 걱정스러운 상황에도 불구하고 북방긴수염고래의 수가 **온전히** 유지되고 있다고 성공적으로 증명했다.

유 flawless 흠 없는, 완벽한, 흠이 없는
unhurt 손상되지 않은, 해를 입지 않은, 다치지 않은
unimpaired 손상되지 않은, 약화되지 않은, 감소 안된
in one piece 멀쩡히

0936 lest　　접 ~하지 않도록, ~할까봐(should ⓡ)

[2017 국가직(하)]

He gripped his brother's arm **lest** he be trampled by the mob.

그는 동생[형]이 성난 군중들에게 짓밟**히지 않도록** 그의 팔을 꽉 움켜잡았다.

유 for fear (that) ~하지 않도록

0937 pull the plug on　　동 ~에서 손을 떼다, 플러그를 뽑다

[2017 국가직(하)]

"If we could **pull the plug on** the world's oceans, it would be quite clear that Zealandia stands out about 3,000 meters above the surrounding ocean crust," says a geologist.

"만약 우리가 전 세계 바다**에서 손을 떼면**, Zealandia가 주위 대양 지각 위로 약 3000미터 솟아 있다는 것이 명백해질 것이다."라고 한 지질학자는 말한다.

0938 lightbulb　　명 전구

[2017 국가직(하)]

I will use the old **lightbulb** until it literally goes out.

나는 말 그대로 꺼질 때까지 그 오래된 **전구**를 사용할 것이다.

유 incandescent light 백열등

0939 ethnically
🔵 민족적으로, 인종적으로

[2017 국가직(하)]
As a middle-class Jew growing up in an ethnically mixed Chicago neighborhood, I was already in danger of being beaten up daily by rougher working-class boys.
인종적으로 혼합된 시카고 마을에서 중산층 유대인으로 자랐기에, 나는 이미 더 거친 노동 계급의 소년들에게 맞을 위험에 처해 있었다.

0940 pitch
🟢 던지다, 투구하다

[2017 국가직(하)]
A team of geologists pitches the scientific case for the new continent.
지질학자로 구성된 팀은 새로운 대륙에 대한 과학적 주장을 **던졌다**.

- pitch in   돕다, 협력하다, 착수하다

0941 fungal
🟡 곰팡이의, 곰팡이에 의한

[2017 국가직(하)]
Permanent blindness can be a complication of fungal infections.
영구적인 실명은 **곰팡이** 감염의 합병증 일 수 있다.

0942 wane
🟢 약해지다, 줄어들다

[2017 국가직(하)]
The older reliance on the philosophy of Aristotle was fast waning in universities.
대학에서 아리스토텔레스의 철학에 대한 오래된 신뢰는 빠르게 **약해졌다**.

유 wither 시들다, 쇠퇴하다

0943 laboratory
🟣 실험실

[2017 국가직(하)]
Laboratory and field tests have been conducted.
실험실 테스트와 현장 테스트가 실시되어 왔다.

유 practice room 실습실

0944 culinary
🟡 요리의, 부엌의

[2017 국가직(하)]
That's because one of the city's greatest culinary shows is about to begin—the slicing of a Peking duck.
그것은 가장 멋진 **요리** 쇼 중 하나인 북경오리 자르기가 시작될 것이기 때문이다.

0945 water under the bridge — 지나간 일, 끝난 일, 어쩔 수 없는 일

[2017 국가직(하)] In a way, that incident is water under the bridge.
어떤 면에서 보면, 그 사건은 **지나간 일**이다.

0946 pacify — 동 진정시키다, 평화를 가져오다

[2017 국가직(하)] It's essential that we move quickly to pacify the owner.
소유주를 **진정시키려면** 서둘러 움직이는 것이 필수입니다.

유 placate 달래다
still 진정시키다, 여전히, 고요한, 그러나

0947 relocate — 동 이전하다

[2017 국가직(하)] The firm may be forced to relocate from New York to Stanford.
그 회사는 뉴욕에서 스탠퍼드로 **이전해야** 할지도 모른다.

유 move 움직이다

0948 masculine — 형 남자 같은, 사내다운 명 남성

[2017 지방직] 'He' and 'him' are masculine pronouns.
he와 him은 **남성** 대명사이다.

유 male 남성

0949 invention — 명 발명, 발명품

[2017 국가직(하)] From the invention of the wheel to the lightbulb, inventions have propelled society forward.
바퀴의 **발명**에서부터 전구의 발명까지, 발명품들은 사회를 나아가게 했다.

0950 persist — 동 지속하다, 계속 ~하다, 고집하다

[2017 국가직(하)] New research shows that these effects may persist in their children and even their grandchildren.
새로운 연구는 이런 영향들이 그들의 아이들이나, 심지어 그들의 손자손녀들에게 까지 **지속될** 수 있음을 보여준다.

PART 1 공무원 기출어휘
Day 20

0951 typical — 형 전형적인, 보통의

[2017 국가직(하)]

This is a typical example of Roman pottery.
이것은 로마 도자기의 **전형적인** 본보기이다.

유 representative 대표하는

0952 probability — 명 확률, 개연성 있는 것

[2017 국가직(하)]

The probability is that prices will rise rapidly.
물가가 급등할 **개연성**이 있다.

유 likelihood 가능성, 개연성

0953 ultimately — 부 궁극적으로, 결국

[2017 국가직(하)]

A poor diet will ultimately lead to illness.
열악한 음식 섭취는 **궁극적으로** 질병의 원인이 된다.

유 eventually 궁극적으로

0954 highlight — 명 강조, 하이라이트 동 강조하다

[2017 지방직(상)]

One of the tricks our mind plays is to highlight evidence which confirms what we already believe.
우리 마음이 하는 속임수 중 하나는 이미 우리가 믿고 있는 것을 확인하는 증거를 **강조하는** 것이다.

유 emphasize 강조하다
stress 강조하다
underline 강조하다

0955 pact — 명 약속, 조약, 협정

[2017 지방직(상)]

A witch's power necessarily came from the pact she made with the devil.
마녀의 힘은 필연적으로 그녀가 악마와 한 **약속**으로부터 오는 것이었다.

유 treaty 조약, 협정, 협약
covenant 계약, 서약, 계약하다

0956 intuition
명 직관력, 직감, 직관

[2017 지방직] I had an intuition that something awful was about to happen.
나는 곧 무슨 끔찍한 일이 일어날 것이라는 **직감**이 들었다.
유 insight 통찰력

0957 stimulus
명 자극제, 자극

[2017 지방직] The new tax laws should act as a stimulus to exports.
그 새 세법이 수출에 **자극제**가 될 것이다.
유 spur 자극제

0958 otherworldly
형 내세의, 저승의

[2017 지방직] They practice the art of illusion and astound their audiences with their otherworldly feats.
그들은 착시공연을 하고 **초자연적인** 솜씨로 관중을 놀라게 합니다.
유 supernatural 초자연적인

0959 phenomenon
명 현상, 경이로운 사람

[2017 지방직] The causes of the phenomenon are still incompletely understood.
그 **현상**의 원인들에 대한 이해가 아직 불완전하다.

0960 novelty
명 새로움, 신기함

[2017 지방직(상)] Novelty-induced time expansion is a well-characterized phenomenon which can be investigated under laboratory conditions.
새로움으로 유도되는 시간 확장은 실험실 조건에서 조사할 수 있는 잘 특성화된 현상이다.

- novel 참신한, 소설

0961 cough
동 기침하다 명 기침

[2017 지방직] She gave a little cough to attract my attention.
그녀가 내 관심을 끌려고 작게 **헛기침**을 했다.

0962 straightforward
형 솔직한, 간단한, 쉬운

[2017 지방직]

Straightforward people tend to be ingenuous.
직설적인 사람은 순진한 경향이 있다

유 easy 쉬운
candid 솔직한
frank 솔직한

0963 palatable
형 맛있는, 마음에 드는

[2017 지방직]

Some of the dialogue has been changed to make it more palatable to an American audience.
대사들 일부를 미국 시청자들의 **구미에** 더 **맞도록** 바꾸었다.

유 tasty 맛이 좋은

0964 make it a rule to ®
동 ~을 습관으로 삼다

[2017 지방직(상)]

I made it a rule to call him two or three times a month.
나는 매달 두세 번 그에게 전화하는 것을 **규칙으로 삼았다**.

유 make a point of ~ing ~을 습관으로 삼다

0965 proxy
명 대리, 대리인, 대용물

[2017 지방직]

You can vote either in person or by proxy.
투표는 직접 할 수도 있고 **대리**로 할 수도 있다.

유 surrogate 대리, 대리인, 대용물

0966 grab
동 붙잡다, ~을 잡으려고 하다

[2017 지방직]

He shot out his hand to grab her.
그가 잽싸게 손을 뻗쳐 그녀를 **움켜잡았다**.

유 hold 잡다

- grab a bite   -를 먹다

0967 preservative
형 보존력이 있는 명 방부제

[2017 지방직(상)]

Even though its products are loaded with preservatives, which means they can endure long travel to distant markets, Sweets Co. does very little exporting, let alone produce overseas.
자사의 제품에 **방부제**가 들어있어 먼 시장으로 오랫동안 옮겨질 수 있었음에도 불구하고 Sweets사는 해외 생산은 물론 수출도 거의 하지 않았다.

| 0968 | **innate** | 형 타고난, 선천적인 |

[2017 지방직(상)] The most striking difference between popular and learned notions of witchcraft lay in the folk belief that the witch had innate supernatural powers not derived from the devil.
대중적인 마법사의 개념과 학습된 마법사의 개념 사이의 가장 눈에 띄는 차이점은 마녀는 악마로부터 유래한 것이 아닌 **타고난** 초자연적인 힘을 갖고 있다는 민간신앙에 있다.

유 inherent 내재된, 고유의, 타고난
congenital 선천적인, 타고난, 전적인
inborn 타고난, 선천적인, 천부의

| 0969 | **pass over** | 동 ~을 무시하다, 피하다 |

[2017 지방직] They chose to pass over her rude remarks.
그들은 그녀의 무례한 발언을 **무시하기로** 했다.

유 overlook 간과하다

| 0970 | **surrogate** | 명 대리인, 대용물 형 대리의 |

[2017 지방직(상)] Some of the newest laws authorize people to appoint a surrogate who can make medical decisions for them when necessary.
몇몇의 최신 법안들은 필요할 때에 사람을 위해 의학적인 결정을 내릴 수 있는 **대리인**을 지목할 권리를 사람들에게 준다.

유 proxy 대리인, 대리권, 대리

| 0971 | **hark** | 동 (명령문) 잘 들어라 |

[2017 지방직] Just hark at him! Who does he think he is?
그가 하는 말 좀 **들어 봐**! 도대체 그는 자기가 뭐라고 생각하는 거야?

유 listen 들어라

| 0972 | **intent** | 명 의도 형 작정한, 전념하는 |

[2017 지방직] His intent is clearly not to placate his critics.
그의 **의도**가 분명히 그의 비판자들을 달래려는 것은 아니다.

유 absorbed 열중한, 몰두한

■ intend to Ⓡ   ~하려 하다

Day 20 183

0973 willpower
명 의지력

[2017 지방직]
He overcame his difficulties by his indomitable willpower.
그는 불굴의 **의지**로 어려움을 극복했다

유 fortitude 불굴의 의지

0974 layer of
명 ~의 층

[2017 지방직]
A thin layer of dust covered everything.
얇은 먼지 **층**이 모든 것을 덮었다.

유 seam 층, 경계선

0975 playwright
명 극작가

[2017 지방직]
Shakespeare was a great playwright.
셰익스피어는 위대한 **극작가**였다.

유 author 작가

0976 layout
명 배치

[2017 지방직]
A diagram of the new road layout was superimposed on a map of the city.
신설 도로 **배치**도를 그린 도형이 그 도시 지도 위에 겹쳐 놓여졌다.

유 arrangement 배치

0977 deliberate
형 고의적인, 계획적인 **동** 심의하다

[2017 지방직(상)]
Their years of training and learning through deliberate practice prepare them to take on similar challenges.
계획적인 연습을 통한 수년간의 훈련과 학습은 그들로 하여금 비슷한 도전을 할 수 있도록 준비되게 했다.

유 intended 의도된, 계획된
intentional 의도적인, 고의적인
on purpose 고의적인, 의도적인

0978 perceptible
형 감지할 수 있는, 지각할 수 있는

[2017 지방직]
Her foreign accent was barely perceptible.
그녀의 외국인 말투는 간신히 **인지할 수 있을** 정도였다.

유 perceivable 지각할 수 있는

0979 resume
동 재개하다, 다시 시작하다 명 이력서

[2017 지방직]

My resume is attached in MS Word for your review.
검토하실 수 있도록 저의 **이력서**를 MS Word로 첨부하였습니다.

유 restart 다시 시작하다

0980 fragile
형 부서지기 쉬운, 취약한, 섬세한

[2017 지방직]

Babies are normally considered fragile, and are handled with extra care.
아기들은 보통 **허약하다고** 생각되고 매우 조심스럽게 다루어진다.

유 feeble 약한, 부진한, 미약한
frail 허약한, 빈약한
vulnerable 취약한, 영향 받기 쉬운
breakable 깨지기 쉬운

0981 combine
동 결합하다, 갖추다

[2017 지방직]

You should try to combine exercise with a healthy diet.
운동과 건강한 식습관을 **결합시키도록** 해야 한다.

유 unite 결합하다

0982 promotion
명 승진, 진급, 승격, 홍보

[2017 지방직]

The promotion he had been promised failed to materialize.
그가 약속 받았던 **승진**은 실현되지 않았다.

유 advancement 승진

0983 bodily
형 신체의 부 몸 전체로, 통째로

[2017 지방직]

The monument was moved bodily to a new site.
그 기념비는 **온전히** 새 장소로 이전되었다.

유 physical 신체의

0984 inquisitive
형 탐구적인, 호기심이 많은

[2017 국가직(상)]

Your partner has just run off with your best friend yet you cannot avoid going in to teach a class of inquisitive students.
당신의 파트너가 당신의 가장 친한 친구인 사람이랑 바람이 났다고 해서 당신은 **탐구적인** 학생들이 있는 반에 들어가는 것을 피할 수 없다.

Day 20

0985 plunderer 📗 약탈자, 도적

[2017 지방직]

Unprecedented plunderer though he is, he offers little information about his taxes.
비록 전례 없는 **약탈자**이긴 하나, 그는 그의 세금에 대해 별다른 정보를 제공하지 않는다.

유 robber 강도

0986 complicated 📗 복잡한

[2017 지방직]

To the uninitiated the system seems too complicated.
특별한 지식이 없는 사람들에게는 그 시스템이 너무 **복잡해** 보인다.

유 involved 복잡한, 뒤얽힌; 혼란한

0987 reckless 📗 무모한, 신중하지 못한, 난폭한

[2017 지방직]

He had always been reckless with money.
그는 돈에 대해서는 항상 **무모했었다**.

유 rash 무모한

0988 undertake 📗 착수하다, 떠맡다

[2017 지방직(상)]

London taxi drivers have to undertake years of intense training.
런던의 택시 운전기사들은 강한 트레이닝을 **받아야 한다**.

0989 dwindle 📗 줄다, 작아지다

[2017 지방직(상)]

After all, despite all of its abilities, the human body (even the fit human body) is a very sensitive system and physiological changes (muscle strength or a greater aerobic base) that come about through training will simply disappear if your training load dwindles, he notes.
결국, 모든 능력에도 불구하고, 사람의 몸은 (건강한 신체조차) 매우 민감한 시스템이고 훈련을 통해 생기는 생리적 변화(근력이나 더 나은 기초체력)가 훈련 양이 **줄어들면** 사라질 것이라고 그는 지적한다.

유 decline 감소하다, 줄다, 하락하다, 거절하다, 쇠퇴하다
diminish 낮아지다, 줄어들다, 감소하다, 사라지다, 완화되다

0990 adversary 명 상대방(적수)

[2017 지방직]

The player found out that his adversary had already given up the contest.
그 선수는 **상대편**이 이미 대회를 포기했다는 것을 알게 되었다.

유 opponent 적수

0991 misunderstanding 명 오해, 착오

[2017 지방직]

He was the unknowing cause of all the misunderstanding.
그는 자신도 모르게 그 모든 **오해**의 원인이 되고 있었다.

유 mistake 잘못, 틀림; 착오, 착각, 오해

0992 repetitive 형 반복적인, 반복되는

[2017 지방직]

These tasks were repetitive, lengthy and lacking any intrinsic interest.
이들 과업은 **반복적이고** 지루하며 고유한 흥미가 결여되어 있었다.

유 monotonous 반복적인

0993 potable 형 마실 수 있는

[2017 지방직]

This tap water is potable.
이 수돗물은 **마시기 알맞다**.

유 drinkable 마셔도 되는

0994 investigate 동 조사하다, 수사하다

[2017 지방직(상)]

A researcher and her team investigated the taxi drivers and the ordinary people.
연구자들과 그녀의 팀은 택시 운전기사들과 일반인들을 **조사했다**.

유 scrutinize 조사하다, 보다, 검토
examine 조사하다, 관찰하다, 확인하다
look into 조사하다

0995 dissolvable 형 분해할 수 있는, 해산할 수 있는

[2017 지방직]

Soils lose their fertility due to the fact that previously un-dissolvable minerals such as iron are washed away by the acidic water.
토양이 그들의 비옥함을 잃는 것은 그들이 미리 **분해하지** 못한 미네랄, 철과 같은 것들이 산성물에 의해 쓸려가서 이다

유 resoluble 분해할 수 있는

Day 20

0996 to make matters worse — 부 설상가상으로

[2017 지방직(상)]

To make matters worse, there is a report that another typhoon will arrive soon.
설상가상으로, 또 다른 태풍이 곧 올 것이라는 보도가 있다.

0997 heretic — 명 이단자

[2017 지방직]

He was considered a heretic.
그는 이교도로 간주되었다.

유 pagan 이교도, 비기독교
misbeliever 이교도

0998 distant — 형 먼, 원격의, 거리를 두는

[2017 지방직(상)]

The rings of Saturn are too distant to be seen from Earth without a telescope.
토성의 띠는 너무 멀어서 망원경 없이는 지구에서 관측될 수 없다.

유 secluded 외딴, 격리된, 고독한
far off 먼, 멀리 떨어진, 옛날의
remote 원격의, 외딴, 먼

0999 route — 명 도로, 길, 방법

[2017 지방직(상)]

The two groups were asked to watch videos of routes unfamiliar to them through a town in Ireland.
두 개의 그룹은 아일랜드의 도시를 통하는 그들에게 친숙하지 않은 길의 비디오를 보도록 요청 받았다.

유 path 경로, 길, 도로
street 거리, 길
road 도로, 길, 길거리

1000 stand out — 동 두드러지다

[2017 지방직(상)]

Human language stands out from the decidedly restricted vocalizations of monkeys and apes.
인간의 언어는 원숭이와 유인원의 제한된 발성에 비해 명확하게 두드러진다.

PART 1 공무원 기출어휘

Day 21

1001 outbreak 명 발생, 창궐
[2017 지방직] The area was struck by an outbreak of measles.
홍역의 **창궐**이 그 지역을 덮쳤다.

1002 context 명 맥락, 전후 사정
[2017 지방직] This quotation has been taken out of context.
이 인용문은 **맥락**을 무시하고 따 온 것이다.
유 flow 흐름

1003 probe 동 캐묻다, 조사하다 명 조사, 탐사선
[2017 지방직] What planets will the space probe be photographing?
그 우주 **탐사선**은 어떤 행성을 찍게 되나요?
유 investigate 조사하다

1004 faraway 형 먼, 멍한, 꿈꾸는 듯한
[2017 지방직(상)] They kept on going until they heard the faraway sound of a waterfall.
그들은 그들이 폭포의 **먼** 소리를 들을 때까지 계속 갔다.

1005 interruption 명 중단, 가로막음
[2017 지방직] This interruption is very annoying.
이렇게 **방해**하는 건 정말 짜증스러워요.
유 interference 간섭, 참견, 혼선

1006 drowsiness 명 졸림
[2017 지방직] The drugs tend to cause drowsiness.
그 약은 **졸음**을 유발하는 경향이 있다.
유 somnolence 졸림, 비몽사몽

Day 21　189

1007 formation
명 형성, 형성물, 대형

[2017 지방직]
The team usually plays in a 4-4-2 formation.
그 팀은 보통 4-4-2 **대형**으로 경기를 한다.
유 rank 대형

1008 eccentric
형 이상한, 별난, 괴짜인

[2017 지방직]
Once, she showed up at a party wearing eccentric clothes, which made us embarrassed.
한번은 그녀가 파티에 **별난** 옷을 입고 나타나서 우리는 당황했다.
유 quaint 독특한, 예스러운, 별난
peculiar 특이한, 특별한
odd 이상한, 홀수의

1009 column
명 기둥, 칼럼, 열

[2017 지방직(상)]
They saw a distant column of spray rising and disappearing.
먼 거리의 물보라 **기둥**이 생기고 사라지는 것을 보았다.
유 pole 극, 기둥, 장대
pillar 기둥, 지주, 원칙

1010 moderately
부 적당히, 알맞게

[2017 지방직]
The best advice the researchers give is for people to exercise moderately when traveling.
연구진이 주는 최선의 조언은, 여행을 하는 사람들은 **적당한** 운동을 하라는 것이다.

1011 tremendous
형 엄청난, 대단한

[2017 지방직(상)]
After a while the sound was tremendous.
잠시 후에 그 소리는 **엄청났다**.
유 enormous 엄청난, 거대한, 큰, 막대한
colossal 엄청난, 거대한
gigantic 거대한, 엄청난

1012 be bound to
동 의무가 있다, ~하게 마련이다

[2017 지방직]
He had been bound to secrecy.
그는 비밀을 지킬 **의무가 있었다**.

1013 ask out
동 ~에게 데이트를 신청하다

[2017 지방직]
I wanna ask out this girl in my class, but not sure how to go about it.
우리 반 어떤 애한테 **데이트 신청하고** 싶은데 어떻게 해야 할지 모르겠어.

1014 net loss
명 순 손실

[2017 지방직]
The bankrupt company reported a net loss of over $30 million in July.
파산한 그 회사는 7월에 3천만 달러 이상의 **순 손실**이 발생했다고 발표했다.

1015 universality
명 일반성, 보편성

[2017 지방직]
There is some universality already built in.
이미 확립된 어떤 **보편성**이 있다.

1016 authorize
동 권한을 부여하다, 재가하다

[2017 지방직]
Did Mr. Harris authorize our extra equipment purchase?
해리스 씨가 추가 장비 구입을 **허가했나요**?
유 empower ~에게 권한을 부여하다

1017 ascribe
동 탓으로 돌리다, 탓하다(ⓐ to ⓑ)

[2017 지방직]
All four characteristics of the witch (night flying, secret meetings, harmful magic, and the devil's pact) were ascribed individually or in limited combination.
마녀의 4가지 특성(야간 비행. 비밀회의. 유해한 마법. 악마협정)은 개인적으로 혹은 제한된 조합의 **탓으로 여겨졌다**.
유 attribute ~탓으로 돌리다

1018 soil
명 흙, 땅 **동** 더럽히다

[2017 지방직(상)]
Soils of farmlands used for growing crops are being carried away by water and wind erosion at rates between 10 and 40 times the rates of soil formation, and between 500 and 10,000 times soil erosion rates on forested land.
농작물 재배를 위해 사용되는 농경지의 **토양**은 수식 및 풍식으로 인해 토양이 생성되는 속도보다 10배에서 40배 빠르게 휩쓸려 없어지며, 삼림지역의 토양침식 속도에 비해 500배에서 10,000배 빠르게 유실된다.

1019 contradict

[2017 지방직]

동 반박하다, 모순되다

The two stories contradict each other.
그 두 이야기는 서로 **모순된다**.

유 deny 부인하다

1020 ceremony

[2017 국가직(상)]

명 의식, 행사

An award ceremony for outstanding services to the publishing industry is put on hold.
출판업계의 뛰어난 서비스에 대한 한 시상**식**이 중단되었다.

유 celebration 축하 행사, 축하, 기념일, 세레머니
ritual 의식, 제사, 절차

1021 appoint

[2017 지방직]

동 임명하다, 정하다

After due consideration, we have decided to appoint Mr. Davis to the job.
적절히 고려한 끝에 저희는 그 자리에 데이비스 씨를 **임명하기로** 결정했습니다.

유 assign 선임하다
designate 지명하다

1022 worthwhile

[2017 지방직]

형 가치 있는, ~할 가치가 있는

It is worthwhile to include really high-quality illustrations.
진정으로 질 높은 삽화를 포함시킬 **가치가 있다**.

유 valuable 가치 있는
worthy 가치가 있는

1023 companion

[2017 지방직(상)]

명 동반자, 친구, 동료

Even when we finally retired for the night, the inevitable Miss Gryce was still my companion.
심지어 우리가 마침내 밤에 일을 끝냈을 때에도, Miss Gryce가 여전히 나의 **동료**인 것을 피할 수 없었다.

유 fellow 동료, 사람, 연구원, 회원, 남자
colleague 동료

1024	**slink**	통 슬그머니 움직이다
[2017 지방직(상)]		Since the demand of training isn't present, your body simply *slinks* back toward baseline. 훈련의 요구가 없기 때문에, 당신의 몸은 **슬그머니** 기준선으로 돌아**온다**. 유 creep 서서히 움직이다, 기어가다

1025	**ancient**	형 고대의, 아주 오래된 명 고대인
[2017 지방직]		The town is notable for its *ancient* harbor. 그 소도시는 **고대** 항구로 유명하다. 유 antique 고미술의, 골동의

1026	**unrelated**	형 관련 없는, 친족이 아닌
[2017 지방직]		The two events were totally *unrelated*. 그 두 가지 사건은 전혀 **관련이 없었다**. 유 irrelevant 관련이 없는

1027	**apprehensive**	형 걱정되는, 불안한
[2017 지방직]		She was deeply *apprehensive* that something might go wrong. 그녀는 뭔가가 잘못 될지도 모른다는 생각에 몹시 **불안했다**. 유 anxious 걱정되는

1028	**allocate**	통 할당하다, 배분하다
[2017 지방직(상)]		It makes sense for the brain to *allocate* them more subjective time. 뇌가 보다 주관적인 시간을 그들에게 **할당하는** 것은 일리가 있다. 유 apportion 배분하다, 할당하다 assign 부여하다, 할당하다, 지정하다

1029	**confirm**	통 확인하다, 더 확실히 갖게 하다, 확정하다
[2017 지방직]		Please write to *confirm* your reservation. 서면으로 예약을 **확인해** 주세요. 유 prove 입증하다
	■ conform	순응하다, 따르다(=comply)

1030 erode 동 부식하다, 침식하다

[2017 지방직(상)] About half of the top soil of Iowa has been eroded in the last 150 years.
아이오와에서는 지난 150년간 표토의 절반 정도가 **침식되어**왔다.

유 eat away 침식하다, 계속 먹다, ~을 부식시키다
corrode 부식하다, 좀먹다, 침식하다

1031 anguished 형 번민의, 고뇌에 찬

[2017 지방직] The people were anguished because of the death of their leader.
사람들은 그들의 지도자의 죽음에 **괴로워했다**.

유 agitated 불안해하는, 동요된

1032 confirmation bias 명 확증 편향 (믿고 싶은 것만 믿는 현상)

[2017 지방직(상)] Once you learn about this mental habit—called confirmation bias—you start seeing it everywhere.
확증 편향이라고 하는 이 정신 습관에 대해 일단 배우고 나면, 당신은 이것을 어디서나 보게 될 것이다.

1033 enthusiastic 형 열렬한, 열광적인

[2017 지방직] On the plus side, all the staff are enthusiastic.
좋은 측면은 직원들 모두가 **열의가 있다**는 점이다.

유 passionate 열정적인
ardent 열렬한, 열광적인

1034 confusion 명 혼란, 혼돈, 당혹

[2017 지방직] There followed a long period of confusion and muddle.
오랜 기간의 **혼란**과 혼동이 뒤따랐다.

유 muddle 혼란, 난잡

1035 entitle 동 자격을 주다, 제목을 붙이다

[2017 지방직] This ticket does not entitle you to travel first class.
이 표로는 일등석을 탈 **자격**이 안 **됩니다**.

유 allow 허락하다

1036 rack one's brain
동 골똘히 생각하다, 머리를 쥐어짜다

[2017 지방직] The officials should rack their brains harder to provide more "sustainable" jobs.
관리들은 보다 "지속 가능한" 일자리의 공급을 위해 **머리를 짜내야** 한다.

유 beat one's brain 머리를 쥐어짜다

1037 consciousness
명 의식, 자각, 생각

[2017 지방직] It took her a few minutes to recover consciousness.
그녀가 **의식**을 회복하는 데 몇 분이 걸렸다.

유 awareness 알아채고 있음, 자각, 인식

1038 exert
동 행사하다, 분투하다

[2017 지방직] In order to be successful he would have to exert himself.
성공을 하려면 그가 있는 **힘껏 노력해야** 할 것이다.

유 struggle 애쓰며 가다
exercise 행사하다, 휘두르다

1039 identify
동 확인하다, 찾다, 알아보다, 동일시하다

[2017 지방직] She was able to identify her attacker.
그녀는 자신을 공격한 범인을 **알아볼** 수 있었다.

유 equate 동일시하다

1040 pervasive
형 만연하는, 스며드는

[2017 지방직] The influence of Freud is pervasive in her work.
그녀의 작품에는 프로이드의 영향이 **널리 스며들어 있다**.

유 widespread 널리 보급된, 넓게 펼쳐진
ubiquitous 어디에나 있는, 만연한

1041 accelerate
동 가속하다, 빨라지다, 촉진시키다

[2017 지방직] Iowa's agricultural productivity has accelerated its soil formation.
아이오와의 농업 생산량은 그것의 토양 형성을 **촉진시켜 왔다**.

유 expedite 촉진시키다, 신속한, 진척시키다

1042 confession
명 자백, 고백

[2017 지방직]

We dragged a confession out of him.
우리는 그에게서 **자백**을 받아 내었다.

유 admission 고백, 인정

1043 figure
명 모양, 인형, 인물, 수치 동 계산하다, 이해하다

[2017 지방직]

Give me a ballpark figure.
대략적인 **수치**를 내게 말해 봐요.

유 character 성격, 성질, 기질

1044 hurt
동 해치다, ~가 아프다

[2017 지방직(상)]

The fear of getting hurt didn't prevent him from engaging in reckless behaviors.
다치는 것에 대한 두려움은 그가 무모한 행동에 참여하는 것을 막지 못한다.

1045 resort to
동 기대다, ~에 의지하다

[2017 지방직]

Why do they always have to resort to violence?
왜 그들은 항상 폭력**에 의지하는가**?

유 turn to 기대다
look to 의존하다, 기대다

1046 abortion
명 낙태

[2017 지방직]

They are totally opposed to abortion.
그들은 **낙태**에 전적으로 반대한다.

유 miscarriage 유산

1047 sentry
명 보초

[2017 지방직]

The police went on sentry.
경찰은 **보초** 근무를 섰다.

유 guard 보초

| 1048 | **undecided** | 형 결정하지 못한, 미정의 |

[2017 지방직]

The strategy going forward is still undecided.
앞으로의 전략은 아직 **결정되지 않았다**.

유 unsettled 미정의

| 1049 | **literally** | 부 말 그대로, 문자 그대로 |

[2017 지방직]

Because this service is, quite literally, manual labor, only marginal improvements in productivity are possible.
이 서비스는 **말 그대로** 수작업이기 때문에 생산성의 미미한 개선만이 가능하다.

| 1050 | **perplex** | 동 당황시키다, 혼란시키다 |

[2017 지방직(상)]

It was not her refusal but her rudeness that perplexed him.
그를 **당황하게 한** 것은 그녀의 거절이 아니라 그녀의 무례함 이었다.

유 abash 당황시키다
disconcert ~을 당황하게 하다, 혼란시키다
perturb 혼란시키다, ~을 당황하게 하다

PART 1 공무원 기출어휘
Day 22

1051 eventually
부 결국, 마침내

[2017 지방직(하)]

If you keep going, you would eventually understand it from the context.
당신이 계속해서 한다면, 당신은 **결국** 그것을 문맥으로부터 이해할 것이다.

유 ultimately 마침내, 결국
in the long run 결국에는, 결국
at last 마침내, 드디어

1052 nuance
명 미묘한 차이, 뉘앙스

[2017 지방직(하)]

Those questions lead to nuances.
이러한 질문들은 **미묘한 차이**로 이어진다.

1053 knack
명 요령, 재주, 소질

[2017 지방직(하)]

The knack here is to recognize the early signs of word confusion.
여기서의 **요령**은 단어 혼란의 초기 징후들을 인식하는 것이다.

1054 visual artist
명 시각 예술가

[2017 지방직(하)]

Composers clearly use a different language from that of visual artists.
작곡가들은 분명 **시각 예술가**들의 언어와 다른 언어를 사용한다.

1055 diverse
형 다양한, 여러 가지의

[2017 지방직(하)]

It is easy to look at the diverse things people produce and to describe their differences.
사람들이 만든 **다양한** 것들을 보는 것과 그것들이 차이를 묘사하는 것은 쉽다.

유 various 다양한, 여러 가지의, 많은
varied 다양한, 갖가지의, 다양화된

1056 genetics
명 유전학

[2017 지방직(하)]
A novel is not an experiment in genetics.
소설은 **유전학**의 실험이 아니다.

1057 variegated
형 잡색의, 다채로운, 변화가 많은

[2017 지방직(하)]
Foxes, for whom Berlin had greater sympathy, have a variegated take on the world.
여우들은 세상에 대해 **다양한** 견해를 수용한다.

1058 extend
동 확장하다, 연장하다

[2017 지방직(하)]
A hot medium is one that extends one single sense in "high definition."
핫미디엄의 의미는 어떤 단일 감각을 "고해상도(고화질)"로 **확장하는** 것이다

유 expand 확대하다, 늘다, 넓히다
enlarge 확대하다, 확장하다, 늘리다

1059 overeat
동 과식하다

[2017 지방직(하)]
Boys who overate during the good years produced children and grandchildren who died about six years earlier than the children and grandchildren of those who had very little to eat.
풍작기에 **과식을 했던** 소년들은 아주 조금밖에 먹지 못했던 소년들의 후손보다 6년 정도 일찍 죽는 후손을 낳았다.

- vomit — 구토하다
- throw over — 구토하다
- overwork — 과로하다

1060 prospective
형 예비의, 장래의

[2017 지방직(하)]
Prospective adoptive parents have increasingly resorted to adopting children abroad.
예비 양부모들은 점점 더 해외에서 아이를 입양하는 데 의존해 왔다.

1061 characterize

[2017 지방직(하)]

동 특징을 나타내다, 규정하다

To characterize people by the different things they make, however, is to miss the universality of how they create.
그들이 만드는 다른 곳들로 사람들을 **특징짓는** 것은 그들이 창조하는 방식의 보편성을 놓치는 것이다.

유 define 정의하다, 규정하다

1062 distressed

[2017 지방직(하)]

형 곤궁에 처한, 고민하고 있는

He was surprised by how few of the animals he saw while responding to a call about a distressed calf on Christmas Eve.
크리스마스 이브에 **고통 받는** 새끼 고래에 대한 요청에 응하는 동안 그는 그가 본 동물의 수가 적다는 것에 놀랐다.

유 afflicted 괴로워하는, 고통 받는, 고민하는

1063 skeptical

[2017 지방직(하)]

형 회의적인, 의심하는

They are skeptical of grand theories as they feel the world's complexity prevents generalizations.
그들은 세상의 복잡함이 일반화를 막는다고 생각하기 때문에 거대 이론에 **회의적이다**.

유 dubious 의심스러운, 모호한
distrustful 의심 많은, 의심스러운
credulous 잘 믿는, 귀가 얇은

1064 clarify

[2017 지방직(하)]

동 규명하다, 명확히 하다

Once the meaning is clarified, the perceptible sense of relief makes the effort worthwhile.
일단 그 의미가 **명확해지면**, 감지할 수 있는 안도감이 그 노력을 가치 있는 것으로 만든다.

유 manifest 나타나다, 분명하게 하다
clear up 검거, 검거의, 명료하게 하다

1065 cultivate

[2017 지방직(하)]

동 기르다, 재배하다, 양성하다

Yet the habit of using them needs to be cultivated.
그러나 그것을 사용하는 습관은 **길러질** 필요가 있다.

1066	**iconic**	형 상징적인, ~의 상징이 되는 명 상징, 아이콘
[2017 지방직(하)]		The giant whales are an iconic part of winter on the islands and a source of income for tour operators. 그 거대한 고래들은 그 섬들에서 겨울의 **상징적인** 부분들이고, 여행업자들에게는 수입의 원천이다.

1067	**significance**	명 의의, 의미, 중요
[2017 지방직(하)]		Locke's elevation of the significance of labor was bound to appeal to the rising bourgeoisie. 노동의 **중요성**에 대한 로크의 평가는 떠오르고 있는 중산 계층의 관심을 끌 수밖에 없었다. 유 meaning 의미, 의미 있는, 뜻, 중요성, 즉 importance 중요성, 중대함, 소중함, 중점

1068	**on the cutting edge of**	~의 최첨단에
[2017 지방직(하)]		A story that is on the cutting edge of modern science began in an isolated part of northern Sweden in the 19th century. 현대 과학의 **최첨단에 있는** 한 이야기는 19세기 북부 스웨덴의 고립된 지역에서 시작되었다.

1069	**unpredictable**	형 예측할 수 없는, 예언할 수 없는
[2017 지방직(하)]		This area of the country had unpredictable harvests through the first half of the century. 그 나라의 이 지역은 그 세기 전반부에 걸쳐 **예측하지 못한** 수확을 거뒀다. 유 capricious 변덕스러운, 예측할 수 없는, 변화무쌍한

1070	**conclude**	동 결론짓다, 체결하다
[2017 지방직(하)]		The scientists were forced to conclude that just one reason of overeating could have a negative impact that continued for generations. 과학자들은 과식의 한 원인이 여러 세대에 계속해서 부정적인 영향을 미칠 수 있다고 **결론지을** 수밖에 없었다.

1071	**starve**	동 굶기다, 굶주리다
[2017 지방직(하)]		I would rather starve to death than steal. 나는 도둑질을 할 바에는 차라리 **굶어 죽겠다**.

1072 astonish

[2017 지방직(하)]

동 놀라게 하다

He was astonished by what he found.
그는 그가 발견한 결과에 **깜짝 놀랐다**.

유 amaze 놀라게 하다
astound 깜짝 놀라게 하다
surprise 놀라게 하다

1073 fertile

[2017 지방직(하)]

형 비옥한, 기름진

We make fertile what once lay fallow.
우리는 한 때 그저 놀고 있던 토지를 **비옥하게** 만든다.

유 fructuous 다산의, 열매가 많은, 과실이 많은

1074 convoluted

[2017 지방직(하)]

형 난해한, 매우 복잡한

Tuesday night's season premiere of the TV show seemed to be trying to strike a balance between the show's convoluted mythology and its more human, character-driven dimension.
화요일 밤의 방송한 그 티비쇼의 시즌 첫 방송은 그 쇼의 **난해한** 신화와 인간, 인물이 중심이 되는 관점 사이의 균형을 유지하려는 것처럼 보였다.

유 complicated 복잡한

1075 stigmatize

[2017 지방직(하)]

동 ~에 낙인을 찍다, 비난하다

Single motherhood is no longer stigmatized.
혼자 아이를 키우는 어머니들은 더 이상 **낙인찍히지** 않는다.

유 affront ~을 모욕하다, 노하게 하다

1076 domestic

[2017 지방직(하)]

형 국내의, 가정의 명 내수

The decline in the number of domestic adoptions in developed countries is mainly the result of a falling supply of domestically adoptable children.
선진국에서 **국내** 입양의 수의 감소는 주로 국내에서 입양 가능한 아이들의 공급 하락의 결과다.

유 internal 내부의, 국내의, 내장, 내재, 체내의

1077 seemingly
부 겉보기에, 언뜻 보기에

[2017 지방직(하)]

Even **seemingly** straightforward questions, when probed by people in search of proof, lead to more questions.
심지어 **보기에는** 간단해 보이는 질문조차도 증거를 찾는 사람들에 의해 조사되어질 때 더 많은 질문들로 이어진다.

1078 preferable
형 선호하는, 바람직한

[2017 지방직(하)]

A small town seems to be **preferable** to a big city for raising children.
자녀 양육을 위해 큰 도시보다는 작은 마을이 더 **선호되는** 것처럼 보인다.

1079 dismay
동 실망시키다, 낙담시키다

[2017 지방직(하)]

A police sergeant with 15 years of experience was **dismayed** after being pass out for promotion in favor of a young officer.
15년의 경력을 가진 경사는 젊은 경찰 공무원에 대한 선호 때문에 승진에서 제외되어 **실망했다**.

유 perturb 혼란시키다, ~을 당황하게 하다, 교란하다
disappoint 실망시키다

1080 exclusively
부 독점적으로

[2017 지방직(하)]

Hedgehogs have one central idea and see the world **exclusively** through the prism of that idea.
심술궂은 사람들은 하나의 중심 개념을 가지고 있고 세상을 **오직** 그 개념의 프리즘을 통해서만 세상을 본다.

유 solely 오로지, 오직, 단지, 단독으로, 혼자서

1081 deprivation
명 부족, 결핍, 박탈

[2017 지방직(하)]

Oxygen **deprivation** actually drives cancer to grow and spread.
산소 **부족**은 실제로 암이 자라고 퍼지도록 한다.

유 shortage 난, 부족, 결핍
destitution 극빈, 빈곤, 결핍

1082 profitable
형 이익이 되는, 수익성이 좋은

[2017 지방직(하)]

Humpback whales are profitable for tour operators in Hawaii.
혹등고래는 하와이에서 여행업자에게 **수익을 안겨준다**.

유 paying 돈이 벌리는, 수지맞는, 지불하는
lucrative 수익성, 많은 돈이 되는, 이득, 호황, 수완이 좋은

1083 translate Ⓐ into Ⓑ
동 A를 B로 전환시키다, 번역하다

[2017 지방직(하)]

And all imaginative thinkers learn to translate ideas generated by these subjective thinking tools into public languages.
그리고 모든 창의적 사상가들은 이러한 주관적인 사고 도구들에 의해 생산되는 생각들을 공적인 언어로 **번역하는** 것을 배운다.

유 interpret 해석하다, 통역하다, 이해하다, 설명하다
decode 번역하다, 원래 코드로 되돌리다, 풀다

1084 subsidy
명 보조금, 지원금, 장려금

[2017 지방직(하)]

Government subsidies and demands for new airplanes vastly improved techniques for their design and construction.
새 비행기를 위한 정부 **보조금**과 수요는 엄청나게 그들의 디자인과 구조를 위한 기술을 향상시켰다.

1085 grasp
동 이해하다, 잡다, 파악하다

[2017 지방직(하)]

I got one and leafed through it and grasped the main idea of the text.
나는 하나를 받아 그것을 훑어보았고, 그 문서의 주제를 **파악했다**.

유 understand 이해하다, 알다
comprehend 이해하다, 알아보다

1086 peripheral
형 주의의, 지엽적인

[2017 지방직(하)]

Homo faber —the man of labor— becomes for the first time in the history of political thought a central rather than peripheral figure.
호모 파베르, 즉 노동자는 정치적 사상의 역사에서 처음으로 **주변** 인물보다는 중심인물이 된다.

1087 sneeze　　　　동 재채기하다

[2017 지방직(하)]　When my father heard me sneezing and coughing, he opened my bedroom door.
나의 아버지가 내가 코를 훌쩍거리고 **재채기하는** 걸 들었을 때, 그는 나의 침실 문을 열었다.

1088 wind up　　　　동 마무리하다, 끝내다

[2017 지방직(하)]　By the time we wound up the conversation, I knew that I would not be going to Geneva.
우리가 대화를 **끝낼** 때쯤 되어서야 나는 내가 제네바에 가지 않을 예정이라는 것을 알게 되었다.

유 terminate 끝내다, 종료하다
finish 끝내다, 마치다

1089 vastly　　　　부 광대하게, 막대하게

[2017 지방직(하)]　This ground-breaking law has requirements to vastly reduce food waste, too.
이 획기적인 법은 음식 쓰레기도 **방대하게** 줄여야 하는 요구사항들도 가지고 있습니다.

1090 premiere　　　　명 초연, 첫날　형 첫날의

[2017 지방직(하)]　Brahms himself conducted the premiere of Academic Festival Overture at the university in 1881.
브람스 자신이 1881년 이 대학교에서 "대학축전서곡"의 **초연** 공연을 지휘했다.

1091 dimension　　　　명 차원, 부피, 크기

[2017 지방직(하)]　Look at your resolutions in a new dimension.
여러분의 결심을 새로운 **차원**에서 바라보세요.

1092 widespread　　　　형 널리 퍼진, 광범위한

[2017 지방직(하)]　Widespread deforestation and poaching have significantly decreased Zimbabwe's animal population.
널리 퍼진 삼림 벌채와 밀렵은 짐바브웨의 동물 수를 현저히 감소시켰습니다.

유 prevalent 널리 퍼진, 만연한, 일반적인, 유행하는
pervasive 만연한
ubiquitous 어디에나 있는, 만연한

1093 contraception
명 피임

[2017 지방직(하)]

Here in Germany, the proportion of people that use contraception is about 66 percent.
여기 독일에서 **피임**법을 사용하는 사람의 비율이 약 66%입니다.

1094 motherhood
명 어머니, 모성

[2017 지방직(하)]

We honor motherhood and the impact that mothers have in society by presenting flowers and cards.
우리는 꽃과 카드를 선물하여 **어머니**와 그들이 사회에 미치는 영향에 대한 존경을 표한다.

1095 cartoon
명 만화, 만평

[2017 지방직(하)]

So it is not good for you to watch too much cartoons.
따라서 너무 많은 **만화**를 보는 것은 여러분에게 좋지 않아요.

유 animation 생기, 애니메이션, 만화 영화

1096 meager
형 빈약한, 메마른, 결핍한

[2017 지방직(하)]

Nature's imagination is so boundless compared to our own meager human imagination.
자연의 상상력은 인간의 **빈약한** 상상력에 비하면 실로 끝이 없다고 할 수 있습니다.

유 lacking 부족한, ~이 없는, ~을 못하는, 결여된
devoid 없는, 결여된, 빠진, 사라진, 결핍된

1097 sanctuary
명 보호구역, 피난처

[2017 지방직(하)]

In 1972, he made a wolf sanctuary located in the German province of Saarland.
1972년, 그는 독일의 자를란트에 늑대 **보호구역**을 만들었다.

유 shelter 대피소, 피난처, 수용소
refuge 피난, 도피, 위안

1098 take place — 동 일어나다, 발생하다, 열리다

[2017 지방직(하)]

In fact, the festival takes place to celebrate asparagus every year.
사실 이 축제는 매년 아스파라거스를 기념하기 위해서 **열립니다**.

유 occur 발생하다, 일어나다
arise 발생하다, 생기다
break out 발생하다, 생기다

1099 commonality — 명 공유성, 공통성

[2017 지방직(하)]

Viewers can expect to see the cultural differences as well as the commonalities that expatriates experience living in China.
시청자들은 중국에 사는 외국인들이 경험하는 문화적 차이와 더불어 **공통점**을 보기를 기대한다.

1100 cut off — 동 잘라버리다, 서둘러 떠나다

[2017 지방직(하)]

Vincent was angry and depressed, so he cut off his own ear.
빈센트는 화가 나고 우울해서, 자신의 귀를 **잘랐다**.

유 discontinue 중단되다, 중단하다, 취하하다

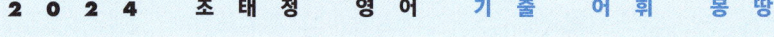

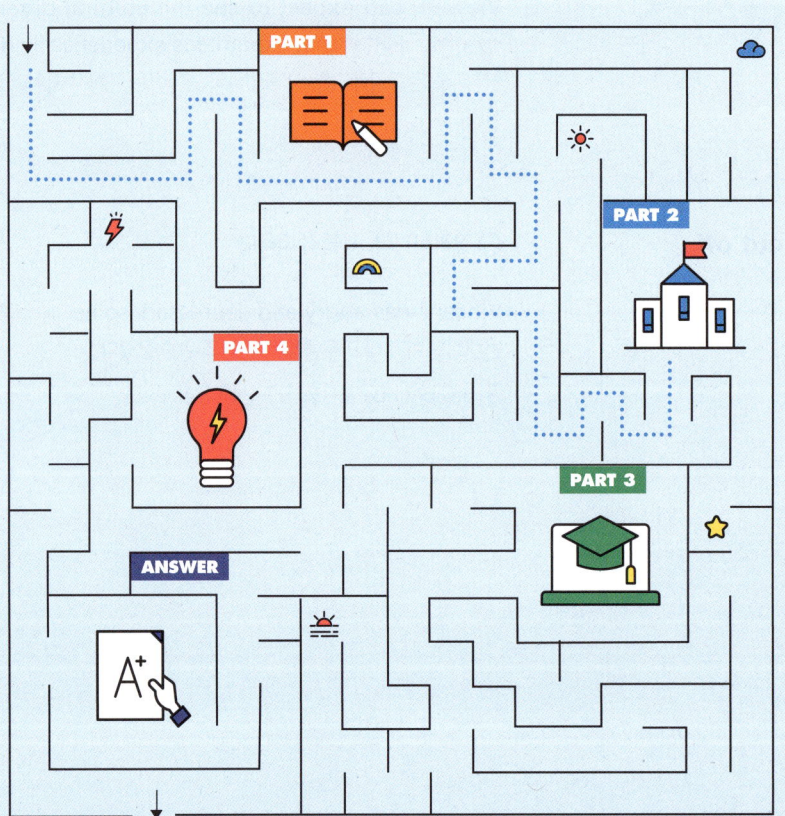

PART 02

공무원 기출 이디엄

Day 23

001 abide by — ~을 지키다, 준수하다

The players swore to abide by the rules of the game.
선수들은 경기 규칙을 **지킬 것**을 선서했다.

유 obey 복종하다; 준수하다
comply 응하다, 따르다
conform 순응하다, 따르다
acquiesce 따르다, 묵인하다

■ abide — 참다, 견디다

유 bear, stand, put up with, tolerate 참다, 견디다

참고 '참다'라는 의미의 'abide' 단독으로 출제되기보다는 '지키다, 준수하다'라는 의미의 'abide by'로 주로 출제된다.

■ by — ~옆에, ~에 의하여, ~로 (수단)

해설 · 탈것을 쓸 때 정관사 없이 by bus, by taxi 등으로 쓰인다.
· 추상적 수단과 함께 쓰이므로, 물리적 수단인 with와 비교된다.
· 지속되는 행위는 till, 일회성 행위는 by를 사용하여 '~까지'를 나타낸다.

002 account for — ~을 설명하다, 차지하다

We have to account for every penny we spend on business trips.
우리는 출장에서 쓰는 돈은 단 한 푼이라도 지출 내역을 **설명해야 한다**.

유 explain 설명하다, 해명하다
illuminate 해명하다, 명백히 하다
elucidate 해명·설명하다
expound 상세히 설명하다
explicate 설명하다
occupy 차지하다

■ account — 계좌, 장부, 설명, 계정

해설 · account for 설명하다
· '차지하다'라는 의미와 '간주하다'라는 의미 또한 가진다.
· 뒤에 수치, 퍼센트 등과 함께 쓰이며 '차지하다'의 의미로 쓴다(=occupy).

003 adhere to
~을 고수하다, 충실히 지키다

I will adhere to this opinion until proof that I am wrong is presented.
내가 틀렸다는 증거가 제시될 때까지 나는 이 의견을 **고수하겠다**.

유 abide by 지키다, 준수하다
stick to 고수하다

004 as cool as a cucumber
침착한, 차분한

He was as cool as a cucumber when he was found to be telling a lie.
그는 그가 거짓말한 것이 들통났을 때 **침착했다**.

005 all eyes and ears
주의를 기울이는, 조심성있는

I'm all eyes and ears.
나는 (지금) 상당히 **집중하고 있어**.

유 very attentive 주의깊은, 조심성 있는
해설 눈과 귀를 다 열고 주의를 기울인다는 의미.

006 amount to
~에 이르다, 총계가 ~이 되다

His earnings are said to amount to £300,000 per annum.
그의 소득은 연간 30만 파운드에 **달한다고 한다**.

007 be anxious for
갈망하다, 걱정하다

We recognise that all consumers will be anxious for full assurances, in line with sound scientific assessments of risk.
우리는 모든 소비자들이 위험에 대한 건전한 과학적 평가에 따라 완전한 보장을 **갈망할** 것이라는 것을 인식한다.

유 eager 열망하는; 열성적인
long 열망·갈망하다
crave 열망·갈망하다
yearn 동경하다, 열망하다
aspire 열망하다
covet 탐내다, 갈망하다
lust 갈망·열망(하다)

Day 23 211

008 anything but
결코 ~이 아닌

The hotel was anything but cheap.
그 호텔은 **결코** 싸지 **않았다**.

유 never 절대 ~아닌
비교 all but 거의 (=almost/nearly)
nothing but 단지 (=only)

009 apply oneself to
~에 몰두하다

He applied himself to a resarch on new chemicals found by chance.
그는 우연히 발견된 새로운 화학물질에 대한 연구**에 몰두했다**.

유 (be) engaged 몰두한[in]; 약혼한[to]
(be) absorbed 몰두한[in]; 흡수된
(be) immersed 열중하여[in]
(be) engrossed 몰두한[in]
(be) soaked 흠뻑 젖은; 몰두한[in]

010 ask after
~에 대해 안부를 묻다

Nice of you to ask after five years.
5년 동안의 **안부를 물어주셔서** 고마워요.

유 inquire after 안부를 묻다

ask
묻다, 요청하다, 요구하다

유 say hello to, give one's best regards to

011 at a loss
당황하여, 어쩔 줄을 몰라서

I am at a loss as to how to handle this problem.
이번 문제를 어떻게 처리할지 저는 **속수무책입니다**.

유 in confusion 당황하여, 곤혹스러운
in a flap 당황하여, 안절부절 못하는
해설 lost는 '길을 잃은'이라는 의미 외에도 '정신이 없는'이라는 의미 또한 갖는다.

012 at best
잘해봐야, 기껏해야, 좋아봤자

His links with the organization turned out to be, at best, tenuous.
그가 그 단체와 맺고 있는 관계는, **아무리 좋게 봐도** 보잘것없는 것으로 드러났다.

유 at the utmost 기껏해야
비교 at most 많아봐야
at least 적어도, 최소한

013 at second hand
간접적으로. 간접의, 중고의

I learned of that at second hand from my father when I was a child.
나는 어렸을 때 그것을 아버지로부터 **간접적으로 배웠다**.

유 indirect 간접적인
round-about 간접의, 우회적인
used 중고의

014 at home
편한

Simon feels very at home on a horse.
사이먼은 말을 타면 아주 **편안해** 한다.

유 comfortable 편한, 아늑한
relaxed 편안한
해설 · 생활영어에서 주로 'feel at home 마음이 편하다'의 의미로 많이 사용한다.
· at home and abroad=국내외에서
· hit home=정곡을 찌르다
참고 home은 "가정", "국내", "집으로"(부사), "정곡" 등의 의미.

015 at length
드디어, 상세히

He found his way to the place at length.
그는 **드디어** 목적지에 닿았다

유 finally 마침내, 마지막으로, 결국, 드디어, 결정적으로
eventually 결국, 마침내, 최종적으로, 언젠가는
in the end 결국, 마지막에는, 마침내
ultimately 마침내, 결국, 최후로
in the long run 결국에는, 결국, 긴 안목으로 보면

016 at loose ends
이렇다 할 작정도 없이, 일정한 직업 없이

He spent two years wandering about the country at loose ends.
그는 **일정한 직업이 없이** 이년 동안 나라 안을 떠돌아 다녔다.

017 at one's disposal
마음대로, 임의의, 누구 마음대로 쓸 수 있는

Tanner had a lot of cash at his disposal.
테너는 **마음대로 쓸 수 있는** 현금을 많이 가지고 있다.

유 at will 마음대로, 뜻대로
freely 마음대로, 자유롭게
at the discretion of ~의 재량대로, 좋을 대로
해설 생활영어에서 자주 출제된다. 자기 마음대로 '처분'할 수 있다는 의미.

018 at the cost of — ~을 희생하고

Perfectionists struggle over little things at the cost of their larger objectives.
완벽주의자들은 큰 목표를 **희생해가면서까지** 작은 일에 집착한다.

유 at the expense of ~을 희생하여

019 at the mercy of — ~에 좌우되는

I'm not going to put myself at the mercy of the bank.
난 내 자신이 은행에 **휘둘리게** 하지 않을 거예요.

해설 "누군가의 자비심에" 좌우되는을 연상.

020 across the board — 전체적인, 전면적인

The store will give the discount across the board.
그 가게는 **전 품목에** 걸쳐 할인해 줄 것이다.

해설 "위·아래", "좌우" 전체적으로의 의미.

021 a fact of life — 어쩔 수 없는 현실, 삶의 실태

Crop failures have been a fact of life for ages in Africa.
흉작은 아프리카에서 수년 동안 **어쩔 수 없는 현실**이었다.

유 a regular part of what can't be changed 어쩔 수 없는 부분
참고 독해문제에 자주 출제된다.

022 all thumbs — 서투른, 손재주가 없는

Adolescents are known for making stupid decisions, barely able to plan beyond the next minute, all thumbs when juggling several tasks.
청소년들은 다음 순간을 넘어서 계획을 세울 수도 없고, 여러 가지 일을 동시에 처리할 때 **서툴러서**, 어리석은 결정을 내리는 것으로 알려져 있다.

해설 '열 손가락이 모두 두껍고 짧은 엄지손가락 같다'라는 의미로, 물건을 쉽사리 잡지 못하는 서툰 동작을 연상.
유 all fingers and(=are) thumbs
butter fingered(손가락에 미끄러운 버터를 발라놓은 것 같다는 의미)
(= clumsy)

023 the apple of one's[the] eye
매우 소중한 것(사람)

My oh my, walking by, who's the apple of my eye?
내 옆에서 걷는 사람보다 **소중한 사람**이 있을까?

유 something precious 소중한 것
해설 예전에는 동공을 사과에 비유하기도 했다. "눈에 있는 동공이 무척 소중하므로" 소중한 존재를 일컫는 말이 되었다.

024 a piece of cake
누워서 떡먹기

Writing an English letter is a piece of cake to her.
영어로 편지를 쓰는 것은 그녀에게 **쉬운 일이다**.

유 very easy 매우 쉬운

025 (be) at odds over
상이한 의견을 가지다, 대립하다

Finance specialists are at odds over the proposals.
재정 전문가들은 그 제안에 대하여 **의견이 일치하지 않았다**.

유 in disagreement with 의견이 일치하지 않는
참고 odd 자투리, 이상한 것, 홀수(짝수는 even), 의견이 다른
해설 odds and ends 잡동사니

026 at the behest of
~의 요청으로, 명령으로

At the behest of the captin, the soldiers began to march.
대위**의 명령에 따라**, 병사들이 행진하기 시작했다.

유 at the request 요청으로

027 at the drop of a hat
즉시, 지체 없이

The company cannot expect me to move my home and family at the drop of a hat.
내가 **즉각** 집과 가족을 옮겨갈 거라고 회사가 바랄 수는 없다.

유 quickly and without any preparation time 어떤 준비시간도 없이 빠르게(=즉시)
해설 예전에는 경주/경마의 시작을 알리기 위해 쓰고 있던 모자를 벗어 던짐. 따라서 (모자를 벗자마자) '즉시'의 의미로 쓰임.

028 at stake — 위태로운, 위험에 처한

Officials at the National Institute of Health say that Severe Acute Respiratory Syndrome(SARS) is spreading and all children under five are at stake.
국립건강협회 공무원들은 심각한 급성 호흡기 증후군이 퍼지고 있으며, 5세 미만의 모든 아이들이 **위험하다고** 얘기한다.

해설 서부 개척 시기에 말뚝(= stake)에 금을 그어놓고 말발굽을 던지는 돈 내기 놀이를 했었는데, 여기에서 파생되었다는 설이 있다.

029 at the eleventh hour — 막판에, 최후에

War, which seemed certain, was prevented at the eleventh hour.
확실하게 보였던 전쟁은 **막판에** 막아졌다.

유 at the last moment 마지막 순간에, 위급한 순간에

030 at variance — 불화하여, (언행이) 일치하지 않는

Before Tom antagonized John at the party, they had never been at variance.
톰이 파티에서 존을 적대시하기 전에 그들은 **불화가 있었던** 적이 없다.

031 as is often the case — 흔한 일이지만, 흔히 있는 일이지만

Take some medicine as is often the case that mosquitoes bite you.
모기들이 무는 것이 **흔히 있는 일이지만** 약을 조금 가져가거라.

032 (be) badly off — 넉넉지 못한, 가난하다

We aren't too badly off but we can't afford a house like that.
우리가 아주 **넉넉지 못한** 것은 아니지만 그런 집은 살 여유가 안 된다.

유 penniless 무일푼의
needy 가난한, 궁핍한
destitute 결핍한, 없는; 빈곤한
impoverished 가난하게 된
impecunious 돈 없는, 가난한
indigent 궁핍한, 빈곤한

033 bear ~ in mind
~을 명심하다, 마음에 새기다

Bear in mind that the document is for your eyes only.
그 문서는 1급 기밀임을 **명심해라**.

유 take to heart 명심하다, 유념하다
learn by heart 심장에 새기다

034 behind time
늦은, 지각하여

The train was twenty minutes behind time.
기차가 20분 **늦었다**.

유 late 늦은, 지각한
belated 늦은, 뒤늦은
tardy 느린, 지각한, 늦은

035 behind the times
시대에 뒤떨어진, 구식의

Her way of thinking is behind the times.
그녀의 사고방식은 **시대에 뒤떨어져** 있다.

유 outmoded 구식의
old fashioned 구식의, 전통적인, 보수적인, 촌스러운
out of date 시대에 뒤떨어진, 구식인, 오래된
outdated 구식의, 시대에 뒤떨어진
해설 '시대'를 가리킬 때 주로 'times'를 사용한다.

036 be acquainted with
친분이 있다, ~을 알고 있다

In fact, we have a maid that you might be acquainted with.
사실, 우리에게는 당신이 **알고 있는** 가정부가 있다.

037 be fond of
~을 좋아하다

It is said in the novel that "to be fond of dancing was a certain step towards falling in love".
춤을 **좋아하는** 것은 사랑에 빠지는 확실한 단계라고 소설책에 쓰여 있었다.

유 have a liking for ~을 좋아하다

038 be tied up with — 바쁘다

We'll **be tied up with** the Johnson project.
우리는 존슨 프로젝트로 **바쁠** 것이다.

유 be busy with 바쁘다
be up to Ⓐ's ears in ~로 바쁘다, ~로 옴짝달싹 못하다
해설 옴짝달싹 못하게 일에 '묶여 있다'는 의미를 가지므로 바쁘다는 뜻이 된다.

039 be up to — ~에게 달려있다, ~할 능력이 있다, ~에 종사하다

It will **be up to** your supervisor and team leaders to create a policy on the use of instant messaging.
메신저 이용에 관한 정책 결정은 여러분 상사와 팀장이 **맡을 것입니다**.

040 between ourselves — 우리끼리 이야긴데, 은밀하게

Between ourselves, he carried a torch for me in our high school days.
우리끼리 얘긴데, 고등학교 때 그는 나를 짝사랑했었어.

유 confidentially speaking 비밀리에 말하다
해설 둘 사이만의 이야기이므로 "비밀스럽게"의 의미로 쓰임.

041 break in — 침입하다, 길들이다

We arrived home early and surprised a burglar trying to **break in**.
우리가 집에 일찍 도착해서 집 안으로 **침입하려는** 빈집털이범을 놀래켰다.

유 invade 침략·침입하다
trespass 침입·침해하다
intrude 침입하다, 강요하다, 참견하다
해설 야구 선수들이 경기에 앞서 야구 글러브를 두드려 때리며 길들이는 데에서 파생된 말이다.

■ break into — (몰래) 침입하다

유 enter ~ by force 침입하다

042 be off to — ~로 떠나다

Now, I will **be off to** work on my next album.
이제 저는 다음 앨범 작업을 하기 위해 **떠날** 것입니다.

043 be out of — ~을 다 써서 없다, ~에서 벗어나 있다

He seems to be out of touch with the real world.
그는 현실 세계와 **유리되어** 있는 것 같다.

044 burst into — 갑자기 시작하다

He burst into tears and stormed off.
그가 **갑자기** 울음을 터뜨리며 뛰쳐나가 버렸다.

 break into 갑자기 시작하다, 침입하다
해설 burst into tears = 갑자기 눈물을 쏟다

045 by all means — 어떤 일이 있어도, 모든, 물론

Citizens of the town put out the fire by all means available.
마을 주민들은 가능한 모든 **수단을 동원해서** 화재를 진압했다.

 on all accounts 어떤 일이 있어도, 아무래도
no matter what 무슨 일이 있어도

046 by far — 훨씬, 단연코

This isn't to point out that skills are more important than money by far.
이것은 기술이 돈보다 **훨씬** 더 중요하다는 것은 아니다.

047 by leaps and bounds — 순조롭게, 급속하게

In South Korea, Christianity has grown by leaps and bounds in the last half of the 20th century.
한국에서, 기독교가 20세기 마지막 하반기에 **급속도로** 성장했다.

■ by leaps and bounce 껑충껑충 뛰어서, 매우 빠르게
해설 토끼가 뛰어가는 모습을 연상.

048 by[in] virtue of
~의 힘으로, ~덕분으로

She got the job by virtue of her greater experience.
그녀는 더 뛰어난 경력 **덕분에** 그곳에 취직이 되었다.

049 by way of
~을 경유하여, ~을 위하여, ~로서

She came to TV by way of drama school.
그녀는 드라마 스쿨을 **거쳐** TV에 나왔다.

유 via ~을 거쳐, ~을 경유하여
해설 독해문제에 자주 출제된다.

050 beat around the bush
빙 둘러 말하다

Instead of beating around the bush, she explained her objection in very clear terms.
빙 둘러 말하는 대신 그녀는 분명한 어조로 반대하는 이유를 설명했어요.

Day 24

051 beef up — 강화하다, 증강하다

The prospect of facing an unfriendly Russia once more might force the Cliton Administration to begin beefing up military spending, dashing hopes for reducing the budget deficit.

비우호적인 러시아와 대면한다는 전망은 다시 한 번 클린턴 행정부로 하여금 군비지출 **증강**을 시작하도록 해서 예산 적자를 줄이고자 하는 희망을 꺾을 지도 모른다.

유 reinforce 강화(증강, 보강)하다
해설 여기서 beef는 "근육"을 뜻하며, '근육량을 늘리다 → 강화시키다'의 의미.

052 beside the point — 요점에서 벗어난

He insisted upon the point vigorously but we all thought it was beside the point.

그가 강력하게 그 점을 주장했지만 우리는 모두 그 논점이 **요점에서 벗어났다**고 생각했다.

유 off the subject 주제에서 벗어난
반 to the point(=pertinent) 적절한
해설 여기서 point는 "핵심, 요점"이며, 따라서 "요점의 옆"이므로 '요점을 벗어난'의 의미.

053 say between one's teeth — 조용히 말하다

"There's stuff in that young man." said the old man between his teeth, shaking his head appreciatively.

호감 있게 그의 머리를 흔들면서 "그 젊은이들에게는 자질이 있다."라고 노인은 **조용히 말했다**.

유 in a low voice 낮은 목소리로
해설 치아를 꽉 다물고 말을 하는 모습을 상상해보면 조용히 말할 수밖에 없음을 알 수 있다.

054 be up to one's ears with — 매우 바쁘다

I would like to go with you but I am up to my ears in preparations for the conferences.

나는 당신과 함께 가고 싶지만, 나는 회의 준비로 **바쁘다**.

유 be busy -ing/with 바쁘다
have ⓐ's hands full with 바쁘다
해설 일의 늪에 잠겨서 일이 귀에 닿을 정도로 쌓여있다는 의미이다.

055 book up — 예약하다, 선약이 있다

There are two places that offer free cleaning services in the city, but they are usually fully booked up.
도시에 무료 세탁 서비스를 제공하는 두 곳이 있지만, 두 곳 모두 보통 **예약이 꽉 차있다**.

유 reserve 예약하다

056 be fed up with — 싫증나다, ~에 진저리가 나다

People are fed up with all these traffic jams.
사람들이 이 모든 교통체증에 **신물을 내고 있다**.

해설 (지나치게 많이 먹어서) 질린다는 의미이다.
참고 put up with 참다　catch up with 따라잡다　keep up with 뒤쳐지지 않다　come up with 고안하다, 제안하다

057 bite the bullet — 고통을 꾹 참다, 안 좋은 상황을 견디다

If we do not bite the bullet, we shall suffer as a result.
우리가 지금 **참지** 않으면 그로인해 고통을 당할 것이다.

유 tolerate 견디다, 참다
endure 참다, 견디다
put up with 참다
해설 마취제가 없던 옛날에 수저 등을 입에 물고 고통을 견디던 모습에서 파생되었다.

058 bits and pieces — 잡동사니

Political ideas need not be a morass of ideological bits and pieces.
정치적인 사고는 여러 **잡동사니** 사상들을 모은 늪지가 되어서는 안 된다.

059 blow off steam — 스트레스를 풀다

I'm gonna go out with the guys and blow off some steam.
친구들과 나가서 **스트레스를 풀려고 한다**.

유 let off steam 울분을 발산하다

060 blow one's own horn[trumpet]
자화자찬하다

It may sound like I'm **blowing my own horn**, but the success of this project is the result of my efforts.
자화자찬처럼 들릴지 모르겠지만 이번 일의 성공은 내 노력의 결과다.

해설 스스로 팡파레를 불며 자화자찬하는 모습에서 파생되었다.

061 bring home to
~에게 뼈저리게 느끼게 하다

Those facts **bring home to** ordinary people the great needs of the disabled.
그러한 사실들은 몸이 불편한 사람들이 가지고 있는 큰 어려움들을 일반인들로 하여금 **깨닫게 한다**.

062 bone up on
복습하다, 공부하다

You had better **bone up** on irregular verbs for the exam.
시험에 대비해서 불규칙 동사를 **철저히 공부**해 두는 것이 좋다.

유 review 복습하다
brush up on 복습하다

063 boss around
이래라저래라 하다

A: Why do you hate him?
B: I'm sick of his **bossing around** like that.
A: 왜 너는 그를 싫어하니?
B: 나는 그가 그렇게 **이래라저래라** 하는 것에 질렸어.

유 be bossy 이래라저래라 시키는

064 box up
가두다, 상자에 채우다

Perhaps you have some old and unnecessary toys or books **boxed up** in your closet.
당신은 낡거나 더 이상 필요 없어져 광에 **처박아두었던** 장난감이나 책들이 있을 것이다.

해설 네 면의 박스를 세워서 한 데 가둬둔다는 의미.

065 break loose[free] — 도망치다

One of the tigers in the zoo has broken loose.
동물원에 있는 호랑이중의 한 마리가 **도망쳤다**.

유 escape 도망치다

066 by the skin of one's teeth — 가까스로, 간신히

I caught the train by the skin of my teeth.
나는 **가까스로** 기차를 잡았다.

유 with the narrow margin of safety 가까스로
해설 여기서 skin을 "치아의 피부", "잇몸"으로 기억해서 '이가 없으면 잇몸으로 산다'라는 우리말을 떠올리면 암기하기 쉽다.

067 break down — 고장나다, 분해(분석)하다

Our stomachs are filled with enzymes which can break down both meat and vegetables.
우리의 위는 고기와 채소 모두를 **분해할 수** 있는 효소가 있다.

■ do up — 고치다(= fix, repair)

068 break off — 중간에서 갑자기 그만두다

It is downright mean of you to break off like that when we were all in rapture listening to you.
우리 모두가 당신의 말을 듣는데 열중하고 있었을 때, 그렇게 **갑자기 그만 두는 것**은 정말로 비열하다.

069 break the ice — 어색한 분위기를 깨다

Everyone at the meeting seemed tense, so I broke the ice with a joke.
회의에서 모두들 긴장한 것처럼 보여서 내가 농담으로 **분위기를 누그러뜨렸다**.

해설 입이 얼어붙는 듯한 썰렁하고 어색한 자리에서 침묵을 깬다는 의미이다.

070 bring to an end — 끝내다, 마치다

Steps must be taken to prevent their use by irresponsible governments to bring to an end the inevitable destruction of life on earth.
지구에 불가피한 생명의 파괴를 **끝내기 위해** 무책임한 정부에 의한 핵무기 사용을 막으려는 조치들이 취해져야 한다.

071 be made up of — ~로 구성되다

The exhibition will be made up of seven pavilions - historic figures, Korean stars, world movie stars, recording stars, sports stars, horror movie figures and animation characters.
이 전시회는 7개의 전시관으로 **구성되어 있다** – 역사적 인물, 한국 스타, 세계 영화배우, 대중 음악가, 스포츠 스타, 공포 영화 인물, 그리고 애니메이션 캐릭터.

유 consist of ~로 구성되다
comprise ~으로 구성되다

072 call a spade a spade — 솔직히 말하다

He was afraid to "call a spade a spade" and resorted to circumlocutions to avoid direct reference to his subject.
그는 **사실대로 말하기** 겁이 나서 그의 주제에 관한 직접적인 언급을 피하기 위해 완곡하게 말하는 방식에 의존 하였다.

해설 카드놀이에서 스페이드(삽)은 "검은색"으로 "검은 것을 검다"고 솔직히 말한다는 의미.

073 call for — 요구하다, ~을 필요로 하다

He didn't even have the intelligence to call for an ambulance.
그는 구급차를 **요구할** 수 있는 지능조차 없었다.

유 necessitate 필요로 하다
exact 요구하다(demand)
stipulate 규정하다, (조건으로) 요구하다

074 call it a day[night] — 끝내다, 마무리하다

I think we'd better call it a day.
나는 우리가 일을 **끝마치는 것**이 낫다고 생각한다.

참고 Let's call it a day. "오늘은 여기까지 하자."로 생활영어 빈출.

075 call names — 욕하다

There must be some reason for her to call him names.
그 여자가 그를 **욕하는 데**에는 틀림없이 뭔가 이유가 있다.

유 speak ill of 흉을 보다
해설 여러 가지 이름들(names), 즉 별명으로 놀리며 욕하는 모습에서 파생되었다.

076 call off

취소하다, 중지하다

We had to call off everything on account of rain.
비가 와서 모든 걸 **취소할** 수밖에 없었다.

유 cancel 취소하다
annul 무효로 하다, 취소하다(nullify)
repeal 무효로 하다, 폐지하다
retract 취소·철회하다
revoke 취소하다, 무효로 하다(cancel)

077 come down with

(병에) 걸리다

After running home in the rain last night, it seems I've come down with a cold.
어제 비를 맞으며 집으로 달려왔더니 감기에 **걸린** 것 같다.

078 carry on

계속하다

You'll crack up if you carry on working like this.
너 **계속** 이런 식으로 일을 하다간 쓰러져.

유 keep on 그대로 계속하다, 계속 나아가다, 계속하다
continue 계속하다, 지속시키다, 이어지다

079 carry out

수행하다, 이행하다

We do not ordinarily carry out this type of work.
우리가 보통 때는 이런 종류의 일을 **실행하지** 않는다.

유 conduct 실시하다, 수행하다
implement 시행하다
fulfill 이루다, 이행하다
perform 수행하다

080 catch on

유행하다, 이해하다

Fashions of the past often catch on again among young people.
종종 과거의 스타일이 젊은 사람들 사이에서 다시 **유행합니다**.

| 081 | **catch up with** | 따라잡다 |

When I return from holiday, I shall have to catch up with a lot of work.
휴일이 끝나고 돌아오면 나는 일을 **따라잡아야** 할 것이다.

해설 catch up with는 뒤처져 있다가 따라잡는다는 의미, keep up with는 보조를 맞추어 옆에서 걷는다는 의미가 강하다.

| 082 | **come across** | (우연히) 만나다 |

Australian beachgoers were amazed to come across this little reptile.
호주의 해수욕을 즐기는 사람들은 이 작은 파충류를 **우연히 만나게** 되어 놀랐다.

유 meet by chance 오다가다 만나다, 우연히 만나다
run across ~을 우연히 만나다
bump into 마주치다, 만나다
stumble upon 우연히 만나다

| 083 | **come by** | 획득하다, 얻다 |

Jobs are hard to come by these days.
요즘은 일자리를 **구하기**가 어렵다.

유 gain 얻다, 획득하다
acquire 획득하다, 얻다
obtain 얻다, 입수하다, 획득하다
secure 확보하다, 보장하다

| 084 | **come up with** | 내놓다, 제안하다, 고안하다 |

I find it challenging and rewarding to come up with new ideas for products.
저는 상품에 대한 새로운 아이디어를 **제안하는** 것이 도전적이고 보람 있다고 생각합니다.

유 propose 제안하다, 제시하다
suggest 제안하다, 제시하다
devise 고안하다
create 만들다, 창안하다

| 085 | **consist in** | ~에 놓여 있다 |

True education does not consist in simply being taught facts.
참교육은 단순히 사실들만을 가르치는 것**에 있지** 않다.

유 lie, lie in
해설 동사 consist는 문법 문제로 자주 출제되며, 'consist in'보다는 'consist of(~로 구성되다)'가 주로 사용된다.

086 count on
~을 의지하다, ~에 기대다

I'm glad I at least have a few true friends that I can count on.
나는 적어도 내가 믿고 **기댈** 수 있는 진정한 친구가 몇 명 있다는 게 기뻐.

유 depend on 의존하다
rely on 기대다, 의존하다
stand on 의지하다, 신뢰하다
look to 의존하다; 돌보다
turn to 의존하다

087 cut a fine figure
두각을 나타내다

He cut a fine figure in that matter.
그는 그 사건에서 **두각을 나타냈다**.

해설 fine은 "멋진, 깔끔한", figure은 "모양, 용모", "멋진/매력적인 모습을 드러내다"의 의미.

088 cut down
줄이다, 저하, 삭감

We're trying to cut down on the amount of paperwork involved.
우리는 관련된 서류 작업의 양을 **줄이려고** 노력 중이다.

유 reduce 줄이다. 삭감하다
lessen 줄다, 줄이다
curtail 절감하다, 삭감시키다

089 chip in
기부하다

I haven't much money but I'll chip in what I can.
돈이 많은 건 아니지만 내가 할 수 있는 만큼 나도 **기부할게**.

해설 도박장에서 칩(chip)을 불우이웃 성금함 안에(in) 기부함으로 운을 빌었다는 데에서 유래함.

090 close shave
간신히 위기 모면하기, 구사일생

I can't quite believe the close shaves I've had just recently.
내가 최근에 겪은 **아슬아슬한 순간**들이 잘 믿어지지 않는다.

해설 너무 바짝 면도를 하면 피가 날 수 있는데, "간신히" 피한 모습을 연상.

091 come in handy
편리하다, 도움이 되다

Particularly for independent travelers, a travel alarm clock will come in handy.
특히 혼자 여행하는 사람에게 여행용 자명종은 여러 모로 **편리하다**.

유 useful 유용한
convenient 편리한, 간편한

092 come natural to
아주 쉽다

Since several members of his family have been literary people, writing come natural to John.
그의 가족 여러 멤버들이 문학적인 사람들이었기 때문에 글을 쓰는 것은 존에게 **쉬웠다**.

해설 natural은 "타고나다, 자연스럽다"라는 뜻으로, "타고나게 잘한다"의 의미.

093 come near ~ing
거의 ~할 뻔하다

Gorbachev has not delivered the market economy – he has come nowhere near doing so.
고르바초프는 아직 시장경제를 전달하지 못했다. 그는 시장경제를 **거의** 실현하지 **못했다**.

유 go near ~ing 거의 ~할 뻔하다
nearly escape ~ing 거의 ~할 뻔하다

094 come off second best
지다, 패배하다

Their position is so weak that they're bound to come off second best in any power struggle.
그들의 지위는 너무 열악해서 그들은 어떠한 권력 투쟁에서 **지게 되어 있다**.

유 lose 패배하다
해설 결승전에서 2등을 했다는 것은 패배했음을 의미한다.

095 come to terms (with)
화해하다, 타협하다, 감수하다

We will have to come to terms with the new financial situation.
우리는 새로운 재정적 상황을 **감수해야만 할** 것이다.

유 reconcile 화해시키다, 조화시키다
해설 come to terms (with) (~와) 합의에 이르다

096 comply with

따르다, 응하다

They refused to comply with the UN resolution.
그들은 유엔 결의 사항에 **따르기를** 거부했다.

유 accommodate oneself 순응하다

097 cook one's goose

망치다

Are you trying to cook my goose?
내 계획을 **망쳐** 놓으려는 거야?

유 ruin 망치다
spoil 망치다
mess up 엉망으로 만들다, 망치다
screw up 엉망으로 만들다, 망치다

해설 이솝우화에 나오는 황금알을 낳는 거위를 요리한다는 의미로, (욕심에) "일을 망치다"는 의미가 있다.

098 cool one's heels

오래 기다리다

We cooled our heels for an hour before the judge summoned us.
우리는 판사가 우리를 소환하기 전에 한 시간 동안 **기다렸다**.

해설 한참을 걷다 보면 발에 열이 난다(발에 땀이 나도록). 그 반대로 생각하면 "한군데 오래 머무른 경우" 발이 서늘해짐을 연상.

099 cost an arm and a leg

큰돈이 들다

In today's digital age, many families may think it costs an arm and a leg to keep youngsters happy, occupied, and healthy.
디지털 시대인 현대 사회에서 많은 가정들은 아이들을 즐거우며 푹 빠지게 하고 건강을 유지하게 하기 위해선 **많은 돈이 들** 거라고 생각한다.

해설 중요 신체 부위인 "팔·다리를 대가로 지불하듯이" 큰 돈을 지불하다.

100 crack down (on)

엄하게 단속하다

Police cracked down on the selling of liquors to minors.
경찰은 미성년자에게 술을 판매하는 것을 **단속했다**.

PART 2 공무원 기출 이디엄
Day 25

101 cross one's mind — 갑자기 생각나다, 떠오르다

It crossed my mind yesterday that you might want to accompany us.
당신이 우리와 동행하기를 원했을 지도 모른다는 생각이 어제 **떠올랐다**.

102 cut back on — 줄이다

A majority of industries started to cut back on labor cost in the wake of the energy shortage.
대다수의 산업체들이 에너지 부족이후에 노동경비를 **줄이기** 시작했다.

유 lessen 줄이다
reduce 줄이다, 축소하다, 낮추다
economize 절약하다, 아끼다

103 cut no ice — 아무런 효과가 없다

This sort of thing will cut no ice on the international market.
이런 종류의 것은 국제시장에 내놔도 **아무런 효과가 없을 것이다**.

해설 get very far, go somewhere(어딘가로 가다/=잘나가다/=성공하다)와 반대되는 의미로, 스케이트를 타고 얼음을 지치고(cut) 앞으로 나아가지 못하는 상황을 나타낸다.

104 cut out for — ~에 자격이 있다, 타고난 재능이 있다

I'm not really cut out for this kind of work.
나는 정말로 이러한 종류의 **일에 자격이** 없다.

105 dawn on — 생각이 떠오르다, 깨닫게 되다

Suddenly it dawned on me that I forgot to submit the homework.
숙제 제출을 깜빡했다는 사실이 **갑자기 생각났다**.

해설 무언가가 밝게 생각나는 것이 아니라 새벽녘에 동이 트듯 생각이 어스름히 떠오르는 모습을 연상.

106 date back to
~까지 거슬러 올라가다

The foundations of Oxford and Cambridge date back to the 12th century.
옥스퍼드 및 케임브리지 두 대학의 창립은 12세기로 **거슬러 올라간다**.

유 trace back to ~로 거슬러 올라가다

107 deal with
다루다, 대처하다, 해결하다

Let me deal with some common misconceptions.
몇 가지 일반적인 오해를 **다뤄 보겠습니다**.

유 cope with ~에 대처하다, 극복하다, 다루다, 대비하다, ~을 처리하다
handle 처리하다, 다루다, 감당하다, 손잡이, 만지다
iron out 해결하다, 해소하다

108 depend on
~을 의지하다, 달렸다

You cannot depend on your eyes when your imagination is out of focus.
상상력이 초점을 벗어났다면 네 눈에도 **의존하지** 말라.

유 rely on 의존하다, 의지하다
look to 기대다
turn to ~에 의지하다
count on 믿다, 의지하다
stand on ~을 의지하다, 신뢰하다

109 dispense with
~없이 지내다

They've had to dispense with a lot of luxuries since Mike lost his job.
마이크가 실직한 후 그들은 많은 사치품 **없이 지내**야만 했다.

유 forgo ~없이 지내다, ~을 버리다, 그만두다
do without ~없이 지내다

110 dispose of
~을 처분하다, 처리하다

The fashion firm decided to dispose of all dead inventory.
그 패션 회사는 모든 사장 재고를 **처분하기**로 했다.

유 do away with 처분하다, 버리다, 폐지하다
sell up 처분하다, 모두 팔다
settle up 처리하다

해설 dispose 뒤에 전치사 'of'가 반드시 와야 함을 기억해야 한다.

111 distinguish Ⓐ from Ⓑ   A와 B를 구별하다

It takes training to be able to distinguish a replica from an original work of art.
미술품의 진품과 모조품을 **구별할** 수 있으려면 훈련이 필요하다.

유 tell Ⓐ from Ⓑ A와 B를 구별하다
know Ⓐ from Ⓑ A와 B를 구별하다
differentiate Ⓐ from Ⓑ A와 B를 구별하다

해설 similar, same 등 '같다'는 의미에서는 주로 전치사 'to'를 사용하는 반면, '다르다'는 의미에서는 주로 전치사 'from'을 사용한다.

112 do good (to Ⓐ)   ~에 이익이 되다

A good medicine is bitter to the mouth but of value for the body. Or Bitters do good to the stomach.
좋은 약은 입에 쓰나 몸**에 이롭다**.

■ do harm to Ⓐ   ~에게 해가 되다

참고 do Ⓐ good[harm]으로 쓰는 것도 가능, 'Ⓐ에게 이익이 되다[해를 끼치다]'의 의미.

113 do nothing but Ⓡ   ~하기만 하다

We could do nothing but watch incredulously while the mob looted the shops.
군중들이 가게를 약탈할 때 우리는 **그저** 믿기지 않는 눈으로 바라보는 **수밖에 없었다**.

해설 do nothing but 다음에 무조건 Ⓡ이 오는 것이 빈출됨.

114 do one's best   최선을 다하다

One must do one's best in whatever on undertakes.
어떤 일을 맡든 **최선을 다해야** 한다.

유 do all one can 최선을 다하다

115 do without   ~없이 지내다, ~없이 살다

If they can't get it to us in time, we'll just have to do without.
그들이 우리에게 그것을 시간 내에 못 갖다 주면 우린 그냥 그것 **없이 견뎌야** 할 것이다.

유 dispense with ~없이 지내다
go without ~없이 지내다

116 drop a line

(~에게) 안부 편지 쓰다

I need to drop a line to my best friend, whom I haven't written to in months.
수개월 동안 편지 한 번 못했던 제 가장 친한 친구한테 **몇 줄 써 보내야겠어요.**

[해설] 한 문장을 써달라는 의미로, 안부를 전하다는 의미가 파생되었다.

[참고] 'line' 관련 표현: cut in line 새치기하다 wait in line 줄 서서 기다리다
be in line 줄을 서다

117 drop in

~을 우연히 방문하다, 들르다(at+장소, on+사람)

I thought I'd drop in on you while I was passing.
지나는 길에 당신께 **들러야지** 하고 생각했어요.

[유] call on 방문하다, 부탁하다
visit 방문하다
drop by 잠깐 들르다
stop by 잠깐 들르다

118 dwell on

곰곰이 생각하다, 상세히 말하다

So you made a mistake, but there's no need to dwell on it.
그래 네가 실수를 했어. 하지만 그걸 **곱씹을** 필요는 없어.

[유] ponder 숙고하다
contemplate 숙고하다, 신중히 생각하다
deliberate 숙고하다, 심사숙고하다
mull over 심사숙고하다
pore over 심사숙고하다

119 do up

고치다, 포장하다

This should make quite a comfortable and attactive house if it's done up a bit.
이곳을 조금만 **수리한다면** 매우 편안하고 매력적인 집이 될 수 있을 텐데.

[유] fix 고치다
repair 고치다, 수리하다

[해설] 고장난(break down)것을 고치기 위해 들어올린다는 의미가 있다.

■ break down   고장나다

120 dodge into — ~안에 몸을 숨기다

To avoid him you dodge into the nearest cafe.
그를 피하기 위해서 가까운 카페로 **몸을 숨겨라**.

121 down and out — 아주 가난한, 무일푼의

There are many young people down and out in Los Angeles just now.
바로 오늘날 로스앤젤레스에는 **무일푼으로** 갈 곳 없는 젊은이들이 많다.

유 poor 가난한
indigent 궁핍한
destitute 극빈한, 궁핍한

해설 싸움에서 진다면(down) 가난하게 돌아가는(out) 복싱경기에서 유래되었다.

122 draw up — (문서를) 작성하다, (차량이) 다가와서 서다

In compliance with frequent uprisings or conflicts, France and Germany had to draw up written constitutions.
잦은 반란과 분쟁에 따라, 프랑스와 독일은 성문법을 **작성**해야만 했다.

유 fill in 작성하다, 떼우다
fill out 작성하다

123 dress down — 꾸짖다, ~을 매질하다

If you neglect what you are to do. you will be dressed down.
네가 해야만 하는것을 소홀히 한다면 너는 **꾸지람을 받을 것**이다.

유 scold 야단치다, 꾸짖다
call down 꾸짖다, 야단치다
reprimand 질책하다
criticize 꾸짖다

124 drive a person up a wall — 사람을 화나게 하다, 짜증나게 하다

Students who click their ball-point pens in class drive me up a wall.
수업 중에 볼펜을 똑딱거리는 학생들은 **나를 짜증나게 한다**.

해설 누군가를 벽 위로 몰고 가는 상황에서 유래되었다.

125 be eager for
~을 열망하다

You have to be eager for success and continue studying very hard.
여러분은 성공을 **갈망하고** 계속 열심히 공부를 해야 한다.

유 yearn 갈망하다, 열망하다
crave 갈망하다, 열망하다, 갈구하다

126 be equal to
~을 감당할 능력이 있다, ~와 같다

He is equal to the task.
그는 그 일을 **할 만한 역량이 있다**.

127 eat one's words
앞서 한 말을 취소하다

If that's a genuine Monet, I'll eat my words.
저것이 모네의 진품이라면 말 **취소할게**.

유 withdraw one's remarks 앞선 발언을 취소하다
break one's words 약속을 어기다, 일구이언하다
참고 keep one's words 앞서 한 말을 지키다, 약속을 지키다(정반대의 의미)

128 embark on
시작하다, 탑승하다

Last spring biochemist Shannon W. Lucid embarked on a mission of profound historical significance.
지난 봄 생화학자 섀논 W. 루시드는 심오한 역사적 중요성을 가지는 임무를 **시작했다**.

해설 bark ① '개가' 짖다 ② 나무껍질 ③ 배 → 배에 'em'(~하게 하다)을 붙여 탑승하게 만든다는 의미가 된다.
반 disembark 내리다, 하선하다

129 every minute counts
시간은 대단히 소중하다, 초를 다투다

When you take a test, you must work rapidly because every minute counts.
시험을 치를 때는 빨리빨리 문제를 풀어가지 않으면 안 된다. **초를 다투는 거니까**.

130 every walk of life — 모든 계층의 사람들

Role models for what one "ought to do" are important determining behavior in every walk of life.
무엇을 "해야만 하는가"에 대한 역할 모델은 **모든 계층의 사람들**의 행동을 결정하는 데 중요하다.

유 all walks of life 사회 각계 계층
(every 뒤에는 단수, all 뒤에는 복수 명사가 온다는 것을 알 수 있다.)
해설 신발이나 사람의 걸음걸이가 사람의 계층을 나타낸다는 것을 기억한다.
참고 be in one's shoes ~의 입장이 되다

131 fall victim to — ~의 희생이 되다

Stereotypes can make things easier, but they are not always accurate and can be a difficult thing to overcome for those who fall victim to them.
고정관념은 세상을 이해하기 쉽게 하지만 항상 정확한 것은 아니며 고정관념의 **희생자가 되는** 사람들에게는 극복하기 어려운 것일 수 있다.

해설 victim(희생자)과 fall(떨어지다)이 합쳐져 '희생자로 전락하다'는 의미가 된다.

132 fall back on — ~에 의지하다

I have a little money in the bank to fall back on.
나는 은행에 **의지할** 돈이 좀 있다.

유 depend on 의존하다, 달렸다, 의지하다
bank on ~을 의지하다, 기대하다, ~을 믿다
rely on 기대다, 의존하다
count on 기대하다
look to 기대다, 의지하다
turn to 의지하다

133 fall short of — ~에 미달하다, 못 미치다

The annual turnover seems to fall short of our expectation this year.
금년엔 연간 매출이 우리 기대에 **못 미칠 것 같다**.

 run short of(바닥나다)와 의미의 차이가 있으므로 비교하여 알아두어야 함.
참고 short(미달되다)와 shortly(이윽고, 곧)도 구별해야 함.

134 find fault with — ~의 흠을 찾다, 흉보다

Whenever he gets a chance, he would find fault with me.
그는 걸핏하면 내 **흉을 본다**.

유 culminate 비방·중상하다
call names 욕하다, 험담하다
criticize 비난하다, 비판하다

135 for good (and all) — 영원히

This time she's leaving for good.
이번에는 그녀가 **영원히** 떠난다.

유 eternally 영원히

136 for the life of me — 아무리 ~해도, 도저히

I cannot for the life of me imagine why they want to leave.
난 **아무리 애를 써도** 왜 그들이 떠나고 싶어 하는지 짐작이 안 된다.

137 for nothing — 공짜로, 거저

She's always trying to get something for nothing.
그녀는 맨날 뭘 **거저** 먹으려 들어.

유 free of charge 공짜의, 무료로

138 for oneself — 혼자 힘으로, 스스로

One cannot choose freedom for oneself without choosing it for others.
사람은 다른 사람들을 위한 자유를 선택하지 않고 **스스로**를 위한 자유를 선택할 수는 없다.

유 by oneself 혼자서, 홀로, 외로이
참고 · in itself 그 자체로
· in spite of oneself 자기도 모르게

139 for the sake of — ~을 위하여, ~때문에

The translation sacrifices naturalness for the sake of accuracy.
그 번역은 정확성을 기하**기 위해서** 자연스러움을 희생시키고 있다.

140 **from hand to mouth** 하루 벌어 하루 사는

We lived from hand to mouth during the war. Things were very difficult.
전쟁 중 우리는 겨우 **하루살이 하며** 목숨을 부지했다. 상황은 아주 심각했다.

해설 '손에서 바로 입으로'라는 의미로, 번 족족 입에 가져가야만 하는 현실을 가리키는 말이다.

141 **for the time being** 현재로선, 당분간

We've had to put our plans on ice for the time being.
우리가 **당분간** 계획을 미뤄 두어야 하는 상황이다.

142 **furnish Ⓐ with Ⓑ** A에게 B를 공급하다, 갖춰 주다

Not only do they furnish customers with the land, they also provide seeds and water, so that all the clients need to do is take care of their plants.
그들은 고객들에게 땅을 **제공할** 뿐만 아니라, 씨앗과 물도 제공하여, 그 결과 모든 고객이 해야 할 일은 식물을 돌보는 것이다.

유 provide A with B A에게 B를 제공하다
supply A with B A에게 B를 제공하다
present A with B A에게 B를 제공하다
참고 어순이 다른 수여동사 give A B와 구별해서 알아둔다.

143 **feel like a wet rag** (매우) 지치다

I had a busy day. I feel like a wet rag.
오늘은 바쁜 하루였어요. **완전히 녹초가 된 것 같아요.**

유 be tired 지치다
be exhausted 기운이 빠지다
be worn out 지치다
해설 '젖은 행주처럼'의 의미로, 늘어지고 축 처졌다는 의미이다.

144 **figure out** 이해하다

Even the specialists could not figure out what the matter was.
전문가들조차도 그 문제가 무엇인지 **이해할 수** 없었다.

참고 figure - ① 모양 ② 인형 ③ 인물 ④ 수치 ⑤ 계산하다 ⑥ 이해하다

145 fill one's shoes — 대신하다

You'll never be able to fill your mother's shoes.
너는 결코 너의 어머니를 **대신할 수** 없다.

유 substitute for ~을 대신하게 되다
참고 be in Ⓐ's shoes ~의 입장이 되다

146 fill out — 작성하다

Every place he went he had to fill out an application form before they would interview him.
그가 갔던 모든 곳에서 사람들이 그를 면접하기에 전에 지원서를 **작성해야**만 했다.

유 fill in 작성하다, 기입하다

147 fly off the handle — 화내다

She flies off the handle at the least provocation.
그녀는 약간의 자극에도 **화를 낸다**.

유 hit the roof/hit the ceiling 격노하다
blow one's top 화내다

148 follow suit — 남이 하는 대로 하다

When he bowed his head, the other members followed suit.
그가 인사를 했을 때, 다른 멤버들은 똑같이 **따라했다**.

해설 suit는 '짝'이라는 의미로, 똑같이 짝패를 맞추어 나간다는 의미이다.

149 from top to toe — 철저히, 완전히

He was dressed in green from top to toe.
그는 **완전히** 녹색으로 차려 입었다.

유 every inch 완전히
해설 '머리부터 발끝까지 전부'의 의미이다.

150 get[keep] clear of — ~을 피하다, 벗어나다

I want to get clear of this mess before anything else happens.
난 다른일이 더 일어나기 전에 이 복잡한 일에서 **벗어나고 싶다**.

유 avoid ~을 피하다
shun 피하다

PART 2 공무원 기출 이디엄
Day 26

151 get in one's way
~의 방해가 되다, 방해하다

I also believed that naming the obstacles that could get in one's way was a big help.
나는 또한 자신에게 **방해가 될 수** 있는 장애물들을 말해보는 것이 큰 도움이 될 것으로 믿었다.

유 forestall 앞지르다, 방해하다
curb 억제하다, 제한하다, 막다
해설 누군가가 가고 있는 길(way)에 들어가버리는 것이므로 '방해하다'의 의미가 된다.
참고 go out of one's way (비상한) 노력을 하다

152 get on one's nerves
신경을 건드리다, 신경질 나게 하다

Music makes one feel so romantic - at least it always gets on one's nerves.
음악은 낭만적인 느낌을 주고, 또 언제나 **신경에 거슬린다**.

153 get over
~을 극복하다

It took her ages to get over her illness.
그녀는 병에서 **회복하는** 데 오랜 세월이 걸렸다.

유 overcome 이기다, 극복하다
surmount 극복하다, 이겨내다

154 get rid of
~을 제거하다, 삭제하다

His colleagues, meanwhile, were busily scheming to get rid of him.
한편 그의 동료들은 부지런히 그를 **제거할** 책략을 꾸미고 있었다.

유 eliminate 없애다, 제거하다, 폐지, 사라지다, 척결
remove 제거하다, 없애다, 삭제하다, 치우다, 떼다
참고 rid A of B A에게서 B를 제거하다

155 get the better of
~에게 이기다, 능가하다

No one can get the better of her in an argument.
논쟁에서는 그녀를 **이길** 사람이 없다.

유 surpass 능가하다, 넘어서다, 앞서다
exceed 능가하다, 넘어서다, 초과하다
참고 come off the second best 지다

156 get through with — ~을 끝마치다

I'm not sure we can get through all this work on time, with only four people.
우리 4명만으로는 이 일을 시간 내에 **끝낼 수** 있을 것 같지가 않아요.

유 be through with 헤어지다, 뒤끝을 맺다

157 give birth to — 출산하다, ~을 낳다

Officials hope that the eight-year-old pair will give birth to cubs soon.
관계자들은 이 여덟 살짜리 판다 한 쌍이 곧 새끼들을 **낳기**를 바라고 있답니다.

유 be delivered of 낳다
해설 생명을 주는 것이므로 출산한다는 의미가 된다.

158 give in — 굴복하다, 항복하다

He refused to give in to bullying and threats.
그는 협박과 괴롭힘에 **굴복하지** 않았다.

유 yield 굴복하다[to]; 산출하다
submit 복종·굴복하다[to]; 제출하다
capitulate 항복하다
succumb 굴복하다
surrender 항복하다

159 give oneself to — ~에 몰두하다

She decided to give herself over to studying.
그녀는 공부에 **전념하기**로 결심했다

유 devote oneself to ~에 헌신하다
be engaged 몰두한[in]; 약혼한[to]
be absorbed 몰두한[in]; 흡수된
be immersed 열중하여[in]
be engrossed 몰두한[in]
해설 '스스로를 어딘가에 던지다, 바치다, 헌신하다'라는 의미이므로 몰두한다는 뜻이 된다.

| 160 | **give rise to** | ~을 일으키다, 초래하다 |

This event may give rise to serious trouble.
이번 사건이 심각한 문제를 **야기할지도** 모른다

유 generate 낳다; 일으키다
effect 초래하다; 결과, 효과
cause 초래하다
lead to 초래하다
bring about 초래하다

| 161 | **give the cold shoulder** | ~에게 쌀쌀하게 대하다 |

After that incident my boss seems to give me the cold shoulder.
그 사건 이후로 상사가 나를 **차갑게 대하는 것** 같다.

 손님을 접대할 때 가장 살이 없는 부위인 어깨고기를 준다는 의미로 냉대했다는 의미가 된다.

| 162 | **give up** | ~을 포기하다 |

He counselled them to give up the plan.
그는 그들에게 그 계획을 **포기하라**는 조언을 했다.

유 abandon 포기·단념하다
desert 저버리다
relinquish 그만두다, 포기하다
renounce 포기·단념하다
desist 그만두다, 단념하다
forgo 포기하다, 삼가다
 give up -ing(~하는 것을 포기하다) 표현이 자주 출제됨.
참고 abstain from, retrain from ~를 삼가다

| 163 | **go through** | 겪다, 경험하다, 지나가다 |

Most teenagers go through a period of rebelling.
대부분의 십대들이 반항기를 **거친다**.

유 undergo 겪다, 진행하다, ~을 견디다
experience 경험하다

gather pace   속도를 내다, 가속화 하다

As computer innovation gathers pace, so does the danger of storing your data in a form that will not later be able to be retrieved.
컴퓨터 혁명이 **가속화**됨에 따라 나중에 복구되지 못할 형태로 당신의 데이터를 저장할 위험도 마찬가지다.

gear up   준비하다

Despite a string of primary losses, Jesse Jackson is gearing up for a last stand in California.
예비선거에서의 연속적인 패배에도 불구하고, 제시 잭슨은 캘리포니아에서 있을 마지막 방어전을 위해 **준비를 하고 있다**.

해설 gear은 '군장'이라는 의미를 갖는데, 군장을 착용한다는 것은 전투 태세를 갖춘다는 말이 된다.

get[go] somewhere   성공하다

Don't you want to get somewhere in life?
당신은 인생에서 **성공을 원하지** 않나요?

유 get very far 성공하다, 잘 나가다

get ants in one's pants   안절부절 못하다, 초조해 하다

The child got ants in his pants while waiting for dinner to be served.
그 아이는 저녁식사가 접대되기를 기다리는 동안 **안절부절 했다**.

해설 개미가 바지 안으로 들어간 듯 어쩔 줄 몰라하는 상황에서 나온 말이다.

get away with   처벌받지 않다, 도망치다

At times, sneaky fish can get away with the bait and do not get caught by the hooks.
때때로 재빠른 물고기들은 먹이를 먹고 잡히지 않은 채로 **도망가기도** 합니다.

169 give way to
~에 굴복하다, 항복하다

Don't give way to despair though things went against you.
당신에게 불리한 상황이 닥쳐도 절망에 **굴복하지** 마라.

170 get the axe
해고당하다

I got the axe from my job the end of February.
나는 2월 말에 **해고됐다**.

유 get the pink slip 해고당하다
be fired 해고당하다
해설 '도끼로 잘리다'라는 뜻이므로 '직장에서 잘리다'라는 의미가 된다.
참고 '해고하다' 동사: fire, dismiss, discharge, let ⓐ go

171 get the hang of
요령을 터득하다, 파악하다

Once you have got the hang of it, you'll be alright.
일단 네가 그것에 대한 **요령을 터득하면** 괜찮을 것이다.

유 get accustomed with ~에 익숙해지다
know the rope (of) 요령을 파악하다

172 get into hot water
곤경에 처하다

When Fred was caught cheating on his exam, he got into hot water.
프레드가 시험에서 부정행위에 걸렸을 때 그는 **곤경에 처했다**.

유 be in a muddle 혼란 상태에 있다
be in a jam 곤경에 처하다
해설 hot water 앞에는 a를 붙이지 않는다.

173 get down to
착수하다, 대처하다

But now negotiations really have to get down to specifics.
하지만 이제 협상들은 정말 세부사항에 **착수해야 한다**.

174 get even with — 보복하다

I'll get even with Jimmy for cheating me.
나는 나를 속인 것에 대하여 지미에게 **보복할 것**이다.

유 revenge 보복하다
retaliate 보복하다, 복수하다

해설 even에 '동점'의 뜻이 있으므로 '~와 동점을 이루다'의 뜻으로부터 '보복하다'의 뜻이 파생되었다.

175 get tight — 술 취하다

He is one of those persons who can get tight on two or three glasses of beer.
그는 두, 세잔의 맥주에도 **술 취할 수** 있는 그러한 사람들 중의 하나다.

176 give a hand — 돕다

By giving a hand, the project calls on poor countries to improve their own governance, uphold the rule of law and spend more of their own money to overcome poverty.
이들의 **도움을 줌으로써**, 가난한 나라들은 자신의 지배통치체제를 향상시키고, 법에 의한 통치를 유지하며, 가난 극복을 위해 자신들의 돈을 더 많이 사용하게 될 것이다.

해설 우리말에도 '일손을 돕다'라는 말이 있듯이, 노동력을 제공한다는 의미이다.

177 give a wide berth to — 피하다, 멀리하다

Give a wide berth to last season's most fashionable items.
지난 시즌에 가장 유행했던 아이템들을 **멀리 해라**.

유 shun 피하다
avoid 피하다, 막다

178 give off — (냄새 등을) 내다, 방출하다

The automobile's exhaust system gave off foul-smelling fumes.
자동차 배기장치는 불쾌한 냄새나는 연기를 **내보냈다**.

유 emit 내다, 내뿜다
give forth 내뿜다, 방출하다

179 give vent to — 발산하다, 표출하다

She rushed out of the room to give vent to her feelings.
그녀는 감정을 **발산시키기** 위해 방에서 뛰쳐나갔다.

해설 vent는 '틈'이라는 의미를 갖는다. 그러므로 틈 사이로 방출한다는 뜻이 된다.

180 go back on — 약속을 어기다

You should never go back on your promise to a child.
당신은 어린아이에게 한 **약속을 어기지** 말아야 한다.

유 break one's promise 약속을 어기다
eat one's words 약속을 어기다
반 keep one's words 약속을 지키다

181 go home — 정곡을 찌르다, 절실히 느끼다

John was a skillful debater, and his calculated sarcasm went home.
존은 토론에 능숙한 사람이었고, 그의 계산된 풍자는 **정곡을 찔렀다**.

해설 home에는 '집, 가정'이라는 의미뿐 아니라 '정수리(핵심)'라는 의미 또한 존재한다.
참고 hammer home 강조하다, 암기시키다

182 go in for — 참가하다, 좋아하다

That was a form of amusement that was never gone in for by the working class.
그것은 노동자 계층이 **참여하지** 못한 한 형태의 오락이었다.

유 participate 참가하다
take part in 참가하다

183 go off the deep end — 갑자기 화내다, 욱하다

When a person goes off the deep end, he acts rashly.
사람이 **갑자기 화를 내면**, 무모하게 행동한다.

해설 점점 깊어지는 수영장의 가장 깊은 곳으로 뛰어내리는 것에서 파생되어, 원래는 '무모한 행동을 갑자기 하다'의 의미를 가진다.

184 go out of business — 파산하다

Before the time of our coming to the city, they had gone out of business.
우리가 이 도시에 오기 전에 그들은 이미 **망했다**.

 go bankrupt 파산하다
go into bankruptcy 파산하다
go broke 파산하다

해설 '사업(업계)의 바깥으로 나오다=파산하다'라는 의미가 된다.

185 go out of one's way — 비상한 노력을 하다

The shop assistant went out of his way to find what he needed.
가게 점원은 그가 필요한 것을 찾기 위해 **비상한 노력을 했다**.

186 go over — 검토하다, 정히 조사하다, 반복하다

The sales representatives were asked to go over the figure in their reports before the conference.
판매 대표자들은 회의 전에 그들의 보고서의 수치를 **검토하도록** 요구를 받았다.

 look into 조사하다, 주의 깊게 살피다
investigate 조사하다

187 Gordian knot — 해결하기 어려운 문제

Engagement is only way to cut Gordian knot.
난제를 해결하는 유일한 방법은 포용이다.

해설 매듭을 만들고 놀기를 좋아하던 고르디우스가 죽기 전 아무도 풀지 못할 거라 말하며 묶었던 매듭을 일컫는 말이다.

188 hand in — 제출하다

Time's up. Stop writing and hand in your papers.
시간 다 됐어요. 쓰기를 멈추고 시험지를 **제출하세요**.

 submit 제출하다, 제시하다
turn in 제출하다

189 have a hard time (in) -ing
수고스럽게 ~하다, 어려움을 겪다

If there's no common ground, they may have a hard time creating or keeping a relationship.
공통점이 없다면 관계를 만들거나 유지하는 데 **어려움을 겪게 될 것이다**.

유 have trouble (in) ~ing ~하는 데 어려움을 겪다
have difficulty (in) ~ing ~하는 데 어려움을 겪다
take the trouble to + V ~하는 데 어려움을 겪다
bother to Ⓡ ~하는 데 어려움을 겪다

해설 have a hard time (in) 뒤에 -ing가 온다는 것을 꼭 기억하자.

190 have[get] the upper hand
우세하다, 이기다

Until that happens, animals will have the upper hand in garnering government and media attention.
그 일이 일어나기까지는 동물들이 정부와 언론의 관심을 얻는데 **우위를 점할 것이다**.

유 superior 우수한, 우세한

해설 야구 경기에서 배트를 잡는데, 맨 위를 잡는 사람이 이긴다는 데에서 나온 말이다.

191 have to do with
~와 관계가 있다

What does this have to do with whether we're going to be able to sell our line of waterproof cosmetics?
이 수치가 우리가 방수 화장품을 판매할 수 있는지의 여부**와 무슨 관계가 있습니까**?

참고 have와 to 사이에 something, nothing, much 등을 넣어 다양한 의미로 쓸 수 있다.

192 hit on
우연히 생각나다(만나다), 떠오르다

While he was driving, he hit on a new idea.
그가 운전을 하는 동안 새로운 아이디어가 **떠올랐다**.

해설 hit on의 경우 'Ⓐ hit on 아이디어' 형태로 쓰이지만, 같은 의미의 occur to의 경우에는 '아이디어 occur to Ⓐ'의 형태로 쓰인다.

193 hold good
유효하다

Does your offer still hold good?
당신의 제안은 아직 **유효한가요**?

유 valid 유효한, 타당한
subsist 유효하다, 존속되다
hold true 유효하다, 들어맞다

194 hammer home — 주입하다, 강조하다

The advertising campaign will try to hammer home the message that excessive smoking is a health risk.
그 광고 회사 캠페인은 지나친 흡연은 건강에 위험하다라는 메시지를 **주입하려고** 애쓸 것이다.

유 implant 심다, 주입하다
emphasize 강조하다
stress 강조하다

195 hang on — 매달리다, 전화를 끊지 않고 기다리다

I must have hung on for ten minutes before the telephone operator put me through.
나는 교환원이 나를 연결시켜주기 전에 10분 동안 **기다리고 있었음**이 틀림없다.

해설 전치사 on은 '계속'의 뜻을 가진다.

196 hard and fast — 엄격한, 명확한

There are no hard and fast rules for making decisions.
결정을 내리는 데 있어서 **엄격한** 규칙은 없다.

해설 태풍이 불 때, 배들끼리 떨어지지 않도록 빈틈없이 하나로 이어붙여 놓은 데에서 유래된 말이다.

197 have a say[voice] — 발언권을 가지다

To have a voice in something means to have a say in.
어떤 것에 발언권이 있다는 것은 **발언권이 있다**는 것을 의미한다.

유 get the floor 발언권을 얻다

198 jump on the bandwagon — 우세한 편에 붙다, 시류에 편승하다

He didn't jump on the bandwagon and remained firm in his conviction.
그는 **시류에 편승하지** 않고 자신의 소신을 지켰다.

199 have a soft spot for ~를 좋아하다, ~에게 약점 잡히다

He **has a soft spot for** the Romantic composers, expecially Such-man.
그는 낭만주의 작곡가들, 특히 슈만을 **좋아한다**.

200 have an ax to grind 딴 속셈이 있다

Does the fellow **have an ax to grind**?
그 사람이 **딴 속셈을** 가지고 있는가?

해설 품에 도끼를 안고 있다는 뜻으로 언제든지 배신할 가능성이 있다는 것을 의미한다.

PART 2 공무원 기출 이디엄

Day 27

201 have one's heart in one's mouth
몹시 놀라다, 혼비백산하다

When the police chief sent for me, I had my heart in my mouth.
서장이 나를 부르러 보냈을 때 나는 **가슴이 덜컹했다**.

해설 심장이 너무 떨려서 그 떨림이 입에서도 느껴질 정도라는 말이 된다.

202 have words with
논쟁하다, 말다툼하다

I had words with my boss because we had different opinions about the work.
상사와 나는 일에 대한 다른 견해를 가지고 있어서 서로 **논쟁했다**.

유 debate 논쟁하다
argue 논쟁하다

203 head off
가로막다, 저지하다

To head off trouble, Carter invited Senator Jennie to a White House breakfast.
말썽을 **가로막기** 위해 카터는 제니 상원의원을 백악관 조찬에 초대했다.

유 block 가로막다, 저지하다
obstruct 가로막다, 방해하다
forestall 앞질러 방해하다

204 hit it off
잘 타협하다, 사이좋게 지내다

Obviously, I haven't exactly hit it off with this judge.
분명히 말하는데, 난 이 배심원이랑은 그렇게 **잘 타협**하지는 않았어.

유 get along well (with) 사이좋게 지내다

205 hit the ceiling[roof]
화내다

My employer hit the ceiling when I was late for work the second time in a week.
나의 사장은 내가 한 주에 두 번씩이나 직장에 늦었을 때 **화를 냈다**.

유 blow one's top 화내다, 불끈하다
fly off the handle 버럭 화를 내다

206 hit the nail on the head
정곡을 찌르다, 정확히 맞는 말을 하다

I believe he has hit the nail on the head.
나는 그가 **적절한 말을 했다**고 믿는다.

유 hit the spot 정곡을 찌르다

207 hold water
이치에 맞다, 타당하다

In most cases the notion that a new car will free its owner of auto headache will not hold water.
대부분의 경우 새 차가 그 소유자에게서 자동차로 인한 두통을 없애줄 수 있다는 생각은 **이치에 맞지 않을** 것이다.

해설 물이 샐 틈이 없다는 말, 즉 논리적으로 타당하고 틀린 점이 없다는 것을 의미한다.

208 hot air
허풍

The man is just full of hot air and self regard.
그 남자는 그저 **허풍**과 자만심에 가득 차 있다.

해설 열기구에 뜨거운 열을 넣으면 윗부분이 빵빵해지는 것으로부터 유래된 표현으로, '허풍, 과장'의 뜻이다.

209 how come
왜, 어째서

If she spent five years in Paris, how come her French is so bad?
그녀가 파리에서 5년을 지냈다면 **어째서** 그녀의 프랑스어가 그렇게 형편없지?

유 why 왜

해설 · 생활영어에서 자주 출제된다.
· 의문문 형태이지만, 뒤에 주어나 동사를 평서문 형태로 쓴다는 특징이 있다.

210 ill at ease
불편한, 불안한

I felt ill at ease in such formal clothes.
나는 그렇게 정장을 입고 있으니 **불편했다**.

유 uneasy 불안한, 불편한, 쉽지 않은, 불쾌한
disturbed 불안한, 산란한, 마음이 동요하고 있는
apprehensive 걱정되는, 불안한, 신경 쓰이는

211 in a nutshell
아주 간결하게, 단 한마디로

In a nutshell, you are asking the wrong person the question.
간단히 말해서, 너는 엉뚱한 사람에게 그 질문을 하고 있는 것이다.

유 in brief 간단히 말해서
simply put 간단히 말해서

212 in advance
미리, 사전에

You have to fix visits up in advance with the museum.
박물관측과 견학을 **미리** 주선해야 해요.

유 beforehand 사전에, 미리

213 in behalf of
~을 위하여, ~를 대신하여

We collected money in behalf of the homeless.
우리는 노숙자들을 **위해** 모금을 했다.

참고 on behalf of ~를 대표하여, 대신하여
in place of ~을 대신해서, 대신에

214 in detail
상세하게

The changes are explained in detail overleaf.
변경 사항은 뒷면에 **상세히** 설명되어 있다.

유 minutely 상세히, 미세하게

215 in line with
~와 비슷한, ~와 일치하여

Wage increases must be in line with inflation.
임금 인상은 물가 상승율과 **조화를 이루어야 한다**.

216 in itself
그 자체로는

In itself, it's not a difficult problem to solve.
그것이 **본질적으로** 해결하기 어려운 문제는 아니다.

참고 by oneself 홀로, 외로이
for oneself 혼자 힘으로
between ourselves 우리끼리 얘긴데

217 in no time
즉시, 당장, 당장에

She'll have them eating out of her hand in no time.
그녀는 **머지않아** 그들을 자기가 시키는 대로 하게 만들 것이다.

유 immediately 즉시, 바로
at once 즉시, 당장에, 바로

218 in vain
헛되이, 효과 없이

She searched in vain for her passport.
그녀는 여권을 찾아봤지만 **허사였다**.

해설 'vein'은 '혈관'이라는 의미의 단어이다. 비교해서 알아두도록 한다.

219 in one piece
상처(흠) 없이, 무사히

I was so glad to see the car back in one piece that I didn't say anything about his being late.
차가 **흠 없이** 돌아온 것을 보고 대단히 기뻐서 나는 그가 늦은 것에 대하여 아무 말도 하지 않았다.

해설 피자 한 판이 한 조각도 빠지지 않고 온전한 한 판으로 왔다는 것과 연결시켜 암기한다.

220 ins and outs
상세한 내용, 속속들이

George knew all the ins and outs of the case.
조지는 그 사건의 모든 **상세한 내용**을 알았다.

221 in the air
미정의

My summer travel plans are in the air.
나의 여름휴가계획은 **미정이다**.

유 undecided 미정인, 미결정의
해설 공기에 떠 있는 부동층을 가리키는 말이다. 즉, 어디에 소속되지 않은 것을 지칭한다.

222 in this wise
이렇게, 이와 같이

I can't finally condemn those who journey in this wise.
나는 결국 **이런 식으로** 여행하는 사람을 비난 할 수 없다.

해설 wise에는 '현명한'이라는 뜻 외에도 '순서, 방향'이라는 의미가 있다.

223 in apple-pie order — 정돈된

He had left everything in apple-pie order.
그는 모든 것을 **정돈된** 상태로 두었다.

[해설] 사과파이가 나열되어 있듯 가지런한 것을 가리킨다.

224 in token of — ~에 대한 표시로

Mary gave him a lighter in token of friendship.
Mary는 그에게 우정의 **표시로** 라이터를 주었다.

[해설] token은 명사로 '표시'의 의미를 가진다.

225 in the nick of time — 시간에 맞추어, 빠듯하게

I was able to pull the plane up in the nick of time.
나는 **가까스로** 비행기를 끌어올릴 수 있었다.

[유] punctually 시간대로, 엄수해서

226 in vogue — 유행하는

The style is one of the kinds most in vogue.
그 스타일이 가장 **유행하는** 종류들 중 하나이다.

[유] in fashion 유행하는

227 in hindsight — 지나고 나서는

What looks obvious in hindsight was not at all obvious at the time.
지나고 나서 생각해 보면 분명해 보이는 것이 그 당시에는 전혀 분명하지 않았다.

[해설] hind는 명사로 '뒤'의 뜻을 가진다.

228 jack up — 들어 올리다, 강하게 하다

To change a tire you must jack up the car.
타이어를 바꾸기 위해서 너는 자동차를 **들어 올려야 한다**.

| 229 | **jot down** | 적다 |

Some students find it effective to keep vocabulary notebooks where they **jot down** new words, definitions, and sample sentences they have read.
일부 학생들은 단어장을 만들어서 새로운 단어, 정의와 그들이 읽은 예문들을 **적어두는 것**이 효율적임을 알게 된다.

유 write down 적다

| 230 | **keep abreast of (with)** | ~와 보조를 맞추다, 소식을 계속 접하다 |

You won't survive in business unless you **keep abreast of** trends.
트렌드를 **따라가지** 못하면 업계에서 살아남을 수 없다

| 231 | **keep one's fingers crossed** | 행운을 빌다 |

I'll just **keep my fingers crossed** and expect juicy details later.
저는 그냥 **행운을 빌고** 후에 흥미로운 정보를 기대할 것입니다.

유 wish somebody luck 행운을 빌다

| 232 | **keen on** | 열중하여, 아주 좋아하는 |

John is very **keen on** tennis.
존은 테니스에 **매우 열중해있다**.

| 233 | **keep at arm's length** | 멀리하다 |

I think it's wise to **keep** people **at arm's length**.
사람들과 **적당한 거리를 유지하는 게** 현명하다고 생각한다.

해설 팔을 뻗어 멀리 가라는 듯 막는 모양을 떠올려보면 이해하기 쉽다.

| 234 | **keep in touch with** | 연락하다 |

He promised to **keep in touch with** us while he was abroad.
그는 외국에 있는 동안 우리와 **연락하기로** 약속했다.

해설 생활영어에 자주 출제되는 숙어이다. 반드시 암기하자.

| 235 | **keep one's chin up** | 용기를 잃지 않다, 기운 내다 |

Diana has had so many job refusals but she is beginning to **keep her chin up** again.
다이아나는 대단히 많이 구직을 거절당했다. 그러나 그녀는 **용기를 잃지 않고 있다**.

236 kick into high gear
시작하다

After months of preparation and heightened publicity, the World Cup kicked into high gear with the opening ceremonies.
몇 달간의 준비와 많은 홍보 뒤에, 월드컵은 월드컵 개막식 행사와 더불어 **시작되었다**.

 기어를 갑자기 밟아(kick) 차를 출발시키는 모습을 상상하면 이해하기 쉽다.

237 keep one's feet on the ground
현실적이다, 들떠있지 않다

Benjamin is not a dreamer since he always keeps his feet on the ground.
벤자민은 언제나 **현실적이기** 때문에 몽상가는 아니다.

238 lay aside
(혹은 by, up) 저축하다

We lay aside as much money as we can.
우리는 최대한 돈을 **저축한다**.

 store up 저축하다
save 저축하다

 쌓아 올린다는 의미, 즉 저축한다는 의미가 된다.

239 leave nothing to be desired
흠잡을 데가 없다

Aristotle stated that happiness was also the highest good leaving nothing more to be desired.
아리스토텔레스는 행복은 전혀 **흠잡을 데 없는** 가장 좋은 것이다라고 말했었다.

 be perfect 더할 나위 없이 좋다

240 let alone
~은 고사하고, ~은 말할 것도 없이

There isn't enough room for us, let alone any guests.
손님은 말할 **것도 없고** 우리 쓸 공간도 충분치가 않다.

 not to mention, needless to say ~은 말할 것도 없이

241 let go (of) — 해방하다, 놓아주다

Now that she had him in her clutches, she wasn't going to let go.
이제 그녀가 그를 자기 손아귀에 넣었으니, 그를 **놓아주지** 않을 것이었다.

㊒ set free 해방하다
release 해방하다, 놓아주다

242 look after — ~을 돌보다, 보살피다

Who's going to look after the children while you're away?
당신이 없을 때 아이들은 누가 **돌볼 것**인가요?

㊒ take care of 돌보다, 보살피다, 신경쓰다
care for ~를 돌보다, 좋아하다

243 look back on — ~을 회상하다, ~를 뒤돌아보다

Those days when you look back on them, you just can't believe that you actually did that.
그때를 **돌이켜보면** 자신이 정말로 그랬다는 게 믿기지 않는다.

㊒ recall 상기하다, 기억하다, 리콜, 소환하다, 회수하다
recollect 회상하다, 생각나다, 기억나다

244 look down on — ~를 멸시하다, 무시하다

You'll be sorry if you look down on him just because he's young.
그가 어리다고 **얕보다**가는 큰코다칠 것이다

㊒ make light of 경시하다, 얕보다
despise 경멸하다, 멸시하다
ignore 무시하다, 모르는 체하다
neglect 태만히 하다; 무시·경시하다
disregard 무시·경시하다

245 look for — ~을 찾다, 원하다

In your situation, I would look for another job.
내가 당신 처지 같으면 다른 직장을 **알아보겠다**.

㊒ seek 추구하다, 찾다, 모색하다
be after ~을 추구하다, ~을 찾다

246 look in on — ~을 방문하다, 잠깐 들르다

I'm going to look in on Mom in the hospital.
나는 병원에 계시는 엄마한테 **들를 거야**.

유 call around 잠깐 들르다
come by 잠깐 들르다
visit 방문하다
drop(stop) by 잠깐 들르다
drop in on/at ~에 들르다

247 look into — ~을 조사하다, ~을 들여다보다

The college principal promised to look into the matter.
대학 학장이 그 문제를 **조사해 보겠다고** 약속했다.

유 investigate 조사하다
inspect 점검·검사하다
scrutinize 세밀히 조사하다

248 make headway — 진척되다, 전진하다

After some period of weeks, I did eventually manage to make headway.
몇 주가 흐른 후 나는 궁극적으로 **진척을 이룰** 수 있었다.

249 look over — ~을 조사하다, 감시하다, ~을 눈감아 주다

Give us a few days to look over your proposal, and we'll be back in contact with you.
귀사의 제안을 **검토할 수** 있도록 며칠 시간을 주시면 저희가 다시 연락을 드리겠습니다.

250 look up to — ~를 존경하다, 우러러보다

A teacher is a person who is responsible for students—a role model for students to look up to.
교사는 학생들에게 책임이 있는 사람으로, 학생들이 **존경할** 역할 모델이다.

유 admire 감탄·찬탄하다
homage 경의, 존경(respect, honor), 경의를 표하다
revere 숭배·존경하다
venerate 존경·숭배하다
respect 존경하다

참고 · '~을 무시하다'는 look down on을, '~을 존경하다'는 look up to를 쓴다.
· look up은 '~을 찾아보다'의 뜻이다.

PART 2 공무원 기출 이디엄

Day 28

251 lose one's nerve
용기를 잃다, 기가 죽다, 겁먹다

Peter Mandelson has urged Gordon Brown not to "lose his nerve".
Peter Mandelson은 Gordon Brown에게 **용기를 잃지** 말라고 촉구했다.

252 lose one's temper
화를 내다, 이성을 잃다

Argument is most effective when done without losing one's temper.
논쟁은 **화내지** 않고 끝낼 때가 가장 효과적이다.

유 blow one's top 화내다, 이성을 잃다.

253 lay bare
폭로하다, 누설하다

In the book he lays bare his social relationship.
책에서 그는 그의 사교계 관련 여부를 **폭로한다**.

유 let on 털어놓다
bring to light (새로운 정보를) 드러내다
divulge (비밀을) 알려주다, 누설하다
해설 'bare'은 '발가벗은'이라는 뜻으로, '까발리다'라는 의미가 된다.

254 lag behind
~보다 뒤떨어지다, 뒤처지다

We should not lag behind other nations in the exploitation of the air.
우리가 항공개발에서 다른 나라에 **뒤떨어져서는** 안 된다.

유 fall behind 뒤처지다

255 let down
실망시키다, 배반하다, 낮추다

You really let me down when you didn't keep our appointment.
네가 우리의 약속을 지키지 않았을 때 너는 나를 정말 **실망시킨다**.

유 disappoint 실망시키다
depress 실망시키다

258 | let on
누설하다, 고자질하다

He knew the truth but he didn't let on.
그는 그 사실을 알았다. 그러나 그는 **누설하지** 않았다.

유 reveal 누설하다, 드러내다
divulge 누설하다
lay bare (비밀 등을) 발가벗기다

256 | live up to
분수에 맞게 살아가다, ~에 맞춰 살다

Harry was a capable lawyer, but it was difficult for him to live up to the reputation established by his more brilliant father.
해리는 능력 있는 변호사였지만 그보다 더욱 뛰어난 아버지에 의해서 확립된 명성에 **맞게 살아가는 것**이 매우 힘들었다.

257 | lose face
체면을 잃다

Neither nation in the dispute wished to lose face
분쟁에서 어떠한 국가도 **체면을 잃고** 싶어 하질 않았다.

유 be humiliated 창피를 당하다

■ save face   체면을 유지하다

259 | make a splash
깜짝 놀라게 하다, 평판이 자자해지다

Lastly, you don't have to do anything fancy to make a splash.
마지막으로, (세상을) **깜짝 놀라게 하기** 위해 꼭 멋있는 일을 해야만 하는 것은 아니다.

260 | make over
고치다, 바꾸다, 양도하다

She wants to make over the entire house.
그 여자는 집 전체를 **다시 꾸미고** 싶어 한다.

261 | make a fool of
~를 조롱하다, 웃음거리로 만들다, ~를 놀리다

I shall not let them make a fool of me again.
그들이 나를 다시는 **우롱하지** 못하게 하겠다

유 make fun of 놀리다, 비웃다, 조롱하다
tease 놀리다, 괴롭히다
ridicule 조롱하다
banter 놀리다, 조롱하다
chaff 놀리다

262 **make an excuse** 변명을 하다, 발뺌하다

He seemed to make an excuse as to why the money had disappeared.
그는 왜 돈이 없어졌는지 **변명하려고 하는 것** 같다.

263 **make a fortune** 돈을 모으다

His main goal in life is to make a fortune.
그의 인생의 주된 목표는 **재물을 모으는 것이다**.

해설 fortune은 명사로 '행운, 재산'의 뜻을 가진다.

264 **make a point of -ing** ~을 습관으로 하다

Many make a point of getting to the beach to get a tan.
많은 이들은 피부를 태우기 위해 **습관적으로** 해변에 가곤 **한다**.

유 make it a rule to ⓡ ~을 습관으로 하다

265 **make allowances for** ~을 참작하다, 용서하다, 관대히 봐주다

You must make allowances for his youth.
그 사람이 나이가 어리다는 점을 **참작해야 한다**.

266 **make believe** ~인 체하다

Make believe you don't know me, too.
너도 나 모르는 **척해**.

유 pretend ~처럼 보이게 하다

267 **make both ends meet** 수입과 지출을 맞추다, 수지 타산을 맞추다

What's worrisome is that the country finds it difficult to make both ends meet in a short period because of growing economic uncertainties.
여기서 걱정되는 것은, 그 나라가 경제 성장의 불확실성 때문에 단기간 안에 **수입과 지출의 균형을 맞추는** 것이 어렵다고 판단하고 있다는 점이다.

Day 28 263

268 make for
~으로 향해 가다, 기여하다

We decided to uproot and make for Scotland.
우리는 오랫동안 살던 곳을 떠나 스코틀랜드로 **향하기로** 했다.

269 make fun of
~을 조롱하다

He thinks it's clever to make fun of people.
그는 사람들을 **놀리는 게** 재주라고 생각한다.

유 ridicule 조롱하다
banter 놀리다, 조롱하다
make a fool of ~을 놀리다

270 make head or tail of
~을 이해하다, 알다

Everything he said was so disjointed I couldn't make head or tail of it.
그는 너무 횡설수설해서 도무지 무슨 말을 하는지 **이해하지** 못하겠다.

유 comprehend 이해하다; 포함하다
construe 해석하다, 파악하다
savvy 이해하다; 기지·재치(의)

해설 '머리인지 꼬리인지 잘 이해하고 있다'라는 의미이다.

271 make much of
~을 중요시하다

We make much of health.
우리는 건강을 **중요시 여긴다**.

유 make much account of ~을 중요시하다

272 make one's living
생활비를 벌다, 생계를 꾸리다

I make my living teaching yoga.
나는 요가를 가르치면서 **생활비를 번다**.

유 bring home the bacon 생활비를 벌다

273 make out — ~을 이해하다, 판독하다

I can't **make out** what she wants.
나는 그녀가 뭘 원하는지 **이해할 수가** 없다.

유 make head or tail of ~을 이해하다, 알다
comprehend 이해하다; 포함하다
apprehend 체포; 이해; 걱정
grasp 움켜잡다; 이해하다
construe 해석하다, 파악하다

274 make the best of — ~을 최대한으로 이용하다, 최선을 다하다

The nub of his argument was that we were licked and had better **make the best of** it.
우리는 졌으니까 그것을 **최대한 이용하는** 것이 좋다는 것이 그의 논의의 요점이었다.

275 make up for — ~을 보충하다, 보상하다

She tried to **make up for** her shabby treatment of him.
그녀는 그를 부당하게 대한 것을 **보상해 주려고** 했다.

유 compensate for ~을 보상하다, 보충하다
참고 make up to 아첨하다(=flatter)
make up with 화해하다

276 make use of — ~을 이용하다

Make use of the toys in structured group activities.
조직적인 그룹 활동에서 그 장난감들을 **활용하라**.

유 avail oneself of ~을 이용하다, 적절히 사용하다
exploit ~을 이용하다

277 more often than not — 흔히, 자주

More often than not, we take the bus to work.
우리는 **대개** 버스로 출근한다

278 make a case for — 옹호를 하다

Her husband **made a case for** staying at home on weekends.
그녀의 남편은 주말에 집에 머무는 것을 **옹호했다**.

279 make a scene
소란을 피우다, 야단법석 떨다

My son makes a scene by crying and asking me to buy him a toy.
아들 녀석이 장난감을 사 달라고 **울고불고 난리다**.

해설 '볼 만한 광경을 만들어내다'로부터 파생된 의미이다.

280 make do with
임시변통하다

The campers have to make do with the old equipment.
야영자들은 오래된 장비로 **임시변통해야**만 했다.

281 make it
성공하다, 시간을 대다

When you have succeeded in doing or getting something that you wanted, you say. "I've made it."
당신이 원하던 무엇인가를 하거나 얻는데 성공했을 때, 당신은 **성공했다**고 이야기한다.

282 make sense
이치에 맞다

All this information doesn't make sense.
모든 이 정보는 **이치에 맞지** 않는다.

283 make up
구성하다, 화해하다, 꾸며내다

Genes make up the DNA of all living beings, including people.
유전자들은 사람들을 포함하여, 모든 생물들의 DNA를 **구성한다**.

284 make up with
화해하다

They had a terrible quarrel, but later made up with each other.
그들은 심하게 싸웠다, 그러나 나중에 서로 **화해했다**.

유 reconcile 화해하다, 조화시키다

285 meet 목 halfway
~와 타협하다

Hatton has said this week that he would meet Floyd halfway.
해튼은 이번 주에 플로이드와 **타협할** 것이라고 말했다

유 compromise 타협하다

286 mess up
엉망으로 만들다, 일을 망쳐놓다

Helmets are bulky, and they mess up your hair.
헬멧은 부피가 크고, 그것들은 너의 머리를 **망친다**.

287 move heaven and earth to
최선을 다하다

We must move heaven and earth to remove the impediments that keep us from maximizing our defense against terrorism.
우리는 테러 방어의 극대화를 막는 방해물을 제거하는 데 **최선을 다해야 합니다**.

[해설] move는 '마음을 움직이다'는 뜻으로 하늘과 땅을 다 감동시킨다는 의미이다.

288 mull over
곰곰이 생각하다

The inventor had to mull over his idea for several days.
그 발명가는 며칠 동안 그의 아이디어를 **곰곰이 생각해야**만 했다.

[유] ponder over 심사숙고하다
contemplate 고려하다, 심사숙고하다
pore over ~을 자세히 보다
consider 숙고하다, 고려하다

289 no better than
~과 다름없는

He is no better than a ferocious beast.
그는 사나운 짐승**이나 다름없다**.

[참고] no less than/as much as ~만큼
not more than/at most 많아봐야
not less than/at least 적어도
[해설] '~보다 더 나을 것이 없다'는 의미이다.

290 not a few
적지 않은, 꽤 많은 수

Not a few of the members were absent.
꽤 많은 수의 회원이 결석했다.

[해설] not a few=many, a number of
[참고] few 거의 없는
a few 약간 있는

291 not always
반드시 ~은 아니다, 항상 ~인 것은 아니다(부분부정)

Confrontation is not always the best tactic.
대결이 **항상** 가장 좋은 전략**은 아니다**.

참고 never 절대 ~ 아니다

292 not to mention
~은 말할 것도 없이

He has two big houses in this country, not to mention his villa in France.
그는 이 나라에 대저택이 두 채 있어. 프랑스에 빌라가 있는 것은 **말할 것도 없고**.

유 not to speak of ~은 말할 것도 없이
let alone ~은 고사하고
needless to say ~은 말할 필요도 없이

293 a narrow squeak
구사일생, 위기일발

He came back to me like a man who has had a very narrow squeak.
그는 **구사일생**한 사람처럼 나에게 돌아왔다.

유 close escape(shave, call) 구사일생, 위기일발

294 next to nothing
거의 공짜로

He bought this house for next to nothing last year.
그는 작년에 이 집을 **거의 공짜**로 샀다.

295 nuts and bolts
요점, 핵심

The speaker explained the nuts and bolts of his plan to establish a new telephone system for the country.
그 연사는 그 나라에 새로운 전화 시스템을 설립하기 위한 그의 계획의 **요점**을 설명했다.

해설 물건을 만들려면 무조건 있어야 하는 나사와 못을 가리키는 말이다.

296 of importance
중요한

The man was of importance in the town.
그 남자는 마을에서 **중요한** 인물이었다.

| 297 | **on credit** | 외상으로, 신용 대출로 |

I want to buy this furniture **on credit**.
나는 이 가구를 **외상으로** 사고 싶습니다.

| 298 | **be on good terms with** | ~과 사이가 좋은 |

I am **on good terms with** my neighbor.
나는 이웃**과 좋은 사이**로 지낸다.

해설 여기서 terms는 '관계'를 의미한다. 이때 terms는 항상 복수로 쓴다.

| 299 | **on purpose** | 일부러, 고의적으로 |

He did it **on purpose**, knowing it would annoy her.
그는 그것이 그녀를 짜증나게 할 것임을 알고 **일부러** 그랬다.

| 300 | **on second thoughts** | 재고한 후에 |

I'll wait here. No, **on second thoughts**, I'll come with you.
난 여기서 기다릴게. 아니 **다시 생각해 보니**, 너와 함께 가야겠다.

유 on consideration 깊이 생각한 후에

Day 29

301 on the brink of
~의 직전에, 막 ~하려고 하는 차에

Scientists are on the brink of making a major new discovery.
과학자들이 새로운 중대 발견을 **하기 직전에 있다**.

유 on the edge of (point) 막 ~하려는 참에
about to 막 ~하려는 차에

302 on time
정각에, 제때에

They worked frantically to finish on time.
그들은 **시간에 맞춰** 끝마치기 위해 정신없이 일을 했다.

유 on schedule 정시에

303 out of order
고장 난, 알맞지 않은

The wall outlet is out of order.
그 벽면 콘센트는 **고장이에요**.

304 occur to
~에게 생각이 떠오르다

Only after weeks of vain effort did the right idea occur to me.
내가 헛된 노력을 몇 주일 동안이나 한 이후에야 겨우 적절한 **생각이 떠올랐다**.

유 dawn on ~이 깨닫게 되다
hit upon ~을 생각해 내다
strike upon 생각이 떠오르다
해설 주로 occur to 앞에 아이디어가 나온다.
참고 happen to 우연히 ~하다

305 odds and ends
잡동사니

I did some odds and ends around the house before I turned on the TV.
나는 TV를 켜기 전에 집 주변의 **잡다한** 일을 했다.

306 off the record
공표해서는 안 될, 비공식(공개)의

He emphasized to reporters that his plan has to be **off the record** and should be kept confidential.
그는 자신의 계획은 **비공개이며** 기밀을 지켜야만 한다고 기자들에게 강조했어요.

307 on a roll
잘 나가는, 순조로운

During the dot-com era, America was **on a roll**.
닷컴 시대 동안에 미국은 **잘 나갔다**.

> 참고 on the go 정신없이 바쁜

308 be on (the) edge
초조해하다, 안절부절 하다

I've **been on edge** ever since I got her letter.
나는 그녀의 편지를 받은 이래로 **초조해 했다**.

309 on needles and pins
초초한, 불안한

He felt he was sitting **on needles and pins**.
그 사람은 마치 가시방석에 앉아 있는 **불안한** 기분이었다.

310 on par with
동등한, 대등한

We once led Europe, we are now about **on par with** Albania.
우리가 한때는 유럽의 선두였는데, 이제는 알바니아와 **대등한** 수준이다.

> 해설 par는 골프용어로 '기준'을 의미한다.

311 on the ball
기민하게, 빈틈없이, 능숙하게

The new publicity manager is really **on the ball**.
새 홍보 부장은 일이 돌아가는 사정을 **빈틈없이** 꿰고 있다.

> 해설 여기서의 'ball'은 야구공을 뜻하는데, 야구공에 변속을 걸 수 있는 것에서 '능숙하다'라는 의미가 유래됐다.

312 on the blink
못쓰게 되어, 고장 난

Our refrigerator went **on the blink** and much of our food was spoiled.
우리 냉장고가 **고장 나서** 대부분의 음식이 상했어요.

313 on the house
공짜로, 무료로

The manager knew about the engagement and brought them glasses of champagne on the house.
그 매니저는 약혼에 대해 알고서 그들에게 **무료로** 몇 잔의 샴페인을 가져왔다.

유 free of charge 공짜의
해설 여기서 'on'에는 '책임지다'라는 의미가 있다. 책임을 진다, 집이 책임을 진다, 즉 '식당에서 가격을 책임진다=무료이다'라는 뜻이 된다.

314 on the level
솔직한, 정직한

Do you think that the Tom is on the level?
너는 탐이 **정직**하다고 생각해?

유 honest, forthright 정직한, 솔직한

315 on the line
곤경에 처한, 위태로운

If we don't make a profit, my job is on the line.
우리가 이익을 낳지 못하면, 내 일자리가 **위태롭다**.

유 on the edge of a cliff 벼랑 끝에, 위태로운
해설 우리말의 '외줄타기 인생'이라는 말과 맥락상 통용된다.

316 on the rocks
파산하여, 궁지에 빠져

Was your relationship ever on the rocks?
너희들 사이가 **삐그덕거렸던** 적은 없었어?

317 on the spur of the moment
갑자기

I decided to go to the party on the spur of the moment.
나는 **갑자기** 파티에 가기로 결심했다.

유 at the drop of a hat 갑자기

318 off hand
준비 없이, 즉석에서

I cannot off hand think of any particular example.
나는 **준비 없이** 어떤 특정한 예를 생각할 수가 없다.

319 out of date
구식의, 시대에 뒤떨어진

Unfortunately, the familiar strategies of the recent past are already **out of date**.
안타깝게도, 최근에 사용되었던 친숙한 전략들은 이미 **시대에 뒤떨어진** 것이다.

유 old-fashioned 구식의, 옛날식의
obsolete 구식의
outmoded 구식의

320 out of one's depth
이해가 미치지 못하는, 능력이 미치지 못하는

When it came to a discussion of economics, he was completely **out of his depth**.
경제문제의 토론에 대하여 그는 **완전히 이해하지 못했다**.

유 out of reach 능력이 미치지 못하는

321 out of one's wits
제정신을 잃고

He was scared **out of his wits**.
그는 **정신을 잃을** 정도로 두려워했다.

해설 여기서 wits는 '이성'을 의미한다.

322 out of this world
매우 훌륭한

Your cooking is really **out of this world**.
너의 요리는 정말로 **훌륭하다**.

해설 '이 세상 것이 아니다' 라고 할 정도로 찬사를 받을 만한, 훌륭한 것을 일컫는다.

323 out of the blue
뜻밖에, 갑자기

Sometimes he brings up a funny question **out of the blue**.
때때로 그는 **느닷없이** 재미있는 질문을 제기한다.

유 all of a sudden 갑자기, 뜻밖에
suddenly 갑자기, 뜻밖에
all at once 갑자기, 뜻밖에

324 on the fence
애매한 태도를 취하여, 중립적인

He tends to sit **on the fence** at meetings.
그는 회의 때 **중립적인** 태도를 취하는 경향이 있다.

해설 담장을 넘어갈지 안 넘어갈지 애매한 상황을 일컫는 말이다.
참고 up in the air 미정의

325 pay attention to

~에 주의하다, ~에 유의하다

You should always pay attention to personal grooming.
당신 자신의 개인적인 차림새에 **항상 신경을 써야 한다**.

326 persist in

~을 고집하다

Why do you persist in blaming yourself for what happened?
왜 당신은 일어난 일에 대해 **고집스럽게** 자신을 비난하는 거예요?

유 stick to 고수하다, 고집하다
adhere to 고수하다, 고집하다

327 pore over

~을 자세히 조사하다, 심사숙고하다

Pundits pore over the entrails of past recessions.
전문가들은 지난 경기 침체의 내부를 **면밀히 조사한다**.

유 investigate 조사하다
look into 조사하다
scrutinize 조사하다
mull over 숙고하다
ponder 숙고하다

328 put off

연기하다, 미루다, 벗다

We've had to put off our wedding until September.
우리는 결혼을 9월까지 **미뤄야** 했다.

유 delay 늦추다, 미루다, 연기하다
postpone 연기하다
defer 연기하다, 미루다

참고 call off 취소하다(=cancel)

329 put on airs

잘난 체하다

He really put on airs with his flashy car.
그는 번쩍거리는 차 옆에서 정말 **거만하게 행동한다**.

해설 airs는 '분위기, 태도'를 의미한다.

330 put out

(불을) 끄다

It took two hours to put out the fire.
그 **불을 끄는** 데 두 시간이 걸렸다.

유 extinguish 불을 끄다, (화재를) 진화하다

331 pull the wool over one's eyes
~의 눈을 속이다

We know that you're trying to pull the wool over our eyes.
네가 우리 **속이려는** 거 우리는 다 안다.

332 pass away
죽다

The most popular octopus in the world, Paul, passed away last month.
세계에서 가장 유명한 문어 폴이 지난 달 **세상을 떠났습니다**.

333 penny pinching
절약하는, 긴축 재정의

He convinced Canadians that some painful penny pinching would eventually improve an economy plagued by unemployment and deficit.
그는 캐나다 사람들에게 다소 고통스럽지만 **긴축정책**을 펴는 것이 결국 그 실업과 적자에 고통 받고 있는 경제를 향상 시킬 수 있을 것이라고 확신시켰다.

해설 penny는 '동전'을 의미한다.

334 pick on
괴롭히다

Why do you pick on your little brother?
왜 너는 너의 어린 동생을 **괴롭혀**?

해설 '꼬집듯 괴롭힌다'는 의미가 있다.

335 pick up the tab for
(대신) 지불하다, 계산하다

Who's picking up the tab for the dinner party?
누가 저녁 파티의 돈을 **지불할꺼니**?

유 treat 다루다, 취급하다, 대우하다
해설 여기서의 tab은 계산서를 의미한다.

336 pin down
정의하다

It was difficult to pin down what it was that made him seem different from others.
무엇이 그를 다른 사람들과 다르게 보이게 하는지를 명확히 **정의하기는** 어려웠다.

유 define 정의하다
해설 박제할 때 핀을 꽂아두어, 고정하는 모습에서 유래된 말이다.

337 play it by ear
임기응변으로 대처하다

I usually just play it by ear. It keeps me more honest.
저는 보통 그때그때 **임기응변으로 하거든요**. 그게 더 저를 솔직하게 하죠.

유 impromptu, makeshift 즉흥적으로[즉석에서] 한
해설 '귀로 듣고 대충 따라하다'라는 의미로, impromptu와 makeshift와 일맥상통하는 말이다.

338 play down
경시하다, 축소하다

Management always wanted to play down the situation.
경영진은 항상 상황을 **축소하기**를 원했다.

유 make light of 경시하다

339 play fast and loose
이랬다저랬다 하다

They always play fast and loose.
그들은 항상 **이랬다저랬다 한다**.

해설 여기서 fast는 '틈'이라는 의미로 '어떤 날은 빡빡하게 하고 어떤 날은 느슨하게 하다'라는 의미이다.

340 play havoc with
파괴하다, 혼란케 하다

If we do nothing before that happens, it'll play havoc with the economy.
만약 우리가 사전에 아무 조치도 안한다면 그것은 경제에 **대혼란을 일으킬 것이다**.

341 play second fiddle (to)
보조역할을 하다

Jane had no intention of playing second fiddle to Betty.
제인은 베티 밑에서 일할 **보조역할을 할** 의사가 전혀 없다.

해설 fiddle은 '바이올린', '하수인'이라는 의미이다.

342 play up to
~에게 아부하다

That actor certainly knows how to play up to his host.
그 배우는 확실히 그의 주인**에게 아부하는** 방법을 안다.

유 flatter 아부하다, 아첨하다
make up to 아부하다

343 poke one's nose into one's business
~의 일에 끼어들다

"I can solve these problems: it's none of your business. Don't poke your nose into my business."
"나는 이 문제를 풀 수 있다: 나의 일에 상관하지 마라. 나의 일에 끼어 들지 마라."

해설 poke는 thrust와 같은 말로, '밀어넣다'라는 의미가 있다. 즉 누군가의 일에 마음대로 끼어든다는 의미가 있다.

344 pull a long face
침울한 얼굴을 하다

When I showed my father my report card he made pull a long face.
아버지께서는 성적표를 보시고 우울한 얼굴을 하셨다.

345 pull one's leg
놀리다

He was always pulling my leg when we worked together.
그는 항상 우리가 함께 일할 때 나를 놀린다.

유 ridicule, tease 놀리다
call names 놀리다

346 pull over
(차를) 한쪽에 대다

The police ordered me to pull over for a traffic violation.
경찰은 교통위반으로 차를 길 옆에 세우라고 했다.

해설 마차의 말을 들어올려 멈춰세운다는 의미가 있다.

347 put an end to
~를 종식시키다, 멈추게 하다

A call to the police should put an end to their little caper.
경찰에 전화를 하면 그들의 그 작은 범죄 행위를 끝낼 수 있을 것이다.

348 put away
치우다, 저축하다

You had better put away some of your money for a good buy.
당신은 잘 사기 위해서 일부 너의 돈을 저축하는 것이 더 낫다.

유 set by(aside), lay by(aside), put by(aside) 치우다, 모아두다

349 put down

적다

Here's my statement. Please put it down.
진술 하겠습니다. 그것을 **적어 두십시오**.

유 write down 적다

350 put on the back burner

연기하다, 보류하다

This is simply putting the issue on the back burner.
이것은 단지 그 이슈를 **보류하는 것**이다.

유 put on ice 보류하다, 연기하다
해설 가스 버너에 무언가를 밀어두고 미뤄두는 모습에서 유래되었다.

PART 2 공무원 기출 이디엄

Day 30

---

351 **put one's foot in the mouth[it]** 실수하다

Our chairman has really put his foot in it, poor man, though he doesn't know it
우리 회장님이 곤란한 **실수를 하셨는데**, 참 안 됐어, 자신은 그걸 모른다니까.

해설 발을 실수로 입에 집어넣었다는 큰 실수의 의미이다.

---

352 **put oneself in sb's shoes[place]** 입장을 바꾸어 보다

But why do manners matter? They matter, Truss insists, because they are about imagination; about putting oneself in another person's shoes.
하지만 예의는 왜 중요할까? 그것은 **다른 사람의 입장에 서서** 상상하는 것이기 때문에 중요하다고 Truss는 주장한다.

유 shift one's ground 입장을 바꾸다

해설 '다른 사람의 신발을 신어보다'라는 의미이다. 여기서의 shoes는 단순한 신발을 의미하는 것이 아니라 '입장'을 의미하는 것과 같다.

참고 fill one's shoes ~를 대신하다

---

353 **put through the mill** 시련을 겪다

I was put through the mill by my immediate superiors.
나는 나의 직접적인 상사에 의해서 **시련을 겪었다**.

해설 곡식 빻는 기계인 mill을 돌리는 것이 힘들다는 의미와 관련이 있다.

---

354 **rain cats and dogs** 비가 억수같이 쏟아지다

He wouldn't take an umbrella though it should rain cats and dogs.
그는 비가 **억수같이 쏟아진다**고 해도 우산을 가지고 가려 하지 않았다.

해설 서로 사이가 좋지 않은 고양이와 개가 한 데 섞이며 엉망이 되는 듯한 폭우의 모습을 묘사한 말이다.

---

355 **read between the lines** 숨은 뜻을 읽다

I think you are just failing to read between the lines.
제가 보기에 당신은 **숨은 뜻을 파악하지** 못하셨던 것 같아요.

해설 '행간을 읽는다'는 의미이다.

356 resign oneself to

~에 체념하다

I will never **resign myself to** doing nothing.
나는 결코 아무것도 하지 않겠다고 **체념하지** 않을 것이다.

> 해설 resign에는 '사임하다'의 의미뿐 아니라 '체념시키다'의 의미가 있다.

357 result in

~가 되다

Failure to comply with the regulations will **result in** prosecution.
규정 준수 위반은 기소로 **이어지게 된다**.

358 root out

~을 근절하다, 뿌리 뽑다

The government has pledged itself to **root out** corruption.
정부는 부패를 **뿌리 뽑겠다고** 약속했다.

> 유 stamp out ~을 근절하다
> exterminate 근절하다, 몰살하다
> eradicate 뿌리 뽑다, 근절하다

359 rule out

배제시키다

He refused to **rule out** the possibility of a tax increase.
그는 세금 인상 가능성을 **배제하지** 않으려 했다.

> 유 exclude 배척하다, 제외하다

360 run across

우연히 만나다

I was delighted to **run across** this article and the accompanying comments.
나는 이 기사와 동봉된 논평을 우연히 **접하게 되어 기뻤다**.

> 유 stumble upon 우연히 만나다
> come across 우연히 만나다
> meet by chance 우연히 만나다

361 run into
우연히 만나다, 충돌하다

We had the misfortune to run into a violent storm.
우리는 운 나쁘게도 격렬한 폭풍을 만났다.

362 run over
(차가) 치다, 훑어 보다

I came near being run over.
나는 차에 **치일** 뻔했다.

참고 come near, go near(~할뻔하다)와 함께 쓰일 때 run over은 수동의 형태, 즉 come near being run over로 써야 '치일뻔하다'라는 의미가 된다.

363 raise a hue and cry
소리를 지르다

They raised a hue and cry just outside the gate.
그들은 바로 문 밖에서 **소리를 질렀다**.

364 raise the roof
큰 소리로 떠들다, 떠들썩하다

Right, we'll do that song again, Let's see if we can really raise the roof this time.
우리는 그 노래를 다시 할 것이다. 이번에 **큰 소리를 낼 수** 있는지 봅시다.

해설 지붕을 들 듯 손을 올리고 신나하는 사람들을 상상하면 이해하기 쉽다.

365 round out[off]
마무리 짓다, 완성하다

He needs one or two more stamps to round out his collection of post-war stamps.
그가 전후 우표 수집을 **완성하기 위해** 한두 장의 우표가 더 필요 하다.

해설 나무로 가구 등을 만들고 맨 마지막에 끝을 둥글게 만들어 마무리한다는 의미이다.

366 round the clock
24시간 내내

They are working round the clock to keep the runways clear.
그들은 활주로를 깨끗이 유지하기 위해 **밤낮으로** 일하고 있다.

해설 시계가 한번 다 돌았다는 의미이다.

367 round up
(흩어진 사람, 물건) 모으다, 체포하다

The hoodlums were all rounded up.
깡패들은 모두 **체포되었다**.

368 rub ~ the wrong way
~를 화나게 하다

He just tends to rub people the wrong way at first.
그는 그냥 초반에 사람들을 의도치 않게 **화나게 하는** 경향이 있는 거야.

[해설] 잘못된 방법으로 문지르면 고양이 등 가축이 화를 내는 데에서 유래된 말이다.

369 run down
쇠약해지다

He's been working too hard and he's run down. He needs a rest.
그는 너무 열심히 일해서 **쇠약해졌다**. 그는 휴식이 필요하다.

[해설] 독해 문제에서 자주 출제된다.

370 run-of-the-mill
보통의

Frank is a very good bowler, but Jane is just run-of-the-mill.
프랭크는 매우 좋은 볼러지만, 제인은 단지 **보통이다**.

[유] ordinary 평범한, 보통의
[해설] 방앗간에서 나온 곡식들은 다 똑같은 모양이 되는 것에서 유래한 말이다.

371 to say nothing of
~은 말할 것도 없이

It was too expensive, to say nothing of the time it wasted.
그것은 비용이 너무 많이 들었어. 허비된 시간은 **말할 것도 없고**.

372 scratch the surface of
~의 겉만 핥다, 문제의 핵심까지 파고들지 않다

You can't become a professional if you just scratch the surface of something.
당신은 **수박 겉핥기식으로** 무엇을 한다면 전문가가 될 수 없습니다.

373 second to none — 최고의

As a dancer, he is second to none.
무용수로서의 그는 그 누구에게도 뒤지지 않는다.

유 supreme 최고의, 최상의
superb 최고의, 최상의
superlative 최고의, 최상의
paramount 최고의; 가장 중요한
stellar 일류의, 아주 우수한

해설 아무것에도 2등이 될 수 없는, 늘 1등이라는 의미이다.

374 seeing that — ~인 것으로 보아, ~을 고려하건대

Seeing that he's been off sick all week he's unlikely to come.
그가 몸이 아파서 일주일 내내 결근한 것으로 봐서 그가 올 것 같지는 않다.

유 consideration that ~을 고려하면
given (that) ~을 고려하면
considering that ~을 고려하면

375 serve right — 당연한 벌이다, 인과응보다

It serves you right.
고소하다. / 꼴 좋다.

참고 It serve you right(=You deserve it) 그럴만하다

376 set aside — 저축하다, 모으다

She tries to set aside some money every month.
그녀는 매월 약간의 돈을 따로 떼어 두려고 노력한다.

유 garner 모으다; 저축하다

377 set in train — ~을 시작하다

That telephone call set in train a whole series of events.
그 전화 통화로 모든 일련의 사건들이 시작되었다.

378 set out — 출발하다, 시작하다

He set out on the long walk home.
그는 걸어서 긴 귀갓길에 올랐다.

379 set store by

~을 중시하다

You must learn to set store by the elderly.
넌 손윗사람을 **존중해야 한다**.

유 make more of ~을 중시하다, ~을 끔찍이 여기다
make a point of ~을 중시하다
think much of ~을 중시하다

380 settle down

정착하다, 진정되다, 가라앉다

He was tired of the merry-go-round of romance and longed to settle down.
그는 정신없이 돌아가는 연애가 지겨웠고 간절히 **정착을 하고** 싶었다.

381 show off

~을 자랑하다, 과시하다

He likes to show off how well he speaks French.
그는 자기가 프랑스어를 얼마나 잘 하는지 **자랑하고** 싶어 한다.

유 brag 자랑하다, 허풍 떨다
vaunt 자랑하다, 뽐내다

382 sick of

~에 싫증이 난

I'm sick of the way you've treated me.
당신이 날 대하는 태도에 **넌더리가 나요**.

유 be fed up with ~에 진저리가 나다
해설 · sick에는 '아픈'뿐 아니라 '싫증'이라는 의미 또한 있다.
· 생활영어에 자주 출제되는 용어이니 잘 알아두도록 하자.
참고 feel sick 역겨운, 싫증난 feel funny 역겨운 be fed up with 싫증나다
seasick 배멀미 airsick 멀미

383 shy of

~가 부족한, 모자라는

However, the record holder landed just shy of the eight-foot mark, which is impressive.
그런데, 최고 기록을 가진 사람은 8피트에 약간 **미달**했었다는 것입니다. 참 훌륭하지요.

384 stand for

~을 대표하다, 상징하다

Taken together, they stand for the government.
합쳐서는, 그것들은 정부를 **상징해**.

유 symbolize 상징하다, 나타내다
represent 대표하다, 나타내다, 보여주다, 상징하다, 대변하다

| 385 | **spill the beans** | 비밀을 누설하다, 무심코 말해 버리다 |

I wouldn't **spill the beans** even if I had a knife at my throat.
목에 칼이 들어와도 **비밀을 누설하지** 않겠다.

| 386 | **seize hold of** | ~을 붙잡다, 잡다 |

The child **seized hold of** my sleeve and wouldn't let me go.
그 아이는 내 소매를 **잡고** 가지 못하게 했다.

| 387 | **strive for** | ~을 얻으려고 노력하다 |

We encourage all members to **strive for** the highest standards.
우리는 모든 회원들에게 최고의 수준을 향해 **분투하라고** 격려합니다.

| 388 | **be subject to** | ~을 받기 쉽다 |

Because the equipment will **be subject to** abnormally high operating temperatures, it should not be used for more than six hours continuously.
그 장비는 고온**에 민감하기** 때문에 6시간 이상 계속 사용해서는 안 된다.

[해설] be subject to 뒤에는 명사 혹은 -ing를 쓴다.

| 389 | **succeed in** | ~에 성공하다 |

To **succeed in** show business, you need buckets of confidence.
연예계에서 **성공하려면** 많은 자신감이 필요하다.

[참고] succeed in 성공하다 success 성공 successful 성공적인
succeed to 계승하다 succession 계승 successive 연속적인

| 390 | **sum up** | ~을 요약하다 |

Can I just **sum up** what we've agreed so far?
우리가 지금까지 합의한 내용을 잠깐 **요약해** 볼까요?

[참고] in short 요컨대, 간단히 말하면
in a word 한 마디로 해서, 요컨대

391 see eye to eye

의견이 일치하다, 동의하다

The Iranians did not see eye to eye with the Americans about releasing the hostages.
이란인들은 인질 석방에 대해 미국인들과 **의견이 일치**하지 않았다.

해설 '서로의 눈을 마주보다'라는 의미로, 서로 의견이 동일한 둘의 모습을 묘사한 용어이다.

392 set at naught

무시하다, 경멸하다

We cannot set at naught what the lady said about it.
우리는 그 여자가 그것에 대하여 말한 것을 **무시할 수** 없다.

해설 set은 '정하다, 두다, (테이블을) 차리다'라는 의미이고 naught는 '아무것도 없다'는 뜻으로, '무시한다'는 의미가 나온다.

393 set the seal on

마무리하다

The party at the embassy set the seal on the president's official visit.
대사관에서 파티는 그 대통령의 공식 방문일정을 **마무리해주었다**.

해설 seal은 편지를 마무리 할 때 붙이는 인장을 의미한다.

394 single out

뽑다, 선발하다

She singled him out at once as a possible victim.
그녀는 한 번에 그를 희생양으로 **골라냈다**.

395 stack up against

필적하다, 못하지 않다

How does our product stack up against those of our commercial rivals?
어떻게 우리 제품이 상업적 경쟁자들의 제품에 **필적하는가**?

해설 stack up이 '쌓아 올린다'는 의미로 양쪽에서 계속 동등하게 쌓아 올린다는 의미이다.

396 shun away from

~을 피하다, ~에서 벗어나다

The creature does not show this until he has been shunned away from humans.
그 생물은 인간에게서 **멀어질** 때까지 이것을 보여주지 않는다.

397 stand up to — 용감히 맞서다

After drinking half a bottle of whisky he felt able to stand up to his employer.
위스키의 반잔을 마신 후에 그는 그의 고용주에게 **용감하게 맞설 수** 있는 자신감을 느꼈다.

398 stand out of one's way — 방해가 되지 않도록 하다

Please stand out of one's way when you get home.
집에 들어올 때 **방해가 되지 않도록** 해주세요.

399 be stood up — 바람맞다

People who do not want to be stood up should not stand up others.
바람맞기를 바라지 않는 사람은 다른 사람들을 **바람맞혀서는** 안 되죠.

400 speak of the devil — 호랑이도 제 말하면 온다

Speak of the devil! Hello, Tom. We were just talking about you.
호랑이도 제 말 하면 온다더니! 톰, 마침 네 얘기를 하던 참이야.

PART 2 공무원 기출 이디엄
Day 31

401 steer clear of
~를 피하다, 끼어들지 않다

Stay clear of people who make you tense. Steer clear of arguments.
당신을 긴장하게 만드는 사람들을 멀리하라. 논쟁을 **멀리하라**.

유 shun 피하다
avoid 피하다
circumvent 우회하다

402 stir up
일으키다, 선동하다

It indeed stirred up people's curiosity about such a tantalizing topic.
이 프로그램은 쉽게 답을 찾을 수 없는 이러한 토픽에 대한 사람들의 호기심을 참으로 **자극시켰다**.

유 arouse 분발하게 하다, 각성시키다
instigate 부추기다, 선동하다
provoke 유발하다
해설 stir은 '휘젓다'라는 뜻인데, stir up은 사람들의 마음을 휘젓는다는 의미이다.

403 straight from the shoulder
솔직하게

She spoke straight from the shoulder when she told me what she thought.
그녀는 그녀가 생각했던 것을 나에게 말할 때 **솔직히** 말했다.

유 downright 솔직한
해설 frankly speaking과 같은 의미이다.

404 swarm with
~로 가득 차다

Every place swarmed with people on Sunday.
일요일에는 어디를 가나 사람들로 **붐볐다**.

405 take a fancy to
~을 좋아하다

Corporations don't just take a fancy to paying for random blogs.
기업들은 무작위 블로그에 돈을 지불하는 것을 **좋아하지** 않는다.

406 take advantage of ~을 이용하다

If you're too trusting, other people will take advantage of you.
당신이 사람을 너무 믿으면 다른 사람들이 당신을 이용할 것이다.
유 exploit 이용하다
make use of 이용하다

407 take after ~를 닮다, 흉내 내다

Your daughter doesn't take after you at all.
당신 딸은 당신을 전혀 안 닮았어요.
유 resemble 닮다
참고 look after 돌보다

408 take it for granted~ ~을 당연한 것으로 여기다

I take it for granted that he will come.
나는 그가 당연히 올 것이라 생각한다.

409 throw in the sponge 패배를 인정하다

Don't give up now. It's too soon to throw in the sponge.
포기하지 마! 아직 패배를 인정하기엔 일러.
유 throw in the towel 패배를 인정하다
admit one's defeat 패배를 인정하다

410 take one's time 천천히 하다

Yes, using a cart makes shopping easier, and I can take my time.
네, 카트를 밀면 장보기가 훨씬 편해지고 또 서두르지 않아도 되니까요.

411 take part with ~에 편들다

Would he not take part with the Indians?
그가 인디언들의 편을 들지 않을까요?
유 side with ~의 편을 들다
반 impartial 공정한, 치우치지 않은

412 take off
이륙하다, 날아오르다, 옷을 벗다

The plane took off an hour late.
그 비행기는 한 시간 늦게 **이륙했다**.

413 take the bull by the horns
용감하게 난국에 맞서다

Stop putting it off. You have to take the bull by the horns if you want to solve this problem.
더 이상 미루지 마. 이 문제를 해결하고 싶다면 **용감히 맞서야 해**.

유 stand against 맞서다, 대항하다
stand up to 맞서다

해설 쇠뿔(bulls)을 잡고 용감하게 매달리는 모습을 묘사한 말이다.

414 take the lion's share
가장 큰 몫을 가지다

Inequality is growing with numbers of Chinese super-rich taking the lion's share of construction projects and adding to their wealth.
수많은 중국의 초부자들이 건설사업의 **대부분을 차지하며** 그들의 부를 축적하고 있어서 불평등이 증가하고 있다.

해설 사냥을 하면 숫사자가 가장 많은 몫을 차지하는데, 여기에서 유래한 말이다.

415 take to
~에 빠지다

I heard that he took to drink.
나는 그가 술**에 빠지게** 되었다는 말을 들었다.

416 take to one's heels
달아나다, 도망치다

The thief took to his heels without taking a single article.
그 도둑은 아무 것도 안 가지고 **도망쳤다**.

유 run away 달아나다
get away 도망치다
run off 도망치다

417 take turns in (-ing)
교대로 ~하다

The male and female birds take turns in sitting on the eggs.
그 새는 암컷과 수컷이 **교대로** 알을 품는다.

해설 turn이 명사로 쓰여 '차례'를 의미하며 두 사람 혹은 동물의 차례가 번갈아 하는 것이므로 항상 복수로 쓴다.

418 take with a pinch of salt
~을 액면 그대로 믿지 않다

I take with a pinch of salt his criticism of our policies.
나는 우리 정책에 대한 그의 비판을 **가감해서 들었다**.

해설 소금을 한 꼬집 치듯이 양념을 친다는 것, 즉 있는 그대로 두지 않는다라는 의미를 갖는다.

419 tamper with
간섭하다, 변조하다

Ministry officials said the government will not directly tamper with prices.
기획재정부 관계자들은 정부가 물가에 직접적으로 **간섭하지는** 않을 것이라고 말했다.

유 meddle in 간섭하다
mess in 간섭하다, 참견하다
interfere with/in 간섭하다

420 tell on
~에 영향을 미치다

The strain was beginning to tell on the rescue team.
과로가 구조팀에게 **영향을 미치기** 시작하고 있었다.

유 have an effect on 영향을 미치다
affect 영향을 미치다

421 tie the knot
~와 결혼하다

My girlfriend and I are gonna tie the knot this fall! Finally!
여자 친구랑 이번 가을에 **결혼할** 거야! 드디어!

422 to the point
적절한, 요령 있는, 간단명료한

The letter was short and to the point.
그 편지는 짧고 **간단명료**했다.

유 pertinent 적절한

423 too big to fail
대마불사(규모가 큰 경제 주체는 도산하는 경우 국가 경제에 미치는 파급효과가 크므로 공적 자금을 투입하여 무조건적으로 살리려 함)

Now we see governments will buy equity in you if you are a bank that's too big to fail.
대마불사라면 정부가 지분을 매수할 것을 우리는 알게 됩니다.

해설 너무 커서 망하면 안 된다는 의미이다.

424 try on
입어 보다, 신어 보다

Can I try on this jacket?
이 재킷을 **입어 봐도** 돼요?

425 turn a deaf ear to
~을 듣지 않다

How can you just turn a deaf ear to their cries for food and shelter?
어떻게 해서 자네는 그들이 먹을 것과 살 곳을 찾는 **소리를 무시할** 수가 있다는 말인가.

해설 안 들리는 쪽 귀를 갖다댄다는 것은 무시하는 것과 마찬가지이므로 '무시하다'라는 의미가 된다.

426 turn down
~을 거절하다, 거부하다

You can't just turn down offers of work like that.
당신은 일자리 제의를 그렇게 그냥 **거절해** 버리면 안 돼.

유 refuse 거부하다, 거절하다, 쓰레기, 사절하다
reject 거부하다, 거절하다, 기각하다, 받아들이지 않다, 부인하다

해설 제안서 등을 받고 접어서 버린다는 의미로 '거절하다'라는 뜻이 된다.

427 turn in
~을 제출하다, 반환하다

Does my son turn in his homework on time?
제 아들이 숙제는 제때에 **내는지요**?

유 hand in 제출하다
submit 제출하다, 제시하다

428 take in one's stride
~을 손쉽게 해내다

A good teacher should be able to take in his stride the innumerable petty irritation.
훌륭한 교사는 셀 수 없이 사소한 골칫거리를 **손쉽게 헤쳐 나갈** 수 있어야 한다.

429 take down
해체하다, 받아 적다

The staff began to take down the filming equipment when it started raining.
비가 내리자 스태프들이 촬영 장비를 **철수하기** 시작했다

430 turn ~ to account
~을 이용하다

She turned remained time to account doing voluntary service.
그녀는 자투리 시간을 **이용하여** 봉사활동을 했다.

431 turn up
모습을 나타내다, 일어나다, 높이다

So, why is it that every year millions of dragonflies, millions, millions of dragonflies turn up?
그렇다면 도대체 왜 매 해마다 수백만의 잠자리가, 정말 수백만의 잠자리가 **나타날까요**?

432 take aback
놀라게 하다

My father, who is not easily surprised, was quite taken aback when he heard the result of the election.
나의 아버지는 쉽게 놀라시지 않는데 선거 결과를 들었을 때 **놀랐다**.

유 surprise 놀라게 하다
astonish 놀라게 하다
amaze 놀라게 하다

해설 놀란 나머지 뒤에(back) 붙는다는 의미를 갖는다.

433 take exception
화를 내다, 이의를 제기하다

He took exception to his nickname.
그는 그의 별명을 부르는 것에 **화를 냈다**.

434 take in
속이다, 이해하다, 섭취하다

Taking in more calories than burning them out leads to gaining weight over time.
칼로리를 소모하는 것보다 더 많은 칼로리를 **섭취하면** 시간이 지나서 몸무게가 늘게 됩니다.

해설 '안으로 받아들이다'의 의미이므로 '이해하다', '섭취하다'라는 뜻을 가지며, 부정적인 것에 끌어들이면 속이는 것이므로 '속이다'라는 의미가 된다.

435 take issue with
논쟁하다, 이의를 제기하다

Who can take issue with those who claim that better housing for the citizens depends entirely on the government?
시민들을 위한 주택공급이 완전히 정부에 달려 있다고 주장하는 사람들과 누가 **논의를 할 수** 있겠습니까?

해설 독해 문제로 자주 출제되는 숙어이다.

436 (the) chances are that ~일 것 같다

Investment is at a high level and the chances are that it will level off.
투자가 높은 수준에 있으며 투자가 줄어들 **것이다**.

유 be likely ~인 것 같다
seem ~인 것 같다

437 to the detriment of ~을 해치도록, 결국 ~을 해치며

He was engrossed in his job to the detriment of his health.
그는 너무 일에 빠져 결국에는 건강**을 해쳤다**.

438 up to one's eyes in 몰두하여, 열중하여, 꼼짝 못하여

He didn't know what she was talking about as he was up to his eyes in work.
그는 일에 **깊이 빠져들어** 그녀가 뭐라고 말하는지 알지 못했다.

439 under the weather 몸 상태가 좋지 않은

I was feeling under the weather and dizzy and so forth, and people would ask me, why.
몸 상태도 좋지 않았고 어지럽기도 하였습니다. 사람들은 제가 왜 그러냐고 물었지요.

해설 옛날 뱃사람들이 날이 좋지 않으면 배에 누워 있었던 것에서 나온 말이다.

440 wait on ~을 시중 들다

She will wait on table.
그녀가 식사 **시중을 들** 것이다.

유 attend on 시중 들다, 돌보다
해설 흔히들 이야기하는 '웨이터'라는 단어가 여기에서 나왔다.

441 with tongue in cheek 놀림조로, 농담조로

As he thinks he knows everything he answers my questions with his tongue in his cheek.
그는 모든 것을 안다고 생각하기 때문에 내 질문들에 **조롱하는 투로** 답한다.

| 442 | **work off** | 풀다, 해소하다, 갚다 |

She worked off her anger by going for a walk.
그녀는 산책을 하여 화를 풀었다.

| 443 | **wet behind the ears** | 미숙한, 풋내기의 |

He's wet behind the ears. He still needs to learn more.
그는 **미숙해**. 아직 더 배워야 돼.

 immature 미숙한

해설 우리말 중에서 '머리에 피도 안 마른'이라는 말과 비슷한 의미이다. 태어난 지 얼마 안된 생명체는 귀 쪽이 가장 늦게 마른다는 데에서 유래된 말이다.

| 444 | **wait in line** | 줄을 서서 기다리다 |

You have to complete a withdrawal slip and wait in line.
예금 청구서를 먼저 작성하시고 **줄서서 기다리십시오**.

| 445 | **with regard to** | ~에 관해, 대해 |

The company's position with regard to overtime is made clear in their contracts.
시간외 근무**에 대한** 회사의 입장은 계약서에 명시되어 있다.

| 446 | **yearn for** | ~을 갈망하다, ~을 동경하다 |

Most of us yearn for growth in productivity and reduction in unemployment.
우리는 모두 생산성 증가와 실업률 감소를 **간절히 원하고 있다**.

 long for, crave, aspire, covet 열망하다

447 zealous for — ~을 열망하는

They are zealous for quiet.
그들은 조용히 하기를 **열망한다**.

유 be anxious (for/to) ⓡ ~을 열망하다
eager 열망하는; 열성적인
impatient 성급한; 갈망하는
yearn 동경하다, 열망하다
aspire 열망하다
covet 탐내다, 갈망하다
lust 갈망·열망(하다)

448 zero in on — 집중하다, 목표를 맞추다

I would like to zero in on another important point.
저는 또 하나의 중요한 사항에 **초점을 맞추고** 싶습니다.

해설 '영점을 맞추다'라는 의미이다.

449 in a row — 잇달아, 계속해서

He retired twelve batters in a row.
그는 **연달아** 12명의 타자를 아웃시켰다.

450 as of — 현재로

Korea has a population of 46 million as of October 2000.
한국의 인구는 2000년 10월 **현재로** 4천6백만 명이다.

2024 조태정 영어 기출 어휘 몽땅

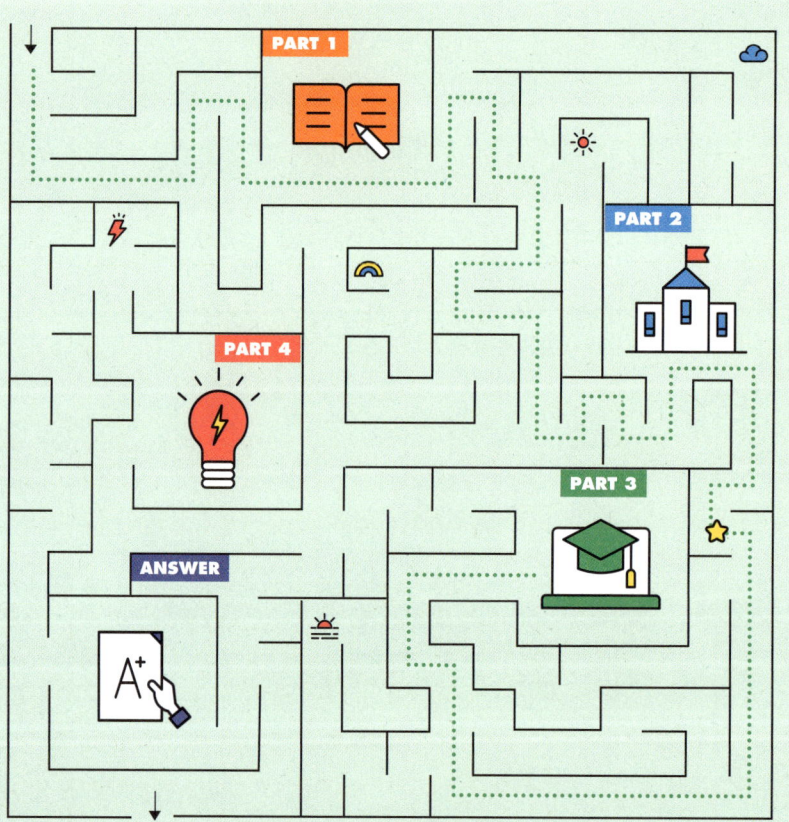

PART 3

기출 핵심 동의어 129

001 가난한 series

빈출 어휘
needy 가난한, 궁핍한 · 2015 지방직 9급
impoverished 가난한 · 2018 국가직 9급
insolvent 파산한, 지불 능력이 없는 · 2010 국가직 9급
bankrupt 파산한 · 2013 서울시 9급
broke 파산한

출제 예상 어휘
destitute 결핍한, 없는, 빈곤한
indigent 궁핍한, 빈곤한
penniless 무일푼의
necessitous 가난한, 필수적인

002 간결한/간명한 series

빈출 어휘
terse 간결한, 간명한
laconic 간결한, 간명한

독해 빈출 어휘
brief 짧은, 간결한(short)
compact 꽉 들어찬, 간결한, 소형의
concise 간결한, 간명한

003 간헐적인/산발적인 series

빈출 어휘
sporadic 때때로 일어나는 · 2016 서울시 9급

출제 예상 어휘
intermittent 때때로 중단되는

독해 빈출 어휘
random 임의의, 무작위의
irregular 불규칙한

004 강제 series

빈출 어휘
compulsory 강제적인, 필수의 · 2019 국가직, 2016 서울시 9급
imperative 강제적인, 명령적인 · 2018 서울시 9급
mandatory 강제적인, 명령의 · 2019 서울시 9급

출제 예상 어휘
obligatory 의무적인, 강제적인
required 강제적인
imperious 전제적인, 절박한

연관 어휘
coerce 강요하다, 억압하다
enforce 강요하다, 시행하다, 집행하다
oblige 강제하다, 의무를 지우다
impel 재촉하다, 강요하다
intrude 강요하다, 침입하다, 참견하다
levy 과세하다, 징수하다, 할당하다, 징발하다

005 강화하다/보강하다/지지하다 series

빈출 어휘
buttress 지지하다, 보강하다 · 2018 서울시 9급
enhance 강화하다, 높이다 · 2019 지방직 9급, 2016 국가직 9급
reinforce 강화하다, 증강하다 · 2019 지방직 7급, 2014 국가직 9급
strengthen 강화하다 · 2019 국가직 9급
sustain 지탱하다, 유지하다, 부양하다, 지지하다 · 2010 국가직 9급
support 지탱하다, 버티다, 후원하다 · 2018 지방직 7급, 2015 지방직 7급
stand up for ~을 지지하다, 옹호하다 · 2015 지방직 7급, 2010 지방직 9급
countenance 지지하다, 찬성하다, 생김새, 용모 · 2014 지방직 7급
in favor of 찬성하여, 지지하여, 판결 · 2013 국가직 9급

출제 예상 어휘
fortify 강화하다
intensify 세게 하다
solidify 견고히 하다, 결속시키다
consolidate 합병하다, 통합하다, 강화하다

006 같은/동등한 series

빈출 어휘
identical 동일한 · 2016 서울시 9급
on par with 동등한, 대등한 · 2018 서울시
equivalent 동등한, 상당하는 · 2016 지방직 9급

독해 빈출 어휘
even 같은, 동일한, 대등한
synonymous 동의어의

007 거대한/굉장한 series

빈출 어휘
gigantic 거대한
colossal 거대한, 어마어마한
enormous 거대한, 막대한
huge 거대한, 막대한
vast 광대한, 막대한
immense 거대한, 막대한, 광대한
bulky 부피가 큰, 거대한
massive 큰, 육중한
prodigious 거대한, 비범한
tremendous 굉장한, 무시무시한

008 건강에 좋은/위생적인 series

빈출 어휘
sanitary 위생의, 위생적인 · 2020 국가직 9급
healthful 건강에 좋은 · 2017 국가직 9급

출제 예상 어휘
salutary 건강에 좋은

독해 빈출 어휘
wholesome 건강에 좋은, 건강한
hygienic 위생적인
sterile 무균의, 살균한 불모의

009 겁주다(겁먹다)/협박하다 series

빈출 어휘
intimidate 겁주다, 협박하다 · 2018 지방직 9급, 2010 서울시 9급
frighten 위협하다 · 2018 지방직 9급
browbeat 위협하다 · 2010 서울시 9급
get cold feet 겁먹다 · 2018 지방직 9급

독해 빈출 어휘
threaten 위협하다, 협박하다
horrify 무섭게 하다
terrify 무섭게 하다, 겁나게 하다

010 고귀한/고상한 series

빈출 어휘
noble 고귀한, 숭고한
lofty 매우 높은, 고상한
dignified 존엄 있는, 고귀한
virtuous 덕 있는, 고결한
elevated 높은, 고상한, 고결한
exalted 높은, 고귀한

011 고뇌/불행 series

빈출 어휘
anguish 고민, 고뇌, 고통 · 2017 지방직 9급

출제 예상 어휘
torment 고통, 고뇌, 괴롭히다

독해 빈출 어휘
agony 고민, 고통
grief 슬픔, 비통
misery 고통, 고뇌, 불행

012 곤경/궁지/곤란 series

빈출 어휘

predicament 곤경, 궁지
quandary 곤경, 난국
distress 고뇌, 고통, 곤궁, 곤란
plight 곤경, 궁지, 맹세, 서약

013 공정한/공평한 series

빈출 어휘

neutral 중립적인
disinterested 공평한, 사심 없는
impartial 공평한, 치우치지 않는
evenhanded 공평한, 공정한
unprejudiced 선입관 없는, 공평한
unbiased 편견 없는, 공평한
equitable 공정한, 공평한
detached 초연한, 공평한, 분리된 · 2021 국가직

014 과도한 series

빈출 어휘

exorbitant 지나친, 터무니없는
extravagant 지나친, 낭비하는, 사치성의
excessive 과도한, 지나친
undue 과도한, 부당한, 부적합한
surfeit 과다, 과식, 과용하다
inordinate 지나친, 과도한

015 관대한 series

빈출 어휘

lenient 관대한, 자비로운 · 2013 국가직
benevolent 자선의, 인자한
beneficent 자선의, 관대한
generous 관대한, 풍부한

016 관련된/적절한 series

빈출 어휘

appropriate 적당한, 적절한
relevant 관련된, 적절한
proper 적당한, 적절한(fit, suitable)
apt 적절한, 적당한, ~하기 쉬운
pertinent 적절한, 관계있는
germane 밀접한, 적절한

017 괴롭히다 series

빈출 어휘

vex 성가시게 하다 · 2021 국가직
torture 고문하다, 괴롭히다
afflict 괴롭히다, 시달리게 하다
agonize 괴롭히다
crucify 몹시 괴롭히다
harass 괴롭히다
persecute 박해하다, 괴롭히다
plague 괴롭히다
torment 고통, 고뇌, 괴롭히다
tease 괴롭히다, 졸라 대다

018 교활한/약삭빠른 series

빈출 어휘

shrewd 빈틈없는, 약삭빠른 · 2015 지방직 7급

출제 예상 어휘

insidious 교활한, 음흉한, 잠행성의
sly 교활한, 음흉한
crafty 교활한, 간사한
wily 약삭빠른, 교활한
artful 교묘한, 기교를 부린, 교활한

독해 빈출 어휘

cunning 교활한, 간사한

019 구별/식별하다/차별하다/격리하다 series

빈출 어휘
discern 식별하다, 분간하다 · 2019 국가직 9급
distinguish 구별하다, 식별하다 · 2019 국가직 9급

출제 예상 어휘
differentiate 구분 짓다, 차별하다
discriminate 식별하다, 분간하다
segregate 분리하다, 격리하다, 차별하다
separate 분리하다
seclude 분리하다, 격리하다

연관 어휘
sequester 격리하다
isolate 고립시키다, 분리하다
quarantine 격리하다, 격리

020 구식의 series

빈출 어휘
obsolete 구식의, 쓸모없는 · 2016 서울시 9급, 2013 지방직 9급
old-fashioned 구식의, 시대에 뒤진

독해 빈출 어휘
outmoded 구식의
outdated 구식의
aged 늙은

021 금지하다/금지시키다 series

빈출 어휘
proscribe 추방하다, 금지하다 · 2017 지방직 7급, 2011 서울시 9급
restrain 제지시키다, 금지시키다 · 2010 지방직 7급

출제 예상 어휘
prohibit 금지하다
prevent 막다, 예방하다, 방해하다
ban 금지하다
inhibit 금하다, 못하게 하다
dissuade 단념시키다
deter 단념시키다

022 낭비하는/낭비하다 series

빈출 어휘
prodigal 낭비하는, 방탕한, 풍부한 · 2016 서울시 9급
lavish 아끼지 않는, 관대한, 낭비하는, 사치스러운 · 2016 서울시 9급
wasteful 낭비적인, 소모성의 · 2016 서울시 9급
squander 낭비하다, 헛되이 쓰다 · 2016 서울시 9급
luxurious 사치스러운, 호화로운(= opulent) · 2022 국가직

출제 예상 어휘
extravagant 낭비하는, 지나친, 과도한

023 내쫓다/추방하다 series

빈출 어휘
rule out 배제하다, 제외하다, 제거하다 · 2015 지방직 9급
exclude 제외하다, 배제하다, 추방하다 · 2020 지방직, 2015 지방직 9급
pass over 제외시키다, 무시하다 · 2017 하반기 지방직 9급

출제 예상 어휘
oust 내쫓다, 축출하다
deport 국외로 추방하다
ostracize (도편) 추방하다

독해 빈출 어휘
dismiss 해고하다, 면직하다
banish 추방하다, 내쫓다
expel 내쫓다, 추방하다
exile 추방하다, 유배시키다, 망명시키다
eject 쫓아내다, 축출하다

024 냉담/무관심 series

빈출 어휘
aloof 초연한, 멀리 떨어진, 무관심한 · 2016 지방직 9급, 2015 국가직 9급
apathetic 무감각한, 냉담한 · 2019 지방직 9급
callous 무감각한, 냉담한

출제 예상 어휘
impassive 무감각한, 냉정한
insensitive 무감각한, 둔감한
detached 멀리 떨어진, 초연한

025 넓은/광범위한 series

빈출 어휘

inclusive 포괄적인, 폭넓은, (~을) 포함하여 · 2017 지방직 7급
extensive 광대한, 폭넓은
spacious 넓은, 광대한
ample 넓은, 충분한, 풍부한
capacious 널찍한, 큼직한

026 논박하다/반박하다 series

빈출 어휘

refute 논박하다, 반박하다
confute 논박하다
contradict 반박하다, 모순되다
disprove 반증하다, 논박하다
controvert 부정하다, 논의하다

연관 어휘

retort 말대꾸하다, 반박하다
gainsay 부정하다, 반박하다

027 능숙한/솜씨 있는 series

빈출 어휘

adept 숙련된, 정통한
dexterous 손재주 있는, 솜씨 있는
adroit 손재주 있는
deft 손재주 있는, 솜씨 좋은
skillful 숙련된, 능숙한
handy 손재주 있는, 편리한, 가까이의
proficient 숙달된, 능숙한

028 대담한/건방진/뻔뻔한 series

빈출 어휘

unabashed 부끄러워하지 않는, 뻔뻔한 · 2016 지방직 7급
audacious 대담한, 넉살좋은, 무례한 · 2016 지방직 7급
venturesome 대담한, 모험을 좋아하는 · 2012 서울시 9급
arrogant 오만한 · 2010 서울시 9급
presumptuous 뻔뻔한, 건방진 · 2018 서울시 9급
pompous 거만한, 건방진 · 2018 서울시 9급
impudent 뻔뻔스러운, 건방진 · 2015 지방직 7급

출제 예상 어휘

haughty 오만한, 거만한
imperious 거만한, 오만한, 전제적인
insolent 건방진, 무례한
impertinent 건방진, 부적절한

독해 빈출 어휘

conceited 자만하는, 젠체하는

029 대신하다/대체하다 series

빈출 어휘

substitute 대신하다, 대리하다(replace)
supplant 대신하다, 대체하다
surrogate 대리하다, 대신하다, 대리의 · 2017 지방직

030 덧없는/무상한/순식간의 series

빈출 어휘

transient 일시적인, 덧없는, 무상한
momentary 순식간의, 덧없는
transitory 덧없는, 무상한

031 동의하다 series

빈출 어휘

see eye to eye 동의하다 · 2019 서울시 9급
consent 동의하다 · 2023 지방직

출제 예상 어휘
accede 동의하다, 응하다
concur 동의하다, 일치하다, 동시에 발생하다
concord 일치, 조화

독해 빈출 어휘
assent 동의하다
accord 일치하다, 조화하다

연관 어휘
unanimous 합의의, 만장일치의

032 만연한 series

빈출 어휘
pervasive 널리 퍼진, 성행하는 · 2021 국가직
ubiquitous 어디에나 있는, 편재하는 · 2021 국가직
prevalent 유행하는, 유력한
rampant 대유행의, 과격한
widespread 널리 퍼진, 만연된 · 2015 국가직 · 2014 지방직
prevailing 널리 유행하는
universal 보편적인, 일반적인 · 2017 지방직
fad 유행
current 현재의, 통용되는, 유행하는
epidemic 유행하는, 전염병 · 2023 지방직

033 말 많은/장황한 series

빈출 어휘
loquacious 수다스러운, 말 많은 · 2014 지방직 9급
wordy 말의, 말 많은, 수다스러운 · 2010 국가직 9급
redundant 여분의, 잉여의, 장황한 · 2019 서울시 9급

출제 예상 어휘
verbose 말이 많은, 장황한

독해 빈출 어휘
chatty 수다스러운
talkative 수다스러운, 말 많은
lengthy 긴, 장황한

연관 어휘
eloquent 웅변의 · 2014 지방직 9급

034 명백한 series

빈출 어휘
conspicuous 명백한, 현저한, 저명한 · 2020 국가직 9급
obvious 명백한 · 2017 국가직 9급
distinct 별개의, 뚜렷한, 명확한 · 2013 지방직 9급, 2012 서울시 9급
transparent 투명한, 명백한 · 2023 지방직

출제 예상 어휘
explicit 명백한
overt 명백한, 공공연한
manifest 명백한

독해 빈출 어휘
definite 명확한
evident 분명한, 명백한
visible 가시의, 명백한
tangible 만져서 알 수 있는, 명백한

035 모호한/불분명한 series

빈출 어휘
on the fence 애매한 · 2017 지방직
undecided 정해지지 않은, 결정하지 못한 · 2017 지방직 9급

출제 예상 어휘
ambiguous 모호한
equivocal 불분명한, 모호한

독해 빈출 어휘
obscure 불분명한, 모호한
vague 막연한, 모호한

036 무서운/끔찍한 series

빈출 어휘
eerie 무시무시한, 오싹한
awful 무서운, 대단한
formidable 가공할만한, 무서운
horrible 무서운
dire 무서운, 무시무시한
dreadful 무서운, 무시무시한
appalling 소름끼치는, 오싹한

037 무시하다/조롱하다 series

빈출 어휘
neglect 태만히 하다, 무시하다, 경시하다 · 2015 지방직 7급
derision 조롱, 조소 · 2012 지방직 7급
negligible 하찮은, 무시해도 좋은 · 2010 지방직 7급
disregard 무시하다, 경시하다 · 2018 서울시 9급
disparage 깔보다, 얕보다, 경시하다 · 2015 서울시 9급
scornful 비웃는, 경멸하는 · 2012 국가직 9급

출제 예상 어휘
disdain 경멸하다, 멸시하다
set at naught 무시, 경멸하다
deride 조롱하다, 비웃다

독해 빈출 어휘
ridicule 비웃음, 조롱, 조롱하다
ignore 무시하다, 모르는 체하다
despise 경멸하다, 멸시하다, 얕보다
mock 조롱하다, 놀리다

연관 어휘
contemptuous 경멸하는, 모욕적인

038 밝히다/폭로하다 series

빈출 어휘
let on 폭로하다, 누설하다 · 2019 국가직 9급
expose 노출시키다, 폭로하다 · 2016 서울시
disclose 드러내다, 노출시키다 · 2019 국가직

출제 예상 어휘
leak 새게 하다, 누설하다

독해 빈출 어휘
reveal 드러내다, 폭로하다
unmask 벗기다, 드러내다, 폭로하다
uncover 벗기다, 드러내다, 폭로하다
unveil 베일을 벗기다, 밝히다

039 버리다/포기하다 series

빈출 어휘
abandon 포기하다, 단념하다 · 2019 국가직 9급, 2017 국가직 9급
give up 포기하다, 버리다 · 2016 지방직, 2012 서울시
renounce 포기하다, 단념하다, (관계를) 끊다 · 2010 지방직 7급
discard 버리다 · 2014 국가직 9급
resign 사직하다, 포기하다 · 2016 국가직 9급

출제 예상 어휘
relinquish 그만두다, 포기하다
forsake 버리다

독해 빈출 어휘
desert 버리다
quit 그만두다, 포기하다

연관 어휘
put off 연기하다, 미루다 버리다 · 2011 지방직 7급

040 변덕스러운 series

빈출 어휘
variable 변하기 쉬운(inconstant) · 2018 국가직
mutable 변하기 쉬운
moody 변덕스러운, 우울한
capricious 변덕스러운
arbitrary 변덕스러운, 독단적인
volatile 휘발성의, 변덕스러운, 쉽게 흥분하는
fickle 변하기 쉬운
whimsical 변덕스러운

041 보복/복수하다 series

빈출 어휘
retaliate 보복하다
vengeance 복수, 앙갚음
retribution 보복, 응징
get even with 보복하다, 동점을 이루다

독해 빈출 어휘
avenge 복수를 하다
revenge 복수, 보복

042 보상하다/보답하다 series

빈출 어휘

make up for 보충하다, 보상하다 · 2020 지방직 9급, 2011 국가직 9급

독해 빈출 어휘

compensate (for) 보상하다, 배상하다
reward 보답하다, 보상하다

043 복잡한/난해한/심오한 series

빈출 어휘

complicated 복잡한 · 2017 지방직
abstruse 난해한, 심오한 · 2014 국가직
abstract 추상적인, 난해한, 심오한
intricate 얽힌, 복잡한
profound 심오한, 난해한
recondite 심오한, 난해한

연관 어휘

perplexing 당황하게 하는, 복잡한 · 2017 지방직

044 부주의한/경솔한 series

빈출 어휘

reckless 무분별한, 무모한, 경솔한 · 2017 지방직
hasty 성급한, 경솔한
impatient 성급한, 갈망하는
imprudent 경솔한(thoughtless)
inconsiderate 분별없는, 경솔한
impulsive 충동적인, 감정에 끌린
heedless 부주의한, 조심성 없는
inadvertent 부주의한, 우연의
indiscreet 지각없는, 경솔한

045 부추기다/선동하다 series

빈출 어휘

provoke 화나게 하다, 자극하다, 선동하다 · 2017 국가직 하반기 9급, 2015 지방직 9급
entice 꾀다, 유혹하다, 부추기다 · 2016 국가직 9급

독해 빈출 어휘

stir 휘젓다, 자극하다, 선동하다
tempt 유혹하다, 부추기다

연관 어휘

demagogue 선동자 · 2018 국가직 9급

046 분배하다/배분하다/할당하다 series

빈출 어휘

distribute 분배하다, 배포하다 · 2014 국가직 9급
allocate 할당하다, 배치하다 · 2013 지방직 7급
assign 할당하다, 배당하다, 부여하다 · 2017 하반기 국가직 7급

출제 예상 어휘

allot 배당하다, 할당하다
dispense 나눠주다, 면제하다

047 불명예스러운/수치스러운 series

빈출 어휘

disgraceful 수치스러운
dishonorable 불명예스러운
disreputable 불명예스러운
infamous 수치스러운(infamy)
stigmatic 불명예스러운, 오명의 · 2017 지방직

048 불모의/불임의/메마른 series

빈출 어휘

infertile 메마른, 불모의, 불임의
barren 불모의, 불임의
sterile 불임의, 불모의, 살균한
arid 건조한, 메마른, 불모의 · 2022 국가직

049 불변의/영원한 series

빈출 어휘

immutable 불변의 · 2015 지방직 7급
for good 영원히 · 2011 지방직 9급
permanent 영속하는 · 2011 지방직 9급
persistent 영속하는, 고집 센 · 2018 지방직 7급
enduring 참을성 있는, 영구적인 · 2018 지방직 7급
eternal 영원한, 영구한 · 2018 서울시 9급

출제 예상 어휘

perpetual 영속하는, 영원한
durable 영속성 있는
perennial 사철의, 영구한
everlasting 영원한, 영속하는

연관 어휘

immortal 불사의, 불멸의

050 불합리한/우스꽝스런 series

빈출 어휘

unreasonable 불합리한
inconceivable 상상도 할 수 없는, 터무니없는
ridiculous 우스꽝스러운
absurd 불합리한, 우스꽝스러운
preposterous 앞뒤가 뒤바뀐, 불합리한

051 비난하다/꾸짖다 series

빈출 어휘

rebuke 비난하다, 꾸짖다 · 2013 지방직 7급
reproach 꾸짖다, 비난하다 · 2010 지방직 7급

출제 예상 어휘

reprimand 꾸짖다, 질책하다
reprove 꾸짖다, 책망하다
censure 비난하다, 질책하다
chide 꾸짖다
denounce 비난하다
reprehend 꾸짖다, 비난하다
dress Ⓐ down 꾸짖다

독해 빈출 어휘

condemn 비난하다, 유죄 판결하다
scold 꾸짖다
blame 비난하다, ~ 탓으로 돌리다
accuse 고소하다, 비난하다

연관 어휘

come under fire 비난받다 · 2015 서울시 9급

052 비방하다/중상하다 series

빈출 어휘

call Ⓐ names 욕하다, 험담하다
slander 중상하다, 중상, 비방
calumniate 비방하다, 중상하다
malign 중상하다, 악의의
decry 비난하다, 중상하다

독해 빈출 어휘

curse 욕하다, 저주하다
defame 비난하다, 중상하다

053 빼앗다/박탈하다 series

빈출 어휘

usurp 빼앗다, 강탈하다
extort 강탈하다
dispossess 빼앗다
deprive 빼앗다, 박탈하다
rob 강탈하다, 빼앗다
strip 벗기다, 빼앗다, 박탈하다
snatch 낚아채다, 강탈하다

054 사교적인/외향적인 series

빈출 어휘

sociable 사교적인 · 2023 지방직
gregarious 군거성의, 사교적인 · 2017 서울시 9급
extrovert 외향적인 · 2019 서울시 9급

독해 빈출 어휘

outgoing 외향적인

055 살찐/비만한 series

빈출 어휘

fleshy 살의, 살찐
obese 비만의(overweight)
plump 포동포동한, 토실토실한
stout 튼튼한, 견고한, 뚱뚱한
corpulent 뚱뚱한, 비만한

056 상냥한 series

빈출 어휘

friendly 친근한, 상냥한 · 2018 지방직 9급

출제 예상 어휘

affable 상냥한, 붙임성 있는, 친절한, 사근사근한
amiable 호감을 주는, 붙임성 있는
amicable 우호적인, 친선의
genial 친절한, 상냥한, 온화한
benign 친절한, 온화한

057 서투른/미숙한 series

빈출 어휘

inexperienced 미숙한, 경험 없는 · 2017 하반기 국가직 9급
all thumbs 손재주 없는 · 2013 지방직 9급

출제 예상 어휘

maladroit 서투른, 솜씨 없는
awkward 꼴사나운, 어색한, 서투른
all fingers and thumbs 서투른, 손재주 없는
butter fingered 손재주가 없는, 실수만 저지르는

독해 빈출 어휘

clumsy 꼴사나운, 어색한, 서투른
inept 서투른, 부적당한

연관 어휘

wet behind the ears 미숙한, 풋내기의 · 2014 서울시 9급
not dry behind the ears 미숙한, 풋내기의 · 2014 지방직 9급
born yesterday 신출내기의, 경험이 없는
inexperienced 경험 없는, 미숙한 · 2017 하반기 국가직 9급

058 설명하다/해석하다 series

빈출 어휘

construe 해석하다, 파악하다
decipher 해독하다, 판독하다
interpret 해석하다, 설명하다
explicate 설명하다, 해설하다
elucidate 해명하다, 설명하다
expound 상세히 설명하다
explain 설명하다

059 세속적인/현세의 series

빈출 어휘

mundane 현세의, 세속적인
vulgar 저속한, 통속적인, 세속적인
worldly 세상의, 세속적인(earthly)
secular 세속적인, 현세적인
temporal 시간의, 현세의, 속세의
carnal 육체의, 현세적인, 속세의
profane 신성을 더럽히는, 세속적인

060 소동 series

빈출 어휘

commotion 동요, 소동, 소요사태
riot 폭동, 소동
upheaval 격변, 융기
disturbance 소란, 교란, 불안
chaotic 혼돈된, 무질서한
turbulent 소란스러운, 교란된
uproar 소란, 소동, 법석

061 속이다/현혹시키다 series

빈출 어휘

cheat 속이다(trick)
falsify 위조하다, 속이다
deceive 속이다, 기만하다
delude 속이다, 현혹하다
defraud 속여 빼앗다, 사취하다
beguile 속이다, 현혹시키다
dazzle 눈부시게 하다, 현혹시키다
fake 위조하다, 날조하다

062 손상하다/훼손하다 series

빈출 어휘

damage 손해(를 입히다), 피해(를 입히다)
injure 상처 입히다, 손상시키다
spoil 망치다, 상하게 하다
disfigure (외관을) 손상하다
undermine 손상하다, 훼손하다
impair 손상시키다, 해치다(harm) · 2018 국가직
traumatize 상처 입히다, 충격을 주다 · 2023 국가직, 2019 국가직

063 솔직한 series

빈출 어휘

candid 솔직한 · 2020 국가직 9급, 2010 국가직
outspoken 솔직한, 거리낌 없는 · 2010 국가직 9급
frank 솔직한 · 2020 국가직 9급

출제 예상 어휘

straightforward 똑바른, 솔직한

독해 빈출 어휘

plain 솔직한, 평평한, 명백한

064 숙고하다 series

빈출 어휘

mull over 숙고하다, 궁리하다 · 2011 지방직 7급
ponder 숙고하다 · 2011 지방직 7급
pore over 숙고하다, 조사하다 · 2014 국가직 9급
consider 숙고하다, 고민하다 · 2017 서울시 9급
meditate 명상하다, 숙려하다 · 2013 국가직 9급

출제 예상 어휘

cogitate 숙고하다, 고안하다.
dwell on 곰곰이 생각하다, 상세히 말하다, 강조하다

독해 빈출 어휘

contemplate 심사숙고하다, 관찰하다
speculate 생각하다, 사색하다

065 숨기다/감추다 series

빈출 어휘

conceal 숨기다, 감추다 · 2023 국가직
veil 감추다, 숨기다(hide, mask)
camouflage 위장(하다)
disguise 변장(하다), 위장(하다)
cloak 뒤덮다, 은폐하다

066 슬퍼하는 series

빈출 어휘

deplorable 통탄할
grievous 통탄할, 슬픈
lamentable 유감스러운, 한탄스러운
mournful 슬픔에 잠긴
pathetic 감상적인, 불쌍한, 슬픈

067 시작하다 series

빈출 어휘

initiate 시작하다, 창시하다 · 2019 서울시 9급, 2017 하반기 지방직 7급
go into 들어가다, 시작하다 · 2014 지방직 9급
go about 시작하다 · 2012 서울시 9급

출제 예상 어휘

commence 개시하다, 시작하다
embark 착수하다, 시작하다

독해 빈출 어휘

launch 착수하다, 시작하다
begin 시작하다
start 시작하다, 출발하다

068 싫어하다/혐오(하다) series

빈출 어휘

detest 혐오하다 · 2017 국가직 9급
abhor 몹시 싫어하다 · 2017 국가직 9급, 2010 지방직 7급
pejorative 경멸적인, 비난투의 · 2019 서울시 9급
derogatory 경멸하는, 비판적인 · 2019 서울시 9급

출제 예상 어휘

loathe 몹시 싫어하다
abominate 혐오하다

독해 빈출 어휘

despise 경멸하다, 멸시하다, 혐오하다
hate 싫어하다
dislike 싫어하다

069 아부하다/아첨하다 series

빈출 어휘

obsequious 아첨하는, 알랑거리는 · 2017 서울시 9급

출제 예상 어휘

flatter 아첨하다
make up to 아첨하다
play up to 아첨하다
butter Ⓐ up 아첨하다

070 악화시키다 series

빈출 어휘

exacerbate 악화시키다, 격분시키다
aggravate 악화시키다
deteriorate 나빠지게 하다
worsen 악화시키다

연관 어휘

deprave 타락시키다, 부패시키다
corrupt 매수하다, 타락시키다, 부정한, 부패한

071 암시적인/함축적인 series

빈출 어휘

allusive 암시적인 · 2016 지방직 9급
implicit 함축적인, 암시적인, 맹목적인 · 2020 국가직 9급
suggest 암시하다, 시사하다 · 2020 지방직 9급, 2016 국가직 9급
implicate 연루시키다, 내포하다, 함축하다 · 2020 국가직 9급

072 약화시키다/약화되다 series

빈출 어휘

undermine 약화시키다 · 2019 국가직 9급

독해 빈출 어휘

wither 시들다, 약해지다
wane 약해지다, 작아지다

073 엄한/엄격한 series

빈출 어휘

rigid 엄격한, 엄밀한
rigorous 엄한, 엄격한
severe 엄격한, 심한, 혹독한
harsh 거친, 가혹한, 엄한
stern 엄격한, 단호한
strict 엄격한, 엄밀한
stringent 엄중한
grim 엄한, 엄격한, 잔인한, 냉혹한

074 열렬한/열광적인 series

빈출 어휘

passionate 열렬한, 격렬한
enthusiastic 열렬한, 열광적인
ardent 불타는, 열렬한
zealous 열광적인, 열심인
intense 강한, 격렬한, 열정적인
fanatic(al) (열)광적인
vehement 격렬한, 열렬한, 열정적인
impetuous 맹렬한, 격렬한, 성급한

075 열중한/몰두한 series

빈출 어휘

(be) engrossed (in) 몰두한 · 2019 지방직 9급
(be) preoccupied (with) 몰두한, 열중한 · 2019 지방직 9급

출제 예상 어휘

(be) immersed (in) 열중하여
(be) keen (in) 날카로운, 심한, 열중하여[on]

독해 빈출 어휘

(be) absorbed (in) 몰두한, 흡수된
(be) engaged (in) 몰두한

076 예고/전조/조짐 series

빈출 어휘

forerunner 선구자, 선조, 전조, 예고
omen 예언, 전조, 조짐
precursor 선구자, 선임, 전조
premonition 예고, 전조
presage 전조, 조짐, 예감

077 완고한/고집 센 series

빈출 어휘

stubborn 완고한, 고집 센
obstinate 완고한, 억지 센, 고집불통의
tenacious 고집이 센, 완강한, 집요한
persistent 완고한, 끈덕진
steadfast 확고부동한
intractable 완고한, 고집 센, 난치의
dogged 완강한, 집요한, 끈덕진

078 완전한/온전한/흠없는/결백한 series

빈출 어휘

sheer 순전한, 온전한 · 2019 국가직
utter 전적인, 완전한, 소리를 내다 · 2019 국가직
faultless 결점이 없는 · 2014 국가직 9급

출제 예상 어휘

immaculate 오점(결점) 없는
intact 손대지 않은, 완전한

독해 빈출 어휘

flawless 흠 없는, 완벽한
spotless 오점이 없는, 흠 없는
innocent 죄 없는, 결백한, 순진한

079 완화시키다/줄이다/경감시키다/진정시키다 series

빈출 어휘

alleviate 완화하다, 경감시키다 · 2020 지방직, 2015 지방직 9급, 2012 지방직 7급
appease 진정시키다, 달래다 · 2017 국가직, 2015 서울시
pacify 달래다, 진정시키다 · 2014 지방직 9급
curtail 단축하다, 삭감하다, 줄이다 · 2019 서울시 9급

출제 예상 어휘

allay 완화하다, 진정시키다, 줄이다
defuse 완화시키다, 진정시키다
mitigate 완화하다, 줄이다
conciliate 달래다, 화해시키다

독해 빈출 어휘

relieve 경감하다, 안도시키다

ease 완화시키다, 덜어주다
lessen 완화하다, 줄이다, 감소하다
solace 위로하다
soothe 달래다, 위로하다, 가라앉히다

연관 어휘
lighten 경감시키다
moderate 완화하다

080 요약하다 series

빈출 어휘
epitomize 요약하다 · 2017 지방직 7급
encapsulate 요약하다, 분리하다, 캡슐로 싸다 · 2017 지방직 7급

출제 예상 어휘
abbreviate 생략하다, 단축하다

독해 빈출 어휘
summarize 요약하다, 개괄하다
compress 압축하다, 요약하다
condense 압축하다, 요약하다

081 욕심 많은/탐욕스러운 series

빈출 어휘
greed 탐욕, 욕심 · 2013 서울시 9급
unquenchable (욕망 따위를) 누를 수 없는 · 2014 지방직 9급
insatiable 탐욕스러운 · 2014 지방직 9급

082 용감한 series

빈출 어휘
brave 용감한 · 2015 지방직 9급

출제 예상 어휘
gallant 씩씩한, 용감한, 정중한
stout 견고한, 용감한

독해 빈출 어휘
courageous 용감한
daring 대담한, 용감한

083 위조하다/날조하다 series

빈출 어휘
counterfeit 위조(하다), 모조(하다)
forge 위조하다, 모조하다, 날조하다
concoct 날조하다, 꾸미다
fabricate 꾸며 내다, 위조하다

084 유순한/순종하는 series

빈출 어휘
flexible 유연한, 유순한, 융통성 있는 · 2012 지방직
tame 길들여진, 유순한, 길들이다
compliant 고분고분한(compliable)
submissive 복종하는, 순종하는
tractable 순종하는, 유순한
docile 온순한, 유순한
supple 유연한, 유순한
ductile 유연한, 유순한, 고분고분한

085 유해한/독성의 series

빈출 어휘
malignant 악의 있는, 악성의, 유해한 · 2010 지방직 7급
adverse 역(逆)의, 반대의, 해로운 · 2019 지방직 7급
harmful 해로운, 해가 되는 · 2019 지방직 7급
pernicious 유해한, 유독한 · 2016 서울시 9급

출제 예상 어휘
malicious 악의 있는, 해로운
detrimental 해로운
noxious 유해한, 유독한

독해 빈출 어휘
baneful 해로운, 유독한
poisonous 독성의, 유독한
toxic 독성의, 유독한, 중독성의

086 의존하다/ ~에 달려 있다 series

빈출 어휘

depend on 의존하다, ~에 달려 있다 · 2018 국가직
rely on 의존하다, ~에 달려 있다 · 2023 국가직
count on 기대다, 의지하다
stand on 의존하다, 존중하다
look to 의존하다
turn to 의존하다
fall back on 의존하다
recline on 기대다, 의지하다
hinge on ~에 달려 있다

087 이상한/기이한 series

빈출 어휘

extraordinary 이상한, 특이한
abnormal 비정상적인
atypical 전형적이지 않은
eccentric 별난, 괴벽스러운
outlandish 이국풍의, 기이한
exotic 이국적인, 색다른, 외국산의
odd 한 짝의, 홀수의, 임시의, 이상한
bizarre 괴상한, 이상한
weird 이상한, 기묘한
queer 기묘한, 괴상한

088 인색한 series

빈출 어휘

stingy 인색한, 구두쇠의 · 2015 지방직
parsimonious 인색한, 지나치게 아끼는
miserly 구두쇠의, 인색한
penny-pinching 인색한
frugal 검약하는, 돈을 아끼는
thrifty 검약하는, 아끼는

출제 예상 어휘

spare 아끼다, 용서하다, 할애하다
economize 절약하다

089 일신하다/개편하다/개선하다 series

빈출 어휘

innovate 혁신[쇄신]하다
reform 개정하다, 교정하다
renovate 새롭게 하다, 수선하다
refurbish 다시 닦다, 일신하다

090 일치하는/조화하는 series

빈출 어휘

congruous 일치하는
harmonious 조화된
accordant 일치하는
concordant 화합하는, 조화된, 일치하는
coherent 응집성의, 일관된
consistent 일관된, 일치하는
concurrent 일치하는, 동시 발생의
coinciding 일치하는, 동시 발생의
reconcilable 조화[일치]시킬 수 있는
compatible 양립할 수 있는
consonant 일치하여, 조화하여
congenial 같은 성질의
corresponding 상응하는, 일치하는

091 잉여의/과잉의 series

출제 예상 어휘

superfluous 여분의, 남아도는
redundant 여분의, 잉여의, 장황한

독해 빈출 어휘

surplus 나머지의, 잔여의, 과잉의
excessive 과도한, 과대한, 과다한

092 잘못된/틀린/무근한 series

빈출 어휘

false 그릇된, 거짓의, 가짜의
faulty 결점이 있는, 불완전한
fallacious 그릇된, 오류의
defective 결점[결함]이 있는
erroneous 잘못된, 틀린
groundless 근거 없는

093 잘못이 없는/정확한 series

빈출 어휘

unerring 잘못이 없는, 정확한 · 2014 국가직
infallible 틀림없는, 확실한 · 2014 지방직 9급

출제 예상 어휘

accurate 정확한(precise)
unfailing 확실한, 틀림없는

094 정복하다/복종시키다 series

빈출 어휘

vanquish 정복하다, 패배시키다 · 2014 국가직 9급
defeat 이기다, 정복하다, 패배 · 2012 국가직 9급

출제 예상 어휘

subvert 전복하다, 파괴하다
subjugate 정복하다, 복종시키다
subdue 정복하다

독해 빈출 어휘

overthrow 뒤엎다, 정복하다, 전복하다
subject 복종시키다, 종속시키다
conquer 정복하다, 공략하다

연관 어휘

rebellious 반항하는, 거부하는 · 2016 서울시 9급
disobedient 복종하지 않는 · 2016 서울시 9급

095 조사하다 series

빈출 어휘

delve into 조사하다
scrutinize 세밀히 조사하다
investigate 조사하다
inspect 점검하다, 검사하다
analyze 분석하다
examine 검사하다, 조사하다
explore 탐험하다, 답사하다, 탐구하다, 조사하다
diagnose 진단하다

096 조심성/신중 series

빈출 어휘

careful 조심성 있는 · 2015 국가직 9급
canny 신중한, 약삭빠른 · 2015 지방직 7급
meticulous 너무 신중한, 꼼꼼한 · 2015 국가직 9급
scrupulous 세심한, 꼼꼼한, 양심적인 · 2013 지방직 7급

출제 예상 어휘

fastidious 세심한, 까다로운
attentive 주의 깊은
prudent 신중한, 조심성 있는
circumspect 조심성 있는, 신중한
advertent 주의하는
conscientious 양심적인, 신중한

독해 빈출 어휘

cautious 조심성 있는, 신중한
alert 경계하는, 조심하는
wary 조심성 있는, 신중한

연관 어휘

inconsiderate 신중하지 못한 · 2017 서울시 9급

097 조용한/침묵의 series

빈출 어휘

calm 고요한, 조용한, 평온한
pacific 평온한, 태평한
tranquil 조용한, 고요한, 평온한 · 2021 지방직
serene 고요한, 조용한, 침착한
placid 평온한, 조용한
mute 무언의, 침묵의

098 조작하다 series

빈출 어휘

manipulate 조종하다, 속이다 · 2016 서울시 9급

출제 예상 어휘

maneuver 유도하다, ~에서 빠져나오다
wield 사용하다, 휘두르다, 행사하다

099 주장하다 series

빈출 어휘

assert 단언하다, 주장하다 · 2018 서울시
maintain 주장하다, 유지하다 · 2015 서울시
persist 고집하다, 주장하다, 지속하다 · 2018 지방직 7급

출제 예상 어휘

contend 싸우다, 다투다, 주장하다

독해 빈출 어휘

claim 주장하다
declare 단언하다, 선언하다, (세관에) 신고하다
protest 단언하다, 주장하다, 항의하다

연관 어휘

make a case for 옹호하다 · 2020 지방직

100 줄이다/삭감하다/감소하다 series

빈출 어휘

curtail 줄이다, 삭감하다 · 2019 서울시 9급
cut back on 줄이다 · 2010 국가직 9급
diminish 줄어들다, 약해지다 · 2011 지방직 7급

독해 빈출 어휘

decline 쇠퇴하다, 하락하다, 거절하다
dwindle 점차 감소하다

101 중단하다/중단시키다 series

빈출 어휘

discontinue 그만두다, 중단하다
terminate 끝내다, 종결짓다
pause 잠시 멈추다
cease 그치다, 그만두다
halt 멈추다(stop)
interrupt 가로막다, 중단시키다
intermit 일시 멈추다, 중단시키다
suspend (일시) 중지하다
abort 유산하다, 중지시키다
incessant 끊임없는(= constant) · 2023 국가직, 2013 지방직

102 중요한/주요한 series

빈출 어휘

paramount 중요한, 주요한 · 2018 국가직
essential 중요한 · 2018 서울시
significant 중요한, 주요한 · 2017 서울시
principal 주요한, (단체의) 장 · 2011 지방직 7급

출제 예상 어휘

momentous 중대한, 중요한
pivotal 중추적인
crucial 결정적인, 중대한
vital 활기찬, 힘찬, 극히 중대한
requisite 필요한, 필수의

독해 빈출 어휘

chief 주요한, 중요한
critical 결정적인, 비판적인
consequential 결과적인, 중대한

103 중재하다/조정하다 series

빈출 어휘

coordinate 조정하다, 조화시키다
intervene 중재하다, 개입하다
mediate 조정하다, 중재하다
arbitrate 중재하다, 조정하다
intercede 중재하다, 조정하다
intermediate 중재하다, 중개하다

104 즉석의/즉흥적인 series

빈출 어휘

offhand 즉석의 · 2013 지방직 9급
provisional 임시의, 일시적인, 잠정적인 · 2015 지방직 7급
tentative 잠정적인, 시험적인, 임시의 · 2020 국가직 9급
play it by ear 임기응변으로 대처하다 · 2014 지방직 7급

출제 예상 어휘

impromptu 즉석에서, 즉흥적으로
extemporaneous 준비 없는, 즉흥적인, 즉석의, 임시변통의
improvised 즉흥적인

독해 빈출 어휘

unrehearsed 준비 없는(리허설 없는), 즉흥적인
instantaneous 즉시의, 즉석의
spontaneous 자발적인, 임의의

연관 어휘

temporary 일시적인, 임시의 · 2018 지방직 7급
interim 당분간의, 임시의

105 지우다 series

빈출 어휘

efface 지우다, 말살하다 · 2014 서울시 9급
erase 지우다, 말소하다 · 2019 국가직, 2014 서울시 9급
get rid of 제거하다 · 2018 지방직 9급

독해 빈출 어휘

eliminate 제거하다
delete 삭제하다, 지우다

106 진부한/평범한 series

빈출 어휘

commonplace 평범한, 진부한
routine 일상의, 틀에 박힌
cliched 진부한, 판에 박은
stereotyped 판에 박은, 진부한
stale 케케묵은, 진부한
banal 진부한, 평범한
mediocre 평범한, 범용한
trite 평범한, 케케묵은, 진부한

107 참견하다 series

빈출 어휘

interfere 방해하다(with), 개입하다(in) · 2016 국가직 9급
stick one's nose in 참견하다 · 2016 국가직 9급

출제 예상 어휘

meddle 간섭하다, 참견하다
intervene 개입하다

독해 빈출 어휘

intrude 강요하다, 개입하다, 침입하다

연관 어휘

officious 참견하기 좋아하는, 비공식의 · 2017 서울시 9급
meddlesome 간섭하기 좋아하는, 오지랖 넓은

108 최상의 series

빈출 어휘

paramount 최고의, 가장 중요한
pinnacle 절정의, 최정점의
supreme 최고의, 최상의
principal 주요한, 중요한

출제 예상 어휘

prime 제1의, (가장) 중요한
premier 수상, 1위의, 첫째의
superb 최고의, 최상의
superlative 최고의, 최상의
stellar 일류의, 아주 우수한
zenith 천정, 절정, 정점
apex 정상, 절정, 극치

109 축적하다/쌓다 series

빈출 어휘
accumulate 축적하다 · 2015 지방직 9급

출제 예상 어휘
amass 쌓다, 축적하다
accrue (자연적으로) 증가하다, (이자가) 붙다
garner 축적하다, 모으다

독해 빈출 어휘
pile 쌓다, 더미
stack 쌓다, 더미
heap 쌓다, 더미
assemble 모으다, 정리하다

연관 어휘
convene 소집하다, 소환하다 · 2014 국가직 9급
summon 소환하다, 소집하다

110 취소하다/폐지하다 series

빈출 어휘
invalidate 무효로 하다
withdraw 철회하다, 취소하다
void 무효의, 없는, 결여된, 무효로 하다
annul 무효로 하다, 취소하다(nullify)
repeal 무효로 하다, 폐지하다
retract 취소하다, 철회하다
revoke 취소하다, 무효로 하다(cancel)
abolish 폐지하다

111 칭찬하다 series

빈출 어휘
pay a compliment 칭찬하다 · 2014 지방직 9급
look up to 존경하다 · 2013 지방직 9급
appreciate 진가를 알아보다, 감사하다, 감상하다, 평가하다
· 2014 서울시, 2013 국가직

출제 예상 어휘
revere 존경하다, 숭배하다
laud 칭찬하다, 칭송하다
eulogize 칭찬하다, 칭송하다

독해 빈출 어휘
praise 칭찬, 찬양하다
applaud 박수치다, 칭찬하다
glorify 찬양하다, 찬미하다
compliment 칭찬하다, 무료로 주다

연관 어휘
admire 존경하다, 감탄하다
adore 숭배하다, 흠모하다
worship 숭배하다, 경배하다
esteem 존경(하다), 존중(하다)

112 태만한/게으른 series

출제 예상 어휘
delinquent 태만의, 비행의, 체납의
indolent 나태한, 게으른
lazy 게으른
negligent 태만한, 부주의한

113 토착의 series

빈출 어휘
indigenous 토착의, 지역 고유의 · 2018 국가직 9급
domestic 국내의, 가정의 · 2017 지방직 7급

출제 예상 어휘
aboriginal 원주민의

독해 빈출 어휘
local 지방의, 그 지방 특유의
native 토착의, 토산의
endemic 고유의, 풍토병의, 그 지방 특유의

114 풍부한/충분한 series

출제 예상 어휘
exuberant 풍부한, 넘치는
affluent 풍부한, 풍족한
profuse 많은, 풍부한, 사치스러운
copious 풍부한
opulent 부유한, 풍부한 · 2022 국가직

독해 빈출 어휘
plentiful 많은, 풍부한
abundant 풍부한, 많은
ample 넓은, 충분한, 풍부한
sufficient 충분한
saturated 가득한, 충만한
enriched 풍요한, 풍부한

115 피하다 series

빈출 어휘
shun 피하다, 멀리하다 · 2020 지방직
shun away from 피하다 · 2014 국가직
avert 피하다 · 2017 서울시
circumvent 회피하다, 포위하다 · 2015 서울시

독해 빈출 어휘
evade 피하다
avoid 피하다

116 하찮은/사소한 series

빈출 어휘
minor 소수의, 중요하지 않은, 미성년
slight 약간의, 하찮은, 시시한
negligible 무시해도 좋은, 하찮은
petty 작은, 사소한(petit)
trivial 하찮은, 사소한

117 허락하다/승인하다 series

빈출 어휘
sanction 재가하다, 인가하다, 시인하다
ratify 승인하다, 비준하다, 재가하다
validate 유효하게 하다, 비준하다
approve 찬성하다, 승인하다
permit 허락하다, 허가하다(admit)
grant 승인하다, 인정하다, 주다
concede 양보하다, 용인하다, 승인하다, 인정하다
cede 양도하다, 양보하다

118 헛된/무익한 series

빈출 어휘
futile 효과 없는, 쓸데없는 · 2016 국가직 9급

출제 예상 어휘
void 쓸모없는, 무효의, 없는, 결여된

독해 빈출 어휘
fruitless 결과없는, 효과 없는
vain 헛된, 무익한
abortive 유산한, 실패로 끝난

119 현명한/분별 있는 series

빈출 어휘
sensible 분별 있는, 현명한
judicious 분별 있는, 신중한
sage 현명한, 현자, 현인
discreet 분별 있는, 신중한
agile 민첩한, 영민한

120 호전적인 series

빈출 어휘
belligerent 호전적인
bellicose 호전적인
argumentative 논쟁적인
warlike 호전적인

121 화나게 하다 series

빈출 어휘
annoy 화나게 하다, 괴롭히다
irritate 짜증나게 하다, 화나게 하다
offend 화나게 하다, 감정 상하게 하다
provoke 화나게 하다, 자극하다, 선동하다
inflame 불태우다, 격분시키다
enrage 격노하게 하다, 분노하게 하다
infuriate 격노하게 하다, 격분하게 하다
resent 분개해 하다, 화를 내다
exasperate 성나게 하다, 격분하게 하다

122 화난 series

빈출 어휘

incensed 몹시 화난, 격분한 · 2015 국가직 9급
annoying 짜증나는, 성가신 · 2013 서울시

출제 예상 어휘

indignant 분개한
furious 격노한, 격분한
resentful 분개한

123 확대하다/넓히다 series

빈출 어휘

augment 늘리다, 증가시키다, 증대하다 · 2014 국가직 9급

출제 예상 어휘

magnify 확대하다
amplify 확대하다, 상세히 설명하다

독해 빈출 어휘

enlarge 크게 하다, 확대하다
expand 넓히다, 확장하다(extend)
escalate 확대하다, 상승시키다

연관 어휘

boost 끌어올리다

124 확산시키다/유포시키다/보급시키다 series

빈출 어휘

scatter 흩뿌리다, 퍼뜨리다
popularize 대중화하다
publicize 광고하다, 선전하다
circulate 퍼뜨리다, 유포시키다
diffuse 확산시키다, 보급시키다
disperse 흩뜨리다, 퍼뜨리다
disseminate 흩뿌리다, 퍼뜨리다
propagate 번식시키다, 퍼뜨리다

125 확인하다/확증하다 series

빈출 어휘

corroborate 확증하다
justify 정당화하다, 보증하다
substantiate 입증하다
authenticate 인증하다
ensure 확실하게 하다
ascertain 확인하다
secure 안전하다, 확실하게 하다
confirm 확실하게 하다
certify 증명하다, 보증하다
vouch 보증하다, 보장하다(guarantee)
warrant 정당화하다, 보증하다
endorse 배서하다, 보증하다, 시인하다

126 활기 없는/불활발한 series

빈출 어휘

inactive 활발하지 않은
dull 무딘, 둔한, 단조로운, 불활발한
inanimate 생명이 없는, 활기 없는 · 2017 서울시 9급
weary 피곤한, 지친(fatigued)
sluggish 느린, 불활발한, 게으른
languid 나른한, 불활발한
inert 활발치 못한

127 활기/활발 series

빈출 어휘

enliven 활기를 띠게 하다, 기운을 돋우다, 생기를 주다
 · 2017 지방직 7급
galvanize 활기를 북돋다, 자극하다 · 2015 서울시 9급

출제 예상 어휘

invigorate 기운 나게 하다, 고무하다
incite 자극하다, 격려하다, 고무하다

독해 빈출 어휘

animate 생기 있게 하다, 격려하다
energize 힘을 주다, 격려하다
cheer 기운을 북돋우다, 격려하다
motivate ~에게 동기를 주다, 자극하다

연관 어휘
brisk 활발한, 활기 있는
energetic 정력적인, 활기찬
vivid 활발한, 힘찬(vital)
spirited 힘찬, 생기 있는
vigorous 활기 있는, 정력적인

128 횡령하다/유용하다/사용하다 series

빈출 어휘
appropriate 사용하다, 착복하다
embezzle 횡령하다, 착복하다
divert 유용하다, 전용하다

129 흉내 내다/모방하다/복제하다 series

빈출 어휘
simulate 흉내 내다, 가장하다 · 2012 국가직 9급
emulate 흉내 내다, 필적하다 · 2014 서울시 9급
duplicate 복제하다, 분열하다 · 2019 지방직 7급
clone 복제, 복제품, 복제하다 · 2017 지방직 7급
imitate 모방하다, 흉내 내다 · 2020 지방직

출제 예상 어휘
mirror 반사하다, 반영하다, 모방하다, 거울
mimic 흉내 내다

2 0 2 4   조 태 정   영 어   기 출   어 휘   몽 땅

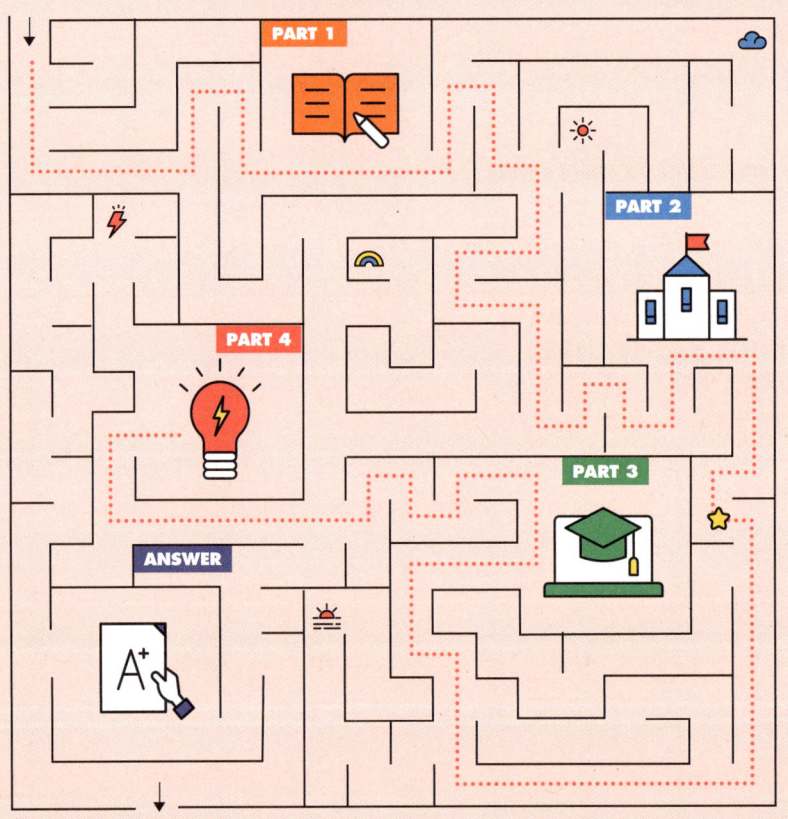

PART 4

기출 핵심 문제

PART 4 2023 기출

01

밑줄 친 부분의 의미와 가장 가까운 것을 고르시오.   2023 지방직

> Further explanations on our project will be given in subsequent presentations.

① required
② following
③ advanced
④ supplementary

- further 그 이상의
- explanation 설명
- presentation 프레젠테이션, 발표

02

밑줄 친 부분의 의미와 가장 가까운 것을 고르시오.   2023 지방직

> Folkways are customs that members of a group are expected to follow to show courtesy to others. For example, saying "excuse me" when you sneeze is an American folkway.

① charity
② humility
③ boldness
④ politeness

- folkway 민속, 사회적 관행
- expect 기대하다
- sneeze 재채기를 하다

03

밑줄 친 부분의 의미와 가장 가까운 것을 고르시오.   2023 지방직

> These children have been brought up on a diet of healthy food.

① raised
② advised
③ observed
④ controlled

- healthy food 건강한 음식

04

밑줄 친 부분의 의미와 가장 가까운 것을 고르시오.   2023 지방직

> Slavery was not <u>done away with</u> until the nineteenth century in the U.S.

① abolished

② consented

③ criticized

④ justified

05

밑줄 친 부분에 들어갈 말로 가장 적절한 것은?   2023 지방직

> Voters demanded that there should be greater _____ in the election process so that they could see and understand it clearly.

① deception

② flexibility

③ competition

④ transparency

06

밑줄 친 부분의 의미와 가장 가까운 것을 고르시오.   2023 국가직

> Jane wanted to have a small wedding rather than a fancy one. Thus, she planned to invite her family and a few of her <u>intimate</u> friends to eat delicious food and have some pleasant moments.

① nosy

② close

③ outgoing

④ considerate

07

밑줄 친 부분의 의미와 가장 가까운 것을 고르시오. 2023 국가직

> The incessant public curiosity and consumer demand due to the health benefits with lesser cost has increased the interest in functional foods.

① rapid
② constant
③ significant
④ intermittent

08

밑줄 친 부분의 의미와 가장 가까운 것을 고르시오. 2023 국가직

> Because of the pandemic, the company had to hold off the plan to provide the workers with various training programs.

① elaborate
② release
③ modify
④ suspend

09

밑줄 친 부분의 의미와 가장 가까운 것을 고르시오. 2023 국가직

> The new Regional Governor said he would abide by the decision of the High Court to release the prisoner.

① accept
② report
③ postpone
④ announce

PART 4
2022 기출

01
밑줄 친 부분의 의미와 가장 가까운 것을 고르시오.   2022 지방직

> School teachers have to be flexible to cope with different ability levels of the students.

① strong
② adaptable
③ honest
④ passionate

□ cope with -에 대처하다, 대항하다

02
밑줄 친 부분의 의미와 가장 가까운 것을 고르시오.   2022 지방직

> Crop yields vary, improving in some areas and falling in others.

① change
② decline
③ expand
④ include

□ crop yields 농작물 수량

03
밑줄 친 부분의 의미와 가장 가까운 것을 고르시오. .   2022 지방직

> I don't feel inferior to anyone with respect to my education.

① in danger of
② in spite of
③ in favor of
④ in terms of

□ inferior 열등함

2022 기출 327

04

밑줄 친 부분에 들어갈 말로 가장 적절한 것은? 2022 지방직

> Sometimes we _____ money long before the next payday.

① turn into
② start over
③ put up with
④ run out of

05

밑줄 친 의미와 가장 가까운 것을 고르시오. 2022 국가직 9급

> For years, detectives have been trying to unravel the mystery of the sudden disappearance of the twin brothers.

① solve
② create
③ imitate
④ publicize

- detective 형사, 탐정
- disappearance 실종
- twin brothers 쌍둥이 형제

06

밑줄 친 의미와 가장 가까운 것을 고르시오. 2022 국가직 9급

> Before the couple experienced parenthood, their four-bedroom house seemed unnecessarily opulent.

① hidden
② luxurious
③ empty
④ solid

- parenthood 부모, 어버이
- unnecessarily 불필요하게, 쓸데없이

07

밑줄 친 의미와 가장 가까운 것을 고르시오.　　　2022 국가직 9급

> The boss hit the roof when he saw that we had already spent the entire budget in such a short period of time.

① was very satisfied
② was very surprised
③ became extremely calm
④ became extremely angry

08

밑줄 친 부분에 들어갈 말로 가장 적절한 것을 고르시오.　　　2022 국가직 9급

> A mouse potato is the computer _____ of television's couch potato: someone who tends to spend a great deal of leisure time in front of the computer in much the same way the couch potato does in front of the television.

① technician
② equivalent
③ network
④ simulation

09

밑줄 친 부분에 들어갈 말로 가장 적절한 것을 고르시오.　　　2022 국가직 9급

> Mary decided to _____ her Spanish before going to South America.

① brush up on
② hear out
③ stick up for
④ lay off

PART 4 2021 기출

01

밑줄 친 부분의 의미와 가장 가까운 것은?　　2021 지방직 9급

> For many compulsive buyers, the act of purchasing, rather than what they buy, is what leads to gratification.

① liveliness　　② confidence
③ tranquility　　④ satisfaction

- compulsive buyer 충동 구매자
- satisfaction 만족, 충족
- liveliness 원기, 활기, 쾌활함
- confidence 신뢰, 자신감, 확신
- tranquility 평온, 평안, 고요

02

밑줄 친 부분에 들어갈 말로 가장 적절한 것을 고르시오.　　2021 지방직 9급

> Globalization leads more countries to open their markets, allowing them to trade goods and services freely at a lower cost with greater _____.

① extinction　　② depression
③ efficiency　　④ caution

- globalization 세계화
- efficiency 효율성, 능률
- extinction 멸종, 전멸
- depression 우울증, 불황, 불경기
- caution 조심, 경고

03

밑줄 친 부분에 들어갈 말로 가장 적절한 것을 고르시오.　　2021 지방직 9급

> We're familiar with the costs of burnout: Energy, motivation, productivity, engagement, and commitment can all take a hit, at work and at home. And many of the _____ are fairly intuitive: Regularly unplug. Reduce unnecessary meetings. Exercise. Schedule small breaks during the day. Take vacations even if you think you can't afford to be away from work, because you can't afford not to be away now and then.

① fixes　　② damages
③ prizes　　④ complications

- cost 손실, 희생
- burnout 극도의 피로
- engagement 약속, 약혼, 업무, 고용
- commitment 책임, 전념, 헌신, 약속
- take a hit 타격을 입히다
- intuitive 직감에 의한, 직관적인
- unplug 전원을 뽑다, 장애물을 없애다
- afford 감당하다, 여유가 되다

04

밑줄 친 부분에 들어갈 말로 가장 적절한 것을 고르시오. 2021 지방직 9급

> The government is seeking ways to soothe salaried workers over their increased tax burdens arising from a new tax settlement system. During his meeting with the presidential aides last Monday, the President _____ those present to open up more communication channels with the public.

① fell on
② called for
③ picked up
④ turned down

05

밑줄 친 부분의 의미와 가장 가까운 것은? 2021 지방직 9급

> In studying Chinese calligraphy, one must learn something of the origins of Chinese language and of how they were originally written. However, except for those brought up in the artistic traditions of the country, its aesthetic significance seems to be very difficult to apprehend.

① encompass
② intrude
③ inspect
④ grasp

06

밑줄 친 부분의 의미와 가장 가까운 것을 고르시오. 2021 국가직 9급

> Privacy as a social practice shapes individual behavior in conjunction with other social practices and is therefore central to social life.

① in combination with
② in comparison with
③ in place of
④ in case of

07

밑줄 친 부분의 의미와 가장 가까운 것을 고르시오.   2021 국가직 9급

> The influence of Jazz has been so pervasive that most popular music owes its stylistic roots to jazz.

① deceptive
② ubiquitous
③ persuasive
④ disastrous

08

밑줄 친 부분의 의미와 가장 가까운 것을 고르시오.   2021 국가직 9급

> This novel is about the vexed parents of an unruly teenager who quits school to start a business.

① callous
② annoyed
③ reputable
④ confident

09

밑줄 친 부분에 들어갈 말로 가장 적절한 것은?   2021 국가직 9급

> A group of young demonstrators attempted to _____ the police station.

① line up
② give out
③ carry on
④ break into

PART 4 2020 기출

01

밑줄 친 부분에 들어갈 말로 가장 적절한 것은?   2020 지방직 9급

> The issue with plastic bottles is that they're not _____, so when the temperatures begin to rise, your water will also heat up.

① sanitary
② insulated
③ recyclable
④ waterproof

02

밑줄 친 부분의 의미와 가장 가까운 것을 고르시오.   2020 지방직 9급

> Strategies that a writer adopts during the writing process may alleviate the difficulty of attentional overload.

① complement
② accelerate
③ calculate
④ relieve

03

밑줄 친 부분의 의미와 가장 가까운 것을 고르시오.   2020 지방직 9급

> The cruel sights touched off thoughts that otherwise wouldn't have entered her mind.

① looked after
② gave rise to
③ made up for
④ kept in contact with

04

밑줄 친 부분의 의미와 가장 가까운 것을 고르시오. 2020 지방직 9급

The school bully did not know what it was like to be shunned by the other students in the class.

① avoided
② warned
③ punished
④ imitated

05

밑줄 친 부분의 의미와 가장 가까운 것은? 2020 지방직 9급

After Francesca made a case for staying at home during the summer holidays, an uncomfortable silence fell on the dinner table. Robert was not sure if it was the right time for him to tell her about his grandiose plan.

① objected to
② dreamed about
③ completely excluded
④ strongly suggested

06

밑줄 친 부분의 의미와 가장 가까운 것을 고르시오. 2020 국가직 9급

Extensive lists of microwave oven models and styles along with candid customer reviews and price ranges are available at appliance comparison websites.

① frank
② logical
③ implicit
④ passionate

07

밑줄 친 부분의 의미와 가장 가까운 것을 고르시오.　　2020 국가직 9급

> It had been known for a long time that Yellowstone was volcanic in nature and the one thing about volcanoes is that they are generally conspicuous.

① passive
② vaporous
③ dangerous
④ noticeable

08

밑줄 친 부분의 의미와 가장 가까운 것을 고르시오.　　2020 국가직 9급

> He's the best person to tell you how to get there because he knows the city inside out.

① eventually
② culturally
③ thoroughly
④ tentatively

09

밑줄 친 부분의 의미와 가장 가까운 것을 고르시오.　　2020 국가직 9급

> All along the route were thousands of homespun attempts to pay tribute to the team, including messages etched in cardboard, snow and construction paper.

① honor
② compose
③ publicize
④ join

PART 4 2019 기출

01

밑줄 친 부분의 의미와 가장 가까운 것을 고르시오.　　　2019 지방직 9급

> I came to see these documents as relics of a sensibility now dead and buried, which needed to be <u>excavated</u>.

① exhumed
② packed
③ erased
④ celebrated

- document 문서, 서류
- relic 유물, 유적
- sensibility 감성, 정서
- buried 매장된, 파묻힌

02

밑줄 친 부분의 의미와 가장 가까운 것을 고르시오.　　　2019 지방직 9급

> Riding a roller coaster can be a joy ride of emotions: the nervous anticipation as you're strapped into your seat, the questioning and regret that comes as you go up, up, up, and the <u>sheer</u> adrenaline rush as the car takes that first dive.

① utter
② scary
③ occasional
④ manageable

- joy ride 폭주
- anticipation 기대
- strap into a seat 안전벨트를 매다
- regret 후회
- nervous 긴장한

03

밑줄 친 부분의 의미와 가장 가까운 것을 고르시오.　　　2019 지방직 9급

> Time does seem to slow to a trickle during a boring afternoon lecture and race when the brain is <u>engrossed in</u> something highly entertaining.

① enhanced by
② apathetic to
③ stabilized by
④ preoccupied with

- slow to a trickle 눈꼽만큼씩 줄어들다
- lecture 강의
- race 질주하다
- entertaining 재미있는, 유쾌한

04

밑줄 친 부분의 의미와 가장 가까운 것을 고르시오.　　　2019 지방직 9급

> These daily updates were designed to help readers <u>keep abreast</u> of the markets as the government attempted to keep them under control.

① be acquainted with
② get inspired by
③ have faith in
④ keep away from

- attempt 시도하다, 꾀하다
- keep ~ under control ~를 통제하다, 억제하다
- government 정부

05

밑줄 친 부분의 의미와 가장 가까운 것을 고르시오.   2019 국가직 9급

> Natural Gas World subscribers will receive accurate and reliable key facts and figures about what is going on in the industry, so they are fully able to discern what concerns their business.

① distinguish   ② strengthen
③ undermine   ④ abandon

□ subscriber 구독자
□ accurate 정확한
□ reliable 신뢰할 수 있는, 믿을 수 있는
□ figure 수, 수치
□ industry 산업
□ concern 영향을 주다, 관련되다

06

밑줄 친 부분의 의미와 가장 가까운 것을 고르시오.   2019 국가직 9급

> Ms. West, the winner of the silver in the women's 1,500 m event, stood out through the race.

① was overwhelmed   ② was impressive
③ was depressed   ④ was optimistic

□ winner 승자

07

밑줄 친 부분의 의미와 가장 가까운 것을 고르시오.   2019 국가직 9급

> Schooling is compulsory for all children in the United States, but the age range for which school attendance is required varies from state to state.

① complementary   ② systematic
③ mandatory   ④ innovative

□ schooling 학교 교육
□ age range 연령대
□ attendance 출석
□ from A to B A부터 B까지

08

밑줄 친 부분의 의미와 가장 가까운 것을 고르시오.   2019 국가직 9급

> Although the actress experienced much turmoil in her career, she never disclosed to anyone that she was unhappy.

① let on   ② let off
③ let up   ④ let down

□ actress 여배우
□ experience 겪다, 경험하다
□ turmoil 혼란, 소동
□ career 경력

PART 4

2018 기출

01

밑줄 친 부분의 의미와 가장 가까운 것을 고르시오.   2018 지방직 9급

> The paramount duty of the physician is to do no harm. Everything else - even healing - must take second place.

① chief
② sworn
③ successful
④ mysterious

- duty 의무, 책임
- physician 의사
- do no harm 해를 주지 않는 정책
- take second place 덜 중요하다

02

밑줄 친 부분의 의미와 가장 가까운 것을 고르시오.   2018 지방직 9급

> It is not unusual that people get cold feet about taking a trip to the North Pole.

① become ambitious
② become afraid
③ feel exhausted
④ feel saddened

- exhausted 기진맥진한, 녹초가 된
- saddened 슬프게 된, 슬퍼진
- ambitious 야심적인, 의욕적인, 엄청난, 열정
- unusual 드문, 특이한
- take a trip 여행하다
- North Pole 북극

03

밑줄 친 부분의 의미와 가장 가까운 것은?   2018 지방직 9급

> The student who finds the state-of-the-art approach intimidating learns less than he or she might have learned by the old methods.

① humorous
② friendly
③ convenient
④ frightening

- state-of-the-art 최첨단의, 최신식의
- approach 접근법, 처리방법

04

밑줄 친 부분에 들어갈 말로 가장 적절한 것은?   2018 지방직 9급

> Since the air-conditioners are being repaired now, the office workers have to _____ electric fans for the day.

① get rid of
② let go of
③ make do with
④ break up with

- since ~ 때문에
- air-conditioner 에어컨
- repair 고치다, 수리하다
- electric fan 선풍기

05

밑줄 친 부분의 의미와 가장 가까운 것은? 2018 국가직 9급

> Robert J. Flaherty, a legendary documentary filmmaker, tried to show how indigenous people gathered food.

① native
② ravenous
③ impoverished
④ itinerant

06

밑줄 친 부분에 들어갈 말로 가장 적절한 것은? 2018 국가직 9급

> Listening to music is _____ being a rock star. Anyone can listen to music, but it takes talent to become a musician.

① on a par with
② a far cry from
③ contingent upon
④ a prelude to

07

밑줄 친 부분의 의미와 가장 가까운 것을 고르시오. 2018 국가직 9급

> The police spent seven months working on the crime case but were never able to determine the identity of the malefactor.

① culprit
② dilettante
③ pariah
④ demagogue

08

밑줄 친 부분의 의미와 가장 가까운 것을 고르시오. 2018 국가직 9급

> While at first glance it seems that his friends are just leeches, they prove to be the ones he can depend on through thick and thin.

① in no time
② from time to time
③ in pleasant times
④ in good times and bad times

- legendary 전설적인
- gather 모으다
- filmmaker 영화제작자, 영화회사

- talent 재능
- musician 음악가

- identity 신원
- culprit 범죄자
- dilettante 애호가, 호사가, 아마추어 평론가
- pariah 천민, 부랑자, 사회적으로 버림받은 자
- demagogue 선동가

- at first glance 언뜻 보기에
- leech 거머리 (같은 사람)
- depend on ~에게 의지하다, 의존하다
- prove 입증하다, 증명하다

PART 4
2017 기출

01

밑줄 친 부분의 의미와 가장 가까운 것을 고르시오. 2017 지방직 9급

> Some of the newest laws authorize people to appoint a surrogate who can make medical decisions for them when necessary.

① proxy
② sentry
③ predecessor
④ plunderer

- law 법, 법안
- authorize 승인하다, 허가하다
- appoint 임명하다, 지명하다
- decision 결정, 판결
- necessary 필요한, 필수적인

02

밑줄 친 부분의 의미와 가장 가까운 것을 고르시오. 2017 지방직 9급

> She is on the fence about going to see the Mona Lisa at the Louvre Museum.

① anguished
② enthusiastic
③ apprehensive
④ undecided

03

밑줄 친 부분에 들어갈 말로 가장 적절한 것을 고르시오. 2017 지방직 9급

> Our main dish did not have much flavor, but I made it more _____ by adding condiments.

① palatable
② dissolvable
③ potable
④ susceptible

- condiment 조미료
- flavor 풍미, 맛

04

밑줄 친 부분과 의미가 가장 가까운 것을 고르시오. 2017 지방직 9급(하반기)

> During both World Wars, government subsidies and demands for new airplanes vastly improved techniques for their design and construction.

① financial support
② long-term planning
③ technical assistance
④ non-restrictive policy

- during ~동안에
- government 정부
- demand 수요
- vastly 막대하게, 매우
- construction 건설, 구조

05

밑줄 친 부분과 의미가 가장 가까운 것을 고르시오. 2017 지방직 9급(하반기)

> Tuesday night's season premiere of the TV show seemed to be trying to strike a balance between the show's convoluted mythology and its more human, character-driven dimension.

① ancient
② unrelated
③ complicated
④ otherworldly

06

밑줄 친 부분과 의미가 가장 가까운 것을 고르시오. 2017 지방직 9급(하반기)

> By the time we wound up the conversation, I knew that I would not be going to Geneva.

① initiated
② resumed
③ terminated
④ interrupted

07

밑줄 친 부분에 들어갈 말로 가장 적절한 것은? 2017 지방직 9급(하반기)

> A police sergeant with 15 years of experience was dismayed after being _____ for promotion in favor of a young officer.

① run over
② asked out
③ carried out
④ passed over

08

밑줄 친 부분과 의미가 가장 가까운 것을 고르시오. 2017 국가직 9급

> I absolutely detested the idea of staying up late at night.

① defended
② abhorred
③ confirmed
④ abandoned

09

밑줄 친 부분과 의미가 가장 가까운 것을 고르시오. 2017 국가직 9급

I had an uncanny feeling that I had seen this scene somewhere before.

① odd
② ongoing
③ obvious
④ offensive

10

밑줄 친 부분과 의미가 가장 가까운 것은? 2017 국가직 9급

At this company, we will not put up with such behavior.

① modify
② record
③ tolerate
④ evaluate

11

밑줄 친 부분과 의미가 가장 가까운 것을 고르시오. 2017 국가직 9급(하반기)

These days, Halloween has drifted far from its roots in pagan and Catholic festivals, and the spirits we appease are no longer those of the dead: needy ghosts have been replaced by costumed children demanding treats.

① assign
② apprehend
③ pacify
④ provoke

12

밑줄 친 부분과 의미가 가장 가까운 것을 고르시오. 2017 국가직 9급(하반기)

I usually make light of my problems, and that makes me feel better.

① consider something as serious
② treat something as unimportant
③ make an effort to solve a problem
④ seek an acceptable solution

13

밑줄 친 부분과 의미가 가장 가까운 것을 고르시오.   2017 국가직 9급(하반기)

A hamburger and French fries became the quintessential American meal in the 1950s, thanks to the promotional efforts of the fast food chains.

① healthiest
② affordable
③ typical
④ informal

14

밑줄 친 부분에 공통으로 들어갈 말로 가장 적절한 것은?   2017 국가직 9급(하반기)

· She's disappointed about their final decision, but she'll _____ it eventually.
· It took me a very long time to _____ the shock of her death.

① get away
② get down
③ get ahead
④ get over

15

밑줄 친 부분에 들어갈 말로 가장 적절한 것을 고르시오.   2017 국가직 9급(하반기)

As a middle-class Jew growing up in an ethnically mixed Chicago neighborhood, I was already in danger of being beaten up daily by rougher working-class boys. Becoming a bookworm would only have given them a decisive reason for beating me up. Reading and studying were more permissible for girls, but they, too, had to be careful not to get too _____, lest they acquire the stigma of being 'stuck up'.

① athletic
② intellectual
③ hospitable
④ inexperienced

PART 4

 2016 기출

01

밑줄 친 부분에 들어갈 말로 가장 적절한 것을 고르시오. 2016 지방직 9급

> The two cultures were so utterly _____ that she found it hard to adapt from one to the other.

① overlapped ② equivalent
③ associative ④ disparate

- utterly 완전히, 아주
- adapt 적응[순응]하다
- culture 문화

02

밑줄 친 부분에 들어갈 말로 가장 적절한 것을 고르시오. 2016 지방직 9급

> Penicillin can have an _____ effect on a person who is allergic to it.

① affirmative ② aloof
③ adverse ④ allusive

- allergic to ~을 몹시 싫어하는, ~에 대해 알레르기가 있는

03

밑줄 친 부분에 들어갈 말로 가장 적절한 것을 고르시오. 2016 지방직 9급

> Last year, I had a great opportunity to do this performance with the staff responsible for _____ art events at the theater.

① turning into ② doing without
③ putting on ④ giving up

- performance 성과, 수행, 공연
- responsible for ~의 책임이 있는

04

밑줄 친 부분에 공통으로 들어갈 말로 가장 적절한 것은?   2016 지방직 9급

- The psychologist used a new test to _____ overall personality development of students.
- Snacks _____ 25 % to 30 % of daily energy intake among adolescents.

① carry on
② figure out
③ account for
④ depend upon

- psychologist 심리학자
- personality 성격, 인성, 사람
- development 발달, 성장
- adolescent 청소년, 청년

05

밑줄 친 부분에 들어갈 말로 가장 적절한 것은?   2016 국가직 9급

The campaign to eliminate pollution will prove _____ unless it has the understanding and full cooperation of the public.

① enticing
② enhanced
③ fertile
④ futile

- eliminate 제거하다, 삭제하다
- pollution 오염, 공해
- prove 판명되다
- understanding 이해, 조화
- cooperation 협력, 협동

06

밑줄 친 부분과 의미가 가장 가까운 것을 고르시오.   2016 국가직 9급

It was personal. Why did you have to stick your nose in?

① hurry
② interfere
③ sniff
④ resign

- personal 개인의

07

밑줄 친 부분과 의미가 가장 가까운 것을 고르시오.   2016 국가직 9급

Newton made unprecedented contributions to mathematics, optics, and mechanical physics.

① mediocre
② suggestive
③ unsurpassed
④ provocative

- contribution 기여
- optics 광학
- mechanical 기계학의, 역학적인

2015 기출

01

밑줄 친 부분과 의미가 가장 가까운 것은? 2015 지방직 9급

> There are some diseases your doctor will rule out before making a diagnosis.

① trace
② exclude
③ instruct
④ examine

- diagnosis 진찰, 판단, 진단
- make a diagnosis 진단하다

02

밑줄 친 부분과 의미가 가장 가까운 것을 고르시오. 2015 지방직 9급

> Bringing presents for his children alleviated some of the guilt he felt for not spending enough time with them.

① relieved
② accumulated
③ provoked
④ accelerated

- guilt 죄책감

03

밑줄 친 부분과 의미가 가장 가까운 것을 고르시오. 2015 지방직 9급

> I am not made of money, you know!

① needy
② thrifty
③ wealthy
④ stingy

04

밑줄 친 부분과 의미가 가장 가까운 것을 고르시오. 2015 지방직 9급

> Experienced salespeople claim there is a difference between being assertive and being pushy.

① thrilled
② brave
③ timid
④ aggressive

- experienced 경험이 풍부한
- salespeople 점원, 판매인, 판매원, 외판원
- assertive 단정적인, 고집하는, 독단적인

05

밑줄 친 부분에 가장 적절한 것을 고르시오. 2015 국가직 9급

> The young knight was so _____ at being called a coward that he charged forward with his sword in hand.

① aloof
② incensed
③ unbiased
④ unpretentious

06

밑줄 친 부분에 가장 적절한 것을 고르시오. 2015 국가직 9급

> Back in the mid-1970s, an American computer scientist called John Holland _____ the idea of using the theory of evolution to solve notoriously difficult problems in science.

① took on
② got on
③ put upon
④ hit upon

07

밑줄 친 부분과 의미가 가장 가까운 것을 고르시오. 2015 국가직 9급

> He took out a picture from his drawer and kissed it with deep reverence, folded it meticulously in a white silk kerchief, and placed it inside his shirt next to his heart.

① carefully
② hurriedly
③ decisively
④ delightfully

08

밑줄 친 부분과 의미가 가장 가까운 것을 고르시오. 2015 국가직 9급

> The company cannot expect me to move my home and family at the drop of a hat.

① immediately
② punctually
③ hesitantly
④ periodically

PART 4
2014 기출

01
밑줄 친 부분과 의미가 가장 가까운 것을 고르시오. 2014 지방직 9급

Electric cars also are a key part of China's efforts to curb its unquenchable appetite for imported oil and gas, which communist leaders see as a strategic weakness.

① infallible
② aesthetic
③ adolescent
④ insatiable

- curb 재갈, 억제하다
- quench (불을) 끄다, (갈증을) 풀다
- appetite 관심, 욕구
- import 수입하다
- communist 공산주의자, 공산주의(자)의
- strategic 전략(상)의, 중요한
- weakness 약함, 허약, 결함

02
밑줄 친 부분에 들어갈 가장 적절한 것을 고르시오. 2014 지방직 9급

If you are someone who is _____, you tend to keep your feelings hidden and do not like to show other people what you really think.

① reserved
② loquacious
③ eloquent
④ confident

- hidden 숨겨진

03
밑줄 친 부분에 들어갈 가장 적절한 것을 고르시오. 2014 지방직 9급

How did you _____ selling cosmetics online?

① go around
② go back
③ go down
④ go into

- cosmetic 화장용의, 성형의, 미용의, 겉치레의

04

밑줄 친 부분에 가장 적절한 것은?   2014 국가직 9급

> Before she traveled to Mexico last winter, she needed to _____ her Spanish because she had not practiced it since college.

① make up to
② brush up on
③ shun away from
④ come down with

05

밑줄 친 부분과 의미가 가장 가까운 것은?   2014 국가직 9급

> I was told to let Jim pore over computer printouts.

① examine
② distribute
③ discard
④ correct

06

밑줄 친 부분과 의미가 가장 가까운 것은?   2014 국가직 9급

> Johannes Kepler believed that there would one day be "celestial ships with sails adapted to the winds of heaven" navigating the sky, filled with explorers "who would not fear the vastness" of space. And today those explorers, human and robot, employ as unerring guides on their voyages through the vastness of space the three laws of planetary motion that Kepler uncovered during a lifetime of personal travail and ecstatic discovery.

① faultless
② unreliable
③ gutless
④ unscientific

PART 4
2013 기출

01
밑줄 친 부분에 들어갈 가장 적절한 것을 고르시오. 2013 지방직 9급

> Every street or every store is now filled with cell phone users, ranging in age from eight to eighty. However, if we consider rapidly developing technology, an alternative apparatus might replace the cell phone soon and make it _____.

① obsolete
② extensive
③ prevalent
④ competent

- range 범위, 이르다, 영역
- alternative 대안, 대신의
- apparatus 기구, 장치
- replace 대체하다, 바꾸다

02
밑줄 친 부분에 들어갈 가장 적절한 것을 고르시오. 2013 지방직 9급

> If you provide me with evidence, I will have it _____ urgently.

① look up
② look after
③ looked into
④ looked up to

- provide 제공하다
- evidence 증거, 근거, 흔적, 단서
- urgently 긴급하게

03
밑줄 친 부분과 의미가 가장 가까운 것을 고르시오. 2013 지방직 9급

> The most important high-tech threat to privacy is the computer, which permits nimble feats of data manipulation, including retrieval and matching of records that were almost impossible with paper stored in file cabinets.

① speedy
② distinctive
③ efficient
④ impressive

- high-tech 최첨단의
- threat 위협
- permit ~을 허락하다, 가능하게 하다
- feat 재주; 위업, 공적
- manipulation 교묘한 처리, 솜씨 있는 취급
- retrieval (정보의) 검색, 회수

04
밑줄 친 부분과 의미가 가장 가까운 것을 고르시오. 2013 지방직 9급

> She was sorry to tell her husband that she couldn't keep the appointment. She was up to her eyes in work at that moment.

① interested in
② prepared for
③ released from
④ preoccupied with

- appointment 약속, 임명, 지명
- moment 순간, 지금

05

밑줄 친 부분에 들어갈 가장 적절한 것을 고르시오.　　2013 국가직 9급

> Visaokay assists the Australian travel industry, corporations and government, and individuals by ＿＿＿＿＿＿ the entire visa advice and visa issuance process. Visaokay minimizes the complexity and time delays associated with applying for and obtaining travel visas.

① appreciating　　② aggravating
③ meditating　　④ facilitating

06

밑줄 친 부분에 들어갈 가장 적절한 것을 고르시오.　　2013 국가직 9급

> Given our awesome capacities for rationalization and self-deception, most of us are going to measure ourselves ＿＿＿＿＿＿ : I was honest with that blind passenger because I'm a wonder person. I cheated the sighted one because she probably has too much money anyway.

① harshly　　② leniently
③ honestly　　④ thankfully

07

밑줄 친 ㉠과 ㉡에 공통으로 들어갈 가장 적절한 것은?　　2013 국가직 9급

> · In Korea, the eldest son tends to ＿㉠＿ a lot of responsibility.
> · The same words ＿㉡＿ different meaning when said in different ways.

① take over　　② take down
③ take on　　④ take off

08

밑줄 친 표현과 의미가 가장 가까운 것은?　　2013 국가직 9급

> We need to iron out a few problems first.

① conceive　　② review
③ solve　　④ pose

PART 4
 2012 기출

01

밑줄 친 부분에 들어갈 가장 적절한 것은? 2012 지방직 9급

> A _____ gene is one that produces a particular characteristic regardless of whether a person has only one of these genes from one parent, or two of them.

① recessive ② dominant
③ proficient ④ turbulent

- gene 유전자
- particular 특정한
- characteristic 특징, 특색을 이루는, 독자적인
- regardless of ~와 상관없이

02

밑줄 친 부분과 의미가 가장 가까운 것은? 2012 지방직 9급

> The commander of this ship ought to command the ship's course and also command the justice, peace and sobriety both among the seamen and all the passengers.

① concern ② anguish
③ solicitude ④ temperance

- commander 지도자, 사령관, 지휘관
- ought to 해야 한다
- command 명령하다
- justice 정의
- seamen 선원, 뱃사람

03

밑줄 친 부분에 들어갈 가장 알맞은 것은? 2012 지방직 9급

> The government is now trying to _____ the uprising with the help of some outside forces.

① put down ② drop by
③ fill up ④ abide by

- uprising 반란, 폭동

04

밑줄 친 부분에 들어갈 표현으로 가장 적절한 것은? 2012 지방직 9급

> The newly appointed minister said, "No development can ㉠ at the cost of people's rights because it is basic and fundamental. So any development will have to first ㉡ the people's rights."

	㉠	㉡		㉠	㉡
①	take place	take after	②	take place	take care of
③	take down	take care of	④	take down	take after

- minister 장관, 대신, 각료.
- right 권리
- fundamental 근본적인, 본질적인

05

밑줄 친 부분과 의미가 가장 가까운 것은? 2012 국가직 9급

> The winner's complacent smile annoyed some of the members of the audience.

① scornful
② simulated
③ self-satisfied
④ condescending

06

밑줄 친 부분에 들어갈 표현으로 가장 적절한 것을 고르시오. 2012 국가직 9급

> The usual way of coping with taboo words and notions is to develop euphemisms and circumlocutions. Hundreds of words and phrases have emerged to express basic biological functions, and talk about _____ has its own linguistics world. English examples include "to pass on", "to snuff the candle", and "to go aloft".

① death
② defeat
③ anxiety
④ frustration

07

밑줄 친 부분에 들어갈 표현으로 가장 적절한 것을 고르시오. 2012 국가직 9급

> The enjoyment of life, pleasure, is the natural object of all human efforts. Nature, however, also wants us to help one another to enjoy life. She's equally anxious for the welfare of every member of the species. So she tells us to make quite sure that we don't pursue our own interests _____ other people's.

① at the discretion of
② at the mercy of
③ at loose ends of
④ at the expense of

PART 4 — 2011 기출

01

밑줄 친 부분에 공통으로 들어갈 표현으로 가장 적절한 것은? 2011 지방직 9급

- At the funeral, family members gave _____ to their emotions and cried openly.
- The result should in no _____ be seen as a defeat for the government.
- European companies are putting their money into Asia in a big _____.

① way
② hand
③ sense
④ view

□ funeral 장례식, 장례
□ emotion 감정
□ defeat 패배(시키다)

02

밑줄 친 부분과 의미가 가장 가까운 것을 고르시오. 2011 지방직 9급

One of the most beguiling aspects of cyberspace is that it offers the ability to connect with others in foreign countries while also providing <u>anonymity</u>.

① hospitality
② convenience
③ disrespect
④ namelessness

□ beguiling 속이는, 재미있는
□ aspect 양상, 측면, ~면, 관점

03

밑줄 친 부분과 의미가 가장 가까운 것을 고르시오. 2011 지방직 9급

The injury may keep him out of football <u>for good</u>.

① permanently
② temporarily
③ for getting well
④ for treatment

□ injury 부상

04

밑줄 친 부분에 들어갈 표현으로 가장 적절한 것을 고르시오.　　2011 국가직 9급

> The viability of reclaimed water for indirect potable reuse should be assessed _____ quantity and reliability of raw water supplies, the quality of reclaimed water, and cost effectiveness.

① regardless of　　② with regard to
③ to the detriment of　　④ on behalf of

- reclaimed water 재생수
- potable 음용에 적합한
- assess 평가하다
- reliability 신뢰성, 확실성
- quantity 수량
- quality 품질
- effectiveness 효과적인

05

밑줄 친 부분에 들어갈 표현으로 가장 적절한 것을 고르시오.　　2011 국가직 9급

> To avoid death duty, the man _____ the greater part of his property to his only son as soon as he retired.

① made up of　　② made over
③ made out　　④ made up for

- death duty 상속세
- property 재산

06

밑줄 친 부분에 들어갈 표현으로 가장 적절한 것을 고르시오.　　2011 국가직 9급

> In general terms, tablet PC refers to a slate-shaped mobile computer device, equipped with a touchscreen or stylus to operate the computer. Tablet PCs are often used where normal notebooks are impractical or _____, or do not provide the needed functionality.

① unwieldy　　② inconclusive
③ exclusive　　④ unprecedented

- equip 갖추다, 채비를 하다, 맡기다, 치장하다
- impractical 비실용적인, 비현실적인
- functionality 기능성, 컴퓨터의 모든 기능

07

밑줄 친 부분과 의미가 가장 가까운 것은?　　2011 국가직 9급

> It is debatable whether nuclear weapons actually prevent war.

① contradictory　　② reconcilable
③ augmentative　　④ controversial

- nuclear 핵의
- prevent 막다, 예방하다

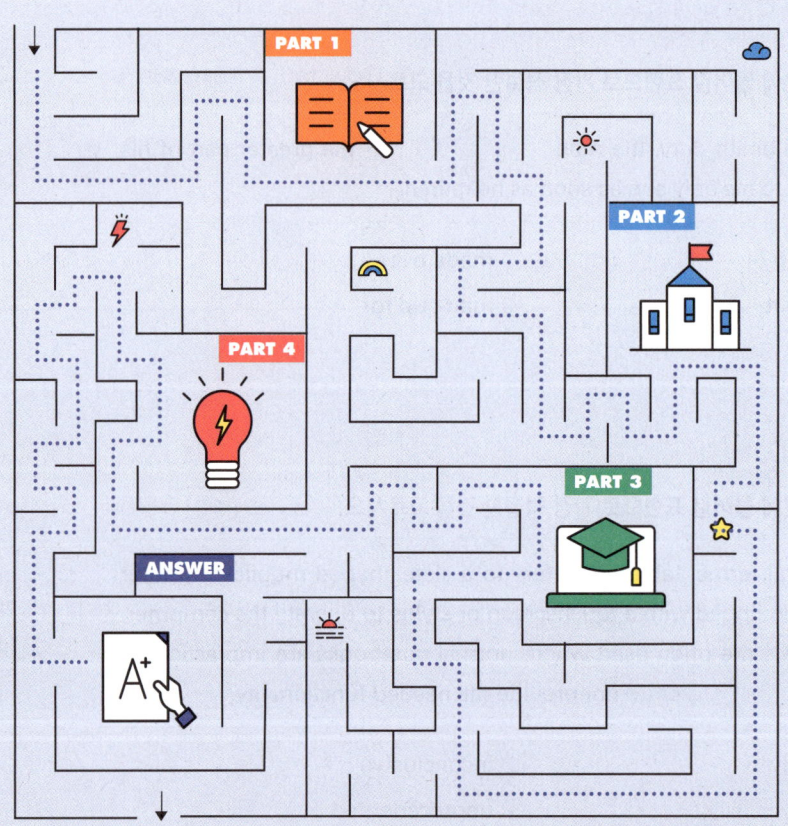

ANSWER

정답 및 해석

PART 4 기출 핵심 문제

2023 기출

01

선지 해석

※ subsequent 다음의
① required 필수의
② following 그 다음의
③ advanced 선진의, 고급의
④ supplementary 보충의, 추가의

해석
우리 프로젝트에 대한 자세한 설명은 후속 프레젠테이션에서 제공될 것이다.

정답 ②

02

선지 해석

※ courtesy 예의, 공손함
① charity 자선, 관용
② humility 겸손
③ boldness 대담함
④ politeness 예의, 공손함

해석
사회적 관행은 한 집단의 구성원들이 다른 사람들에게 예의를 보이기 위해 따라야 하는 관습이다. 예를 들어, 재채기를 할 때 "실례합니다"라고 말하는 것은 미국의 사회적 관행이다.

정답 ④

03

선지 해석

※ brought up 양육하다
① raised 길러진, 양육된
② advised 신중한, 숙고한
③ observed 관찰된
④ controlled 통제된, 제어된

해석
이 아이들은 건강한 음식을 먹고 양육되어왔다.

정답 ①

04

선지 해석

※ do away with 폐지하다, 없애다

① abolished 폐지되다
② consented 동의하다
③ criticized 비판하다
④ justified 정의하다

해석
노예제도는 19세기가 되어서야 비로소 폐지되었다.

정답 ①

05

선지 해석
① deception 속임, 속임수
② flexibility 융통성, 유연성
③ competition 경쟁, 대회
④ transparency 투명함

해석
유권자들은 선거 과정의 투명성을 높일 것을 요구했다. 그들이 그것(과정)을 명확하게 보고 이해할 수 있도록 하기 위해서.

정답 ④

06

선지 해석

※ intimate 친한, 친밀한
① nosy 참견하기 좋아하는
② close 친밀한, 가까운
③ outgoing 외향적인, 사교적인
④ considerate 사려깊은, 배려하는

해석
제인은 화려한 결혼식보다는 작은 결혼식을 하고 싶었다. 그래서, 그녀는 맛있는 음식을 먹고 즐거운 시간을 보내기 위해 그녀의 가족 및 몇몇 친한 친구들을 초대하기로 계획했다.

정답 ②

07

선지 해석

※ incessant 끊임없는, 쉴새없는
① rapid 빠른
② constant 끊임없는, 거듭되는
③ significant 중요한, 특별한 의미가 있는
④ intermittent 간헐적인

해석
끊임없는 대중의 호기심과 저렴한 비용으로 인한 건강 혜택으로 인해 소비자 수요가 기능성 식품에 대한 관심을 높였다.

정답 ②

08

선지 해석
※ hold off 미루다, 시작하지 않다
① elaborate 자세히 설명하다, 상술하다
② release 풀어주다, 놓아주다
③ modify 수정하다, 한정하다
④ suspend 연기하다, 유예하다

해석
전염병 때문에, 회사는 근로자들에게 다양한 훈련 프로그램을 제공하려는 계획을 연기해야만 했다.

정답 ④

09

선지 해석
※ abide by 지키다, 준수하다
① accept 받아들이다, 받아 주다, 믿다
② report 알리다, 보고하다
③ postpone 연기하다, 미루다
④ announce 발표하다, 선언하다

해석
신임 주지사는 수감자를 석방하라는 고등법원의 결정을 따르겠다고 말했다.

정답 ①

2022 기출

01

선지 해석
※ flexible 유연한
① strong 힘센, 튼튼한
② adaptable 적응할 수 있는, 유연한
③ honest 정직한
④ passionate 열정적인, 격정적인

해석
학교 교사들은 학생들의 다양한 능력 수준에 대처하기 위해 유연해야 한다.

정답 ②

02

선지 해석
※ vary 다르다, 달라지다, 변화를 주다
① change 변하다, 기저귀를 갈다
② decline 감소, 줄어들다
③ expand 확대되다, 확대시키다
④ include 포함하다, -을 포함시키다

해석
농작물 수확량은 변하며, 일부 지역에서는 좋아지기도 하고 다른 지역에서는 감소하기도 한다.

정답 ①

03

선지 해석
※ with respect to -에 관하여
① in danger of -할 위험이 있는
② in spite of -에도 불구하고
③ in favor of -에 찬성하여
④ in terms of -에 관하여, 면에서는

해석
나는 내 교육에 관해서 누구에게도 열등감을 느끼지 않는다.

정답 ④

04

선지 해석
① turn into -로 변하다,-로 바뀌다
② start over 다시 시작하다
③ put up with 참다, 견디다
④ run out of -을 다 써버리다

해석
때때로 우리는 다음 월급날 훨씬 전에 돈을 다 쓴다.

정답 ④

05

선지 해석
※ unravel 풀다, 풀리다
① solve 풀다, 해결하다
② create 창조하다, 만들다, 자아내다
③ imitate 모방하다, 본뜨다, 흉내내다
④ publicize 알리다, 광고하다

해석
수년 동안 형사들은 쌍둥이 형제의 갑작스런 실종에 대한 미스터리를 풀고려 노력해 왔다.

정답 ①

06

선지 해석
※ opulent 호화로운, 풍부한, 부유한
① hidden 숨겨진

② luxurious 호화로운, 아주 편안한
③ empty 비어있는, 공허한
④ solid 단단한, 고체의

해석
부부가 부모가 되기 전에는 침실 4개짜리 집이 불필요하게 호화로워 보였다.

정답 ②

07

선지 해석
※ hit the roof 화를 내다
① was very satisfied 매우 만족했다
② was very surprised 매우 놀랐다
③ became extremely calm 매우 침착해졌다
④ became extremely angry 매우 화를 냈다

해석
사장님은 우리가 이미 그렇게 짧은 기간에 예산을 다 써버린 것을 보고 화를 내셨다.

정답 ④

08

선지 해석
① technician 기술자, 기사
② equivalent 대응하는 것, 등가물, 동등한
③ network 네트워크, 망, 연결하다
④ simulation 시뮬레이션, 모의실험

해석
마우스 포테이토란 TV의 카우치 포테이토와 동등한 컴퓨터 버전이다. TV 앞에서 카우치 포테이토(오랫동안 가만히 앉아 텔레비전만 보는 사람)와 같은 방식으로 컴퓨터 앞에서 많은 여가 시간을 보내는 경향이 있는 사람이다.

정답 ②

09

선지 해석
① brush up on 복습하다, 다시 공부하다
② hear out -의 말을 끝까지 들어주다, 알아듣다
③ stick up for -을 방어하다, 변호하다, 옹호하다
④ lay off -을 해고하다, -을 그만 하다

해석
Mary는 남미에 가기 전에 스페인어를 복습하기로 결심했다.

정답 ①

2021 기출

01

선지 해석
※ gratification 만족, 희열
① liveliness 원기, 활기, 쾌활함
② confidence 신뢰, 자신감, 확신
③ tranquility 평온, 평안, 고요
④ satisfaction 만족

해석
많은 충동 구매자들에게, 그들이 무엇을 사는지보다 구매하는 행동이 만족으로 이어지는 것이다.

정답 ④

02

선지 해석
① extinction 멸종
② depression 우울증, 불황, 불경기
③ efficiency 효율
④ caution 조심, 경고

해석
세계화는 더 많은 나라들이 그들의 시장을 개방하도록 이끌며, 그들은 더 낮은 비용과 더 높은 효율로 상품과 서비스를 자유롭게 거래할 수 있게 한다.

정답 ③

03

선지 해석
① fixes 해결책
② damages 손상, 피해
③ prizes 상
④ complications 문제, 합병증

해석
우리는 번아웃의 비용에 대해 잘 알고 있다. 에너지, 동기부여, 생산성, 참여 및 헌신은 직장에서나 가정에서나 모두 타격을 입을 수 있다. 또한 많은 해결책이 직관적이다. 정기적으로 플러그를 뽑아라. 불필요한 미팅을 줄여라. 운동을 해라. 낮에 작은 휴식 시간의 일정을 잡아라. 가끔 자리를 비울 여유가 없다고 생각하더라도 휴가를 가져라. 왜냐하면 때때로는 떠나 있어야 하기 때문이다.

정답 ①

04

선지 해석
① (fall on) fell on 떨어지다, ~에게 덤벼들다, ~의 책임이다
② call(ed) for 요구하다, 필요로 하다, 가지러 가다, 부르다

③ pick(ed) up 회복되다, 계속하다, 다시 시작하다, 정리정돈하다
④ turn(ed) down 거절하다

해석
정부는 새로운 세액 조정 제도로 인해 늘어나는 세금 부담에 대해 봉급생활자들을 달래기 위한 방안을 모색하고 있다. 지난 월요일 대통령 보좌관들과의 회담에서, 대통령은 참석한 사람들(보좌관)에게 대중과 더 많은 소통 채널을 열 것을 요구했다.

정답 ②

05

선지 해석
※ apprehend 파악하다, 이해하다, 체포하다
① encompass 포함하다, 에워싸다, 달성하다
② intrude 강요하다, 위반하다, 침범하다
③ inspect 조사하다
④ grasp 파악하다, 이해하다

중국 서예를 공부할 때, 중국 언어의 기원과 그것이 원래 어떻게 쓰였는지 알아야 한다. 하지만, 그 나라의 예술적 전통에서 자라난 사람들을 제외하고는, 그것의 미적 의의를 파악하기가 매우 어려워 보인다.

정답 ④

06

선지 해석
※ in conjunction with ~와 함께, ~와 연대하여
① in combination with ~와 결합하여
② in comparison with ~에 비교하여
③ in place of ~을 대신해서
④ in case of ~의 경우, ~한 때에는

해석
사회 관행으로서의 사생활은 다른 사회 관행과 함께 개인의 행동을 형성하고 따라서 사회 생활의 중심이 된다.

정답 ①

07

선지 해석
※ pervasive 만연한, 스며드는
① deceptive 기만적인, 현혹하는, 속이는
② ubiquitous 만연한, 어디에나 있는
③ persuasive 설득력 있는, 설득적인
④ disastrous 비참한, 형편없는

해석
재즈의 영향력은 너무나 만연하여 대부분의 대중음악은 그 양식적 뿌리가 재즈에 있다.

정답 ②

08

선지 해석
※ vexed 골치 아파하는, 성난, 제멋대로인
① callous 냉담한, 굳어진
② annoyed 골치 아픈, 짜증이 난, 화가 난
③ reputable 평판이 좋은, 훌륭한
④ confident 자신감 있는, 확신하는

해석
이 소설은 사업을 시작하기 위해 학교를 그만두는 제멋대로인 한 십대의 골치 아파하는 부모에 관한 이야기이다.

정답 ②

09

선지 해석
① line up 줄을 서다, 늘어세우다.
② give out 바닥이 나다, 정지하다, 보내다
③ carry on 계속가다, 투덜대다, 수행하다
④ break into 침입하다

해석
한 무리의 젊은 시위대가 경찰서에 침입하려고 시도했다.

정답 ④

2020 기출

01

선지 해석
① sanitary 위생적인
② insulated 절연된
③ recyclable 재활용할 수 있는
④ waterproof 방수의

해석
플라스틱 병의 문제는 그것들이 절연되어 있지 않다는 것입니다. 그래서 온도가 올라가기 시작하면, 여러분의 물도 뜨거워질 것입니다.

정답 ②

02

선지 해석
※ alleviate 완화하다, 경감하다, 가볍게 하다
① complement 보완하다
② accelerate 촉진시키다
③ calculate 계산하다, 생각하다
④ relieve 완화하다

해석
작문 과정에서 작가가 채택하는 전략은 주의력 과부하의 어려움을 완화시킬 수 있다.

정답 ④

03

선지 해석
※ touch off ~을 촉발하다, 유발하다
① looked after ~를 돌보다
② gave rise to ~을 유발하다
③ made up for ~을 보상하다, 보충하다
④ kept in contact with ~와 접촉을 유지하다

해석
그 잔인한 광경은 그렇지 않았다면 그녀의 마음속에 들어오지 않았을 생각을 불러일으켰다.

정답 ②

04

선지 해석
※ shun 피하다
① avoided 피하다
② warned 경고하다, 주의하다
③ punished 처벌하다, 벌을 주다
④ imitated 모방하다

해석
그 학교 불량배는 학급의 다른 학생들에게 외면당하는 것이 어떤 것인지 알지 못했다.

정답 ①

05

선지 해석
※ make a case for 주장하다
① objected to ~에 반대하다
② dreamed about ~을 꿈꾸다
③ completely excluded 완전히 배제하다
④ strongly suggested 강하게 제안하다

해석
Francesca가 여름휴가 동안 집에 머무를 것이라고 주장을 한 후, 불편한 침묵이 식탁에 내려앉았다. Robert는 지금이 그가 그녀에게 자신의 거창한 계획을 말할 적기인지 확신하지 못했다.

정답 ④

06

선지 해석
※ candid 솔직한, 진솔한
① frank 솔직한
② logical 논리적인
③ implicit 맹목적인, 함축적인, 암시된, 내포된
④ passionate 열정적인, 격렬한

해석
전자레인지 모델 및 스타일에 대한 광범위한 목록과 솔직한 고객 리뷰 및 가격대는 가전제품 비교 웹 사이트에서 확인할 수 있습니다.

정답 ①

07

선지 해석
※ conspicuous 뚜렷한
① passive 수동적인
② vaporous 수증기가 가득한
③ dangerous 위험한
④ noticeable 뚜렷한

해석
옐로스톤이 본래 화산성이라는 것은 알려진 지 오래고 화산에 대한 한 가지 사실은 그것들이 일반적으로 눈에 잘 띈다는 것이다.

정답 ④

08

선지 해석
※ inside out 속속들이
① eventually 결국
② culturally 문화적으로
③ thoroughly 철저하게
④ tentatively 망설이며, 시험적으로

해석
그는 그 도시에 대해 속속들이 알고 있기 때문에 당신에게 그곳에 가는 방법을 말해 줄 가장 좋은 사람이다.

정답 ③

09

선지 해석
※ pay tribute to ~에게 경의를 표하다
① honor 경의를 표하다
② compose 구성하다
③ publicize 알리다
④ join 참여하다

해석
이동 경로 내내 판지, 눈, 그리고 건설 용지에 새겨진 메시지를 포함하여 그 팀을 경의하기 위한 수천 개의 소박한 시도들이 있었다.

정답 ①

2019 기출

01

선지 해석
※ excavate 발굴하다
① exhumed 발굴되다
② packed 꽉 들어찬
③ erased 지워진
④ celebrated 유명한

해석
나는 이 문서들을 이제 죽고 묻힌 감성의 유물로 보기 위해 왔다. 이 유물들은 발굴되어야 한다.

정답 ①

02

선지 해석
※ sheer 완전한, 순전한
① utter 완전한, 순전한
② scary 무서운
③ occasional 가끔
④ manageable 관리할 수 있는

해석
롤러코스터를 타는 것은 감정의 폭주가 될 수 있다. 좌석에 묶여 있을 때의 두려운 기대감, 점점 올라가면서 드는 의문과 후회 그리고 열차가 처음 떨어질 때 느껴지는 순전한 아드레날린의 솟구침과 같이 말이다.

정답 ①

03

선지 해석
※ engrossed in ~에 몰두하여
① enhanced by ~에 의해 향상된
② apathetic to ~에 대해 냉담한
③ stabilized by ~에 의해 안정된
④ preoccupied with ~에 사로잡힌

해석
지루한 오후 강의 동안에는 시간이 천천히 흐르는 것처럼 보이고, 뇌가 아주 재미있는 것에 몰두할 때는 시간이 질주하는 것처럼 보인다.

정답 ④

04

선지 해석
※ keep abreast of ~에 뒤지지 않게 하다, (소식이나 정보를) 계속 접하다
① be acquainted with ~와 아는 사이다, ~를 익히 알다
② get inspired by ~에 영감을 받다
③ have faith in ~를 믿고 있다, 신앙하다
④ keep away from ~에 가까이 하지 않다

해석
이러한 매일의 업데이트는 정부가 시장을 통제하려고 시도함에 따라 독자들이 시장에 대해 계속 알도록 하기 위해 고안되었다.

정답 ①

05

선지 해석
※ discern 구별하다, 분간하다
① distinguish 구별하다
② strengthen 강화하다
③ undermine 약화시키다
④ abandon 버리다

해석
Natural Gas World 구독자들은 정확하고 신뢰할 수 있는 핵심 정보와 업계 상황에 대한 수치를 제공받게 될 것이기 때문에 그들은 그들의 사업에 무엇이 관련되어 있는지 충분히 구별할 수 있을 것이다.

정답 ①

06

선지 해석
※ stand out 두드러지다, 눈에 띄다
① was overwhelmed 압도되다
② was impressive 눈부시다, 인상적이다
③ was depressed 우울하다
④ was optimistic 낙관적이다

해석
여자 1500m에서 은메달을 딴 West 양은 이 시합 내내 눈에 띄었다.

정답 ②

07

선지 해석
※ compulsory 의무적인, 필수의
① complementary 상호 보완적인
② systematic 체계적인
③ mandatory 의무적인
④ innovative 혁신적인

해석
미국은 모든 어린이들에게 의무적으로 교육을 실시하지만, 학교 출석이 필요한 연령대는 주마다 다르다.

정답 ③

08

선지 해석
※ disclose 밝히다, 누설하다
① let on (비밀을) 말하다, 누설하다
② let off 발사하다
③ let up 약해지다, 느슨해지다
④ let down 실망시키다

해석
비록 그 여배우는 일하는 동안 많은 혼란을 겪었지만, 그녀는 자신이 불행하다고 아무에게도 밝히지 않았다.

정답 ①

2018 기출

01

선지 해석
※ paramount 최고의, 지상의, 주요한
① chief 주된, 주요한, 중요한
② sworn 선서[맹세]를 하고
③ successful 성공한
④ mysterious 신비한, 불가사의한

해석
의사의 가장 중요한 의무는 해를 끼치지 않는 것이다. 다른 모든 것, 심지어 치료도 부차적이어야만 한다.

정답 ①

02

선지 해석
※ get cold feet 겁이 나다, 갑자기 초조해지다
① become ambitious 야심이 생기다
② become afraid 두려워하다
③ feel exhausted 기진맥진한
④ feel saddened 슬퍼진

해석
사람들이 북극으로 여행을 가는 것에 대해 겁을 내는 것은 이상한 일이 아니다.

정답 ②

03

선지 해석
※ intimidating 위협하는
① humorous 재미있는
② friendly 친근한
③ convenient 편리한
④ frightening 위협하는

해석
최첨단 접근법이 위협적이라는 것을 알게 된 학생은 오래된 방식으로 그 또는 그녀가 배웠을지도 모르는 것보다 덜 배운다.

정답 ④

04

선지 해석
① get rid of ~를 제거하다, 없애다
② let go of ~를 놓다, 놓아주다
③ make do with ~으로 임시변통하다, 때우다
④ break up with ~와 헤어지다

해석
지금 에어컨 수리 중이기 때문에, 사무실의 직원들은 하루 동안 선풍기로 때워야 한다.

정답 ③

05

선지 해석
※ indigenous 토착의, 원산의
① native 원주민의, 토착의
② ravenous 탐욕스러운
③ impoverished 빈곤한, 가난한
④ itinerant 순회하는, 떠돌아다니는

해석
전설적인 다큐멘터리 영화 제작자인 Robert J. Flaherty는 원주민들이 어떻게 음식을 모았는지 보여주려고 했다.

정답 ①

06

선지 해석
① on a par with ~와 동등하게
② a far cry from ~와는 거리가 먼
③ contingent upon ~여하에 달린
④ a prelude to ~의 서막

해석
음악을 듣는 것은 락 스타가 되는 것과는 거리가 멀다. 누구나 음악을 들을 수 있지만 음악가가 되려면 재능이 필요하다.

정답 ②

07

선지 해석
※ malefactor 범인

① culprit 범죄자
② dilettante 애호가
③ pariah 천민
④ demagogue 선동가

해석
경찰은 7개월 동안 이 사건을 수사했지만, 범인의 신원을 확인할 수 없었다.

정답 ①

08

선지 해석
※ through thick and thin 좋을 때나 나쁠 때나, 때를 가리지 않고
① in no time 즉시, 당장
② from time to time 때때로, 가끔
③ in pleasant times 즐거운 시간에
④ in good times and bad times 좋을 때나 나쁠 때나

해석
언뜻 보기에 그의 친구들은 단지 거머리인 것처럼 보이지만, 그들은 그가 좋을 때나 나쁠 때 의지할 수 있는 친구들인 것을 증명한다.

정답 ④

2017 기출

01

선지 해석
※ surrogate 대용물, 대리인
① proxy 대리인
② sentry 보초
③ predecessor 전임자
④ plunderer 약탈자

해석
최신 법률 중 일부는 사람들이 필요할 때 그들을 위해 의학적인 결정을 내릴 수 있는 대리인을 임명하는 것을 허가한다.

정답 ①

02

선지 해석
※ on the fence 애매한 태도를 취하여
① anguished 고뇌에 찬
② enthusiastic 열정적인, 열렬한
③ apprehensive 걱정하는, 불안한, 염려하는
④ undecided 우유부단한, 미결정의

해석
그녀는 루브르 박물관에서 모나리자를 보러 가는 것에 대해 애매한 태도를 취하고 있다.

정답 ④

03

선지 해석
① palatable 맛 좋은, 입에 맞는, 맛있는
② dissolvable 용해할 수 있는, 분해할 수 있는
③ potable 마실 수 있는
④ susceptible 영향을 받기 쉬운

해석
저희 메인 요리는 맛이 별로 없었지만, 조미료를 넣어 더 맛있게 만들었습니다.

정답 ①

04

선지 해석
※ subsidy 보조금, 지원금
① financial support 재정적 원조
② long-term planning 장기 계획
③ technical assistance 기술 지원
④ non-restrictive policy 제한적이지 않은 정책

해석
두 차례의 세계 대전 동안, 정부의 보조금과 새로운 비행기에 대한 수요는 그들의 디자인과 건설을 위한 기술을 크게 향상시켰다.

정답 ①

05

선지 해석
※ convoluted 대단히 난해한, 복잡한
① ancient 고대의, 아주 오래된
② unrelated 관련 없는
③ complicated 복잡한
④ otherworldly 내세의

해석
화요일 밤 TV 쇼의 시즌 초연은 이 쇼의 복잡한 신화와 보다 인간적이고 캐릭터 중심적인 차원 사이에서 균형을 맞추려는 듯 보였다.

정답 ③

06

선지 해석
※ wind up 끝내다, 마치다
① initiated 시작하다
② resumed 재개하다

③ terminated 끝내다
④ interrupted 방해하다

해석
우리가 대화를 끝냈을 때, 나는 내가 제네바에 가지 않을 것이라는 것을 알았다.

정답 ③

07

선지 해석
① run over 차로 치다
② asked out 초대하다, 데이트를 신청하다
③ carried out 수행하다
④ passed over 무시하다, 제외시키다

해석
15년 경력의 한 경사가 젊은 경찰관에 대한 선호 때문에 진급에서 제외된 후에 실망했다.

정답 ④

08

선지 해석
※ detest 싫어하다, 혐오하다
① defended 방어하다, 옹호하다
② abhorred 혐오하다
③ confirmed 확인하다
④ abandoned 버리다, 단념하다

해석
나는 밤 늦게까지 깨어 있는다는 생각을 완전히 혐오했다.

정답 ②

09

선지 해석
※ uncanny 이상한, 묘한, 엄청난
① odd 이상한
② ongoing 계속 진행 중인
③ obvious 명백한
④ offensive 모욕적인, 불쾌한

해석
나는 이 장면을 전에 어디선가 본 적이 있다는 이상한 느낌이 들었다.

정답 ①

10

선지 해석
※ put up with 참다, 견디다
① modify 변경하다, 변형하다, 수정하다
② record 기록하다
③ tolerate 견디다, 참다
④ evaluate 평가하다

해석
이 회사에서는 그런 행동을 참지 않을 것입니다.

정답 ③

11

선지 해석
※ appease 달래다, 진정시키다, 가라앉히다
① assign 할당하다, 부여하다
② apprehend 체포하다, 파악하다
③ pacify 달래다, 진정시키다
④ provoke 유발하다, 화나게 하다

해석
요즘 할로윈은 이교도와 카톨릭 축제에 뿌리를 두고 있지 않으며, 우리가 달래는 영혼들은 더 이상 죽은 자들이 아니다. 가난한 유령들은 의상을 입고 간식을 요구하는 어린이들로 대체되었다.

정답 ③

12

선지 해석
※ make light of something ~을 가볍게 여기다
① consider something as serious 무언가를 심각하게 여기다.
② treat something as unimportant 무언가를 중요시하지 않는다.
③ make an effort to solve a problem 문제를 해결하려고 노력하다.
④ seek an acceptable solution 수용 가능한 해결책을 찾다.

해석
나는 보통 내 문제를 가볍게 여기는데, 그것이 나를 기분 좋게 한다.

정답 ②

13

선지 해석
※ quintessential 본질적인, 정수의
① healthiest 가장 건강한
② affordable 알맞은, 줄 수 있는, 입수 가능한
③ typical 전형적인
④ informal 격식 차리지 않는

해석
햄버거와 감자튀김은 패스트푸드 체인점의 홍보 노력 덕분에 1950년대에 전형적인 미국 식사가 되었다.

정답 ③

14

선지 해석
① get away 떠나다, 탈출하다

② get down 삼키다, 우울하게 만들다
③ get ahead 앞서다
④ get over 극복하다, 탈출하다

해석
· 그녀는 그들의 최종 결정에 실망했지만, 결국 그것을 극복할 것이다.
· 나는 그녀의 죽음의 충격을 극복하는 데 매우 오랜 시간이 걸렸다.

정답 ④

15

선지 해석
① athletic 육상의, 탄탄한
② intellectual 지적인, 지능의
③ hospitable 환대하는, 친절한
④ inexperienced 경험이 부족한, 미숙한

해석
인종적으로 뒤섞인 시카고 근처에서 자란 중산층 유대인으로, 나는 이미 거친 노동자 계급 소년들에게 매일 맞을 위험에 처해 있었다. 책벌레가 된 것은 그들이 나를 두들겨 패는 결정적인 이유가 되었을 뿐이다. 독서와 공부는 여학생들에게 더 허용되었지만, 그들 역시 너무 지적이지 않도록 조심해야 했다. 그들이 '거만하다'는 오명을 쓰지 않도록 말이다.

정답 ②

2016 기출

01

선지 해석
① overlapped 부분적으로 일치하는, 겹치는
② equivalent 동등한, ~에 상당하는
③ associative 결합의, 공동의
④ disparate 서로 전혀 다른, 이질적인

해석
그 두 문화는 너무나 완전히 서로 달라서 그녀는 한 문화에서 다른 문화로 적응하는 것이 어렵다고 보았다.

정답 ④

02

선지 해석
① affirmative 긍정의
② aloof 냉담한, 초연한, 떨어져서
③ adverse 부정적인, 불리한
④ allusive 암시적인

해석
페니실린은 알레르기가 있는 사람에게 부정적인 영향을 미칠 수 있다.

정답 ③

03

선지 해석
① turn into (~에서) ~이 되다[~으로 변하다]
② do without ~ 없이 견디다[지내다]
③ put on 공연[상연]하다, 방송하다, 개최하다
④ give up 포기하다, 그만두다

해석
작년에 저는 극장에서 예술 행사를 하는 스태프들과 함께 이 공연을 할 수 있는 좋은 기회를 가졌습니다.

정답 ③

04

선지 해석
① carry on 계속 가다, 투덜대다
② figure out 이해하다[알아내다], 계산하다
③ account for 설명하다, (비율을) 차지하다
④ depend on ~에 의존하다

해석
· 심리학자는 학생들의 전반적인 성격발달을 설명하기 위해 새로운 시험을 이용했다.
· 과자는 청소년의 하루 에너지 섭취량의 25-30%를 차지한다.

정답 ③

05

선지 해석
① enticing 매혹시키는, 유혹적인, 마음을 홀리는
② enhanced 향상된, 강화된, 높인
③ fertile 기름진, 비옥한, 결실을 낳는
④ futile 헛된, 쓸데없는, 효과 없는

해석
오염 제거 운동은 대중의 이해와 완전한 협조를 얻지 않는 한 헛된 것으로 판명될 것이다.

정답 ④

06

선지 해석
※ stick one's nose in ~에 쓸데없이 간섭하다
① hurry 서두르다, 급히 하다
② interfere 간섭하다, 방해하다
③ sniff 냄새를 맡다, 코를 킁킁거리다
④ resign 사임하다, 사퇴하다, 물러나다

해석
개인적인 일이었어. 왜 그렇게 쓸데없이 참견해?

정답 ②

07

선지 해석

※ unprecedented 전례 없는[엄청난]
① mediocre 보통의, 평범한
② suggestive 시사[암시]하는, 연상시키는, 도발적인
③ unsurpassed 탁월한, 비길 데 없는
④ provocative 도발적인, 자극적인

해석

Newton은 수학, 광학, 그리고 기계 물리학에 전례 없는 공헌을 했다.

정답 ③

2015 기출

01

선지 해석

※ rule out 배제하다
① trace 자국을 더듬다, 긋다
② exclude 배척하다, 제외(배제)하다
③ instruct 지시하다
④ examine 조사하다, 검사하다

해석

당신의 의사가 진단을 내리기 전에 배제할 몇 가지 질병이 있다.

정답 ②

02

선지 해석

※ alleviate 경감하다
① relieved 경감하다, 덜다
② accumulated 축적하다
③ provoked 자극하다
④ accelerated 가속하다

해석

자녀들에게 줄 선물을 가지고 온 것은 자녀들과 충분한 시간을 보내지 못한 그가 느꼈던 죄책감을 어느 정도 완화시켜 주었다.

정답 ①

03

선지 해석

※ made of money 매우 부유한
① needy 궁핍한
② thrifty 근검한, 검소한, 절약하는
③ wealthy 넉넉한, 유복한
④ stingy 인색한, 부족한, 근소한

해석

나 부유하지 않은 거 알잖아!

정답 ③

04

선지 해석

※ pushy 억지가 센, 지나치게 강요하는
① thrilled 흥분한, 황홀한
② brave 용감한
③ timid 소심한
④ aggressive 공격적인, 적극적인

해석

경험이 풍부한 영업사원들은 독단적인 것과 강압적인 것 사이에는 차이가 있다고 주장한다.

정답 ④

05

선지 해석

① aloof 냉담한
② incensed 격노한
③ unbiased 편견 없는
④ unpretentious 허세부리지 않는, 겸손한

해석

그 젊은 기사는 겁쟁이라고 불리는 것에 매우 격분해서 손에 칼을 들고 앞으로 돌진했다.

정답 ②

06

선지 해석

① took on ~을 고용하다
② got on ~에 타다
③ put upon ~을 속이다
④ hit upon ~을 (우연히) 생각해내다

해석

1970년대 중반, John Holland라고 불리는 미국의 컴퓨터 과학자는 과학에서 악명 높게 어려운 문제들을 해결하기 위해 진화론을 사용하자는 생각을 떠올렸다.

정답 ④

07

선지 해석

※ meticulously 조심스럽게, 꼼꼼하게
① carefully 주의 깊게, 신중히

② hurriedly 급히, 허둥지둥
③ decisively 결정적으로, 단호히
④ delightfully 즐겁게, 유쾌하게

해석
그는 서랍에서 사진을 꺼내어 깊은 깊은 경의를 담아 키스를 한 뒤 흰 비단 손수건으로 꼼꼼하게 접은 뒤 셔츠 안 가슴 옆에 넣었다.

정답 ①

08

선지 해석
※ at the drop of a hat 신호가 있으면, 즉시, 기꺼이
① immediately 즉시
② punctually 시간을 엄수해서
③ hesitantly 주저하면서
④ periodically 주기적으로, 정기적으로

해석
회사는 내가 즉시 집과 가족을 옮길 것이라고 기대할 수 없다.

정답 ①

2014 기출

01

선지 해석
※ unquenchable 끌 수 없는, 막을 수 없는
① infallible 오류가 없는
② aesthetic 미학의, 심미적인
③ adolescent 청춘의, 사춘기의
④ insatiable 탐욕스러운, 만족할 줄 모르는

해석
전기차는 또한 중국이 수입 석유와 가스에 대한 탐욕스러운 욕구를 억제하기 위한 노력의 핵심 부분인데, 이것을 공산주의 지도자들이 전략적 약점으로 보고 있다.

정답 ④

02

선지 해석
① reserved 내성적인
② loquacious 말이 많은
③ eloquent 유창한
④ confident 자신 있는

해석
만약 여러분이 내성적인 사람이라면, 여러분은 감정을 숨기고 다른 사람들에게 여러분이 생각하는 것을 보여주는 것을 좋아하지 않는 경향이 있

습니다.

정답 ①

03

선지 해석
① go around ~을 열심히 하다
② go back 다시 하다
③ go down 내려가다, 떨어지다
④ go into 시작하다, 종사하다

해석
온라인으로 화장품 판매는 어떻게 시작했어요?

정답 ④

04

선지 해석
① make up to ~에게 아첨하다
② brush up on 복습하다
③ shun away from ~로부터 피하다
④ come down with ~으로 몸져 눕다

해석
지난 겨울에 멕시코로 여행하기 전에, 그녀는 대학생 때 이후로 스페인어를 연습하지 않았기 때문에 스페인어를 복습해야 했다.

정답 ②

05

선지 해석
※ pore over 자세히 조사하다, 세세히 보다
① examine 조사하다
② distribute 분배하다
③ discard 버리다, 폐기
④ correct 정정하다

해석
나는 Jim이 컴퓨터 인쇄물을 자세히 보게 하라는 말을 들었다.

정답 ①

06

선지 해석
※ unerring 정확한, 틀림이 없는
① faultless 흠이 없는
② unreliable 신뢰할 수 없는
③ gutless 무기력한
④ unscientific 비과학적인

해석
Johannes Kepler는 언젠가 "우주의 광활함을 두려워하지 않을" 탐험

가들로 가득찬 하늘의 바람에 맞춰진 돛을 가진 천체선이 하늘을 항해할 것이라고 믿었다. 그리고 오늘날, 인간과 로봇은, Kepler가 일생 동안 개인적인 노고와 황홀한 발견을 하는 동안 발견한 세 가지 행성 운동 법칙의 광대한 공간을 통한 항해를 확고한 지침으로 채택하고 있다.

정답 ①

2013 기출

01

선지 해석
① obsolete 구식의, 폐물이 된
② extensive 광범위한, 아주 넓은, 대규모의
③ prevalent 도처에 퍼져있는, 우세한, 일반적인
④ competent 경쟁력 있는, 유능한, 능숙한

해석
모든 거리 또는 모든 상점은 현재 8세에서 80세 사이의 휴대폰 사용자들로 가득 차 있다. 하지만, 만약 우리가 빠르게 발전하는 기술을 고려한다면, 대체 기구가 곧 휴대폰을 대체하여 그것을 쓸모없게 만들지도 모른다.

정답 ①

02

선지 해석
① look up 올려다 보다
② look after 돌보다
③ look into 들여다 보다, 조사하다
④ look up to ~을 우러러보다, 존경하다

해석
증거를 제시해 주시면 긴급히 조사하도록 하겠습니다.

정답 ③

03

선지 해석
※ nimble 재빠른, 민첩한, 날렵한
① speedy 빠른, 지체 없는
② distinctive 독특한, 구별되는
③ efficient 효율적인, 능률적인, 유능한
④ impressive 인상적인

해석
프라이버시에 대한 가장 중요한 첨단 위협은 컴퓨터로, 이것은 파일 캐비닛에 저장된 종이로는 거의 불가능했던 기록의 검색과 일치를 포함한 데이터 조작의 민첩한 기능을 허용한다.

정답 ①

04

선지 해석
※ up to one's eyes 몰두한, 열중한, 빠져 있는
① interested in ~에 관심이 있는
② prepared for ~에 준비가 된
③ released from ~에서 석방하다
④ preoccupied with ~에 몰두한

해석
그녀는 약속을 지킬 수 없다고 남편에게 말하기가 미안했다. 그녀는 그 순간 일에 몰두하고 있었다.

정답 ④

05

선지 해석
① appreciating 인정하는, 인정
② aggravating 악화시키는, 악화
③ meditating 명상하는, 명상
④ facilitating 용이하게 하는, 용이

해석
Visaokay는 전체 비자 조언과 비자 발급 과정을 촉진함으로써 호주 여행 산업, 기업 및 정부, 그리고 개인들을 돕는다. Visaokay는 여행 비자 신청 및 취득과 관련된 복잡성과 시간 지연을 최소화한다.

정답 ④

06

선지 해석
① harshly 가혹하게, 거칠게
② leniently 관대하게, 인정 많게
③ honestly 정직하게
④ thankfully 감사하게

해석
합리화와 자기 기만에 대한 우리의 놀라운 능력을 고려할 때, 우리들 대부분은 관대하게 우리 자신을 판단할 것이다: 나는 그 맹인 승객에게 정직했다. 왜냐하면 나는 대단한 사람이기 때문이다. 어차피 그녀는 돈이 너무 많을 것이기 때문에 나는 시력이 정상인 사람을 속였다.

정답 ②

07

선지 해석
① take over 건네받다, 인수하다
② take down 해체하다, 받아 적다
③ take on 떠맡다, 의미를 갖다
④ take off 옷을 벗다, 제거하다; 이륙하다

해석
· 한국에서는 장남이 많은 책임을 떠맡는 경향이 있다.
· 같은 단어들은 다른 방식으로 말할 때 다른 의미를 갖는다.

정답 ③

08

선지 해석
※ iron out 문제를 해결하다, 다림질하다
① conceive 마음에 품다, 생각해 내다, 임신하다
② review 되짚어보다
③ solve 해결하다
④ pose 제기하다, 자세를 취하다

해석
우리는 먼저 몇 가지 문제를 해결해야 한다.

정답 ③

2012 기출

01

선지 해석
① recessive 후퇴하는
② dominant 우세한, 우성의
③ proficient 능숙한, 숙련된
④ turbulent 사나운, 거친

해석
우성 유전자는 한 사람이 부모로부터 이러한 유전자를 하나만 가지고 있는지, 아니면 두 개를 가지고 있는지에 관계없이 특정한 특성을 만들어 내는 유전자이다.

정답 ②

02

선지 해석
※ sobriety 절제, 냉정함
① concern 이해관계, 관심
② anguish 괴로움, 비통
③ solicitude 배려
④ temperance 절제, 자제

해석
이 배의 지휘관은 배의 경로를 지휘하고, 선원들과 모든 승객들 사이에서 정의와 평화와 냉철함을 지휘해야 한다.

정답 ④

03

선지 해석
① put down 진압하다, 내려놓다
② drop by 잠깐 들르다
③ fill up ~으로 가득 채우다
④ abide by 준수하다, 지키다

해석
정부는 지금 일부 외부 세력의 도움으로 폭동을 진압하려고 하고 있다.

정답 ①

04

선지 해석
① ㉠ take place 일어나다, 발생하다 - ㉡ take after ~를 닮다
② ㉠ take place 일어나다, 발생하다 - ㉡ take care of ~을 돌보다
③ ㉠ take down 적다, 내리다 - ㉡ take care of ~을 돌보다
④ ㉠ take down 적다, 내리다 - ㉡ take after ~를 닮다

해석
새로 임명된 장관은 "국민의 권리는 기초적이고 본질적이기 때문에 국민의 권리를 희생시키는 어떤 발전도 일어날 수 없습니다. 그래서 어떤 발전도 먼저 국민의 권리를 돌보아야 합니다."라고 말했다.

정답 ②

05

선지 해석
※ complacent 자기만족적인
① scornful 경멸하는, 멸시하는
② simulated 모조의, 가장된
③ self-satisfied 자기만족적인
④ condescending 잘난체하는

해석
우승자의 자기만족적인 미소가 일부 관객들을 짜증나게 했다.

정답 ③

06

선지 해석
① death 죽음
② defeat 낙담, 패배
③ anxiety 불안
④ frustration 좌절

해석
금기시되는 단어와 관념에 대처하는 일반적인 방법은 완곡어법과 완곡한 표현을 개발하는 것이다. 기본적인 생물학적 기능을 표현하기 위해 수백 개의 단어와 구가 등장했고, 죽음에 대해 이야기하는 것에는 그 나름의 언어학 세계가 있다. 영어의 예로는 "저승의 사람이 되는 것", "촛불을 끄는 것", "천당에 가는 것" 등이 있다.

정답 ①

07

선지 해석
① at the discretion of ~의 재량대로, 좋을 대로
② at the mercy of ~의 마음대로
③ at loose ends of 빈둥거리는, 계획 없이
④ at the expense of ~를 희생하면서

해석
삶의 즐거움, 기쁨은 모든 인간의 노력의 자연물이다. 그러나 자연은 또한 우리가 삶을 즐기기 위해 서로 돕기를 원한다. 그녀는 모든 종의 복지에 대해 똑같이 걱정하고 있다. 그래서 그녀는 우리가 다른 사람들의 이익을 희생하면서 우리 자신의 이익을 추구하지 않도록 확실히 하라고 말한다.

정답 ④

2011 기출

01

선지 해석
give way to 참다못해 ~하다, (길을) 양보하다
in no way 결코[조금도] ~않다
in a big way 대대적으로

해석
· 장례식에서 가족들은 감정을 참다못해 엉엉 울었다.
· 그 결과가 결코 정부의 패배로 비쳐져서는 안 된다.
· 유럽 기업들은 아시아에 대대적으로 투자하고 있다.

정답 ①

02

선지 해석
※ anonymity 익명
① hospitality 환대
② convenience 편리함, 편의
③ disrespect 불경, 실례
④ namelessness 익명성

해석
사이버 공간의 가장 재미있는 측면 중 하나는 익명성을 제공함과 동시에 외국에 있는 다른 사람들과 연결할 수 있는 능력을 제공한다는 것이다.

정답 ④

03

선지 해석
※ for good 영원히
① permanently 영원히
② temporarily 일시적으로, 임시로
③ for getting well 나아지기 위해
④ for treatment 치료를 위해

해석
그 부상은 그를 영원히 축구에 참여하지 못하게 할지도 모른다.

정답 ①

04

선지 해석
① regardless of ~에 관계없이
② with regard to ~에 관하여
③ to the detriment of ~의 손해를 입히며
④ on behalf of ~을 대표하여

해석
2차적인 식수로서 재활용 처리수를 사용할 수 있는가는 원수의 양과 신뢰도, 재생수의 질, 그리고 비용 효율성과 관련해서 평가되어야 한다.

정답 ②

05

선지 해석
① make up of 만들다
② make over 양도하다
③ make out 이해하다
④ make up for 보상하다

해석
그 남자는 상속세를 피하기 위해 은퇴하자마자 재산의 대부분을 외아들에게 양도했다.

정답 ②

06

선지 해석
① unwieldy 다루기 힘든
② inconclusive 미결의
③ exclusive 배타적
④ unprecedented 전례 없는

해석
일반적으로 태블릿 PC는 컴퓨터를 조작할 수 있는 터치스크린이나 스타일러스가 장착된 슬레이트 모양의 모바일 컴퓨터 장치를 말한다. 태블릿 PC는 일반 노트북이 비실용적이거나 다루기 어려운 경우 또는 필요한 기능을 제공하지 않는 경우에 자주 사용된다.

정답 ①

07

선지 해석

※ debatable 논쟁의 여지가 있는
① contradictory 모순되는
② reconcilable 화해할 수 있는
③ augmentative 증강적인
④ controversial 논란의

해석

핵무기가 실제로 전쟁을 예방하는지는 <u>논쟁의 여지가 있다</u>.

정답 ④

INDEX

A

abandon	090
abhor	149
abide by	011, 210
abortion	196
abundance	141
accelerate	195
accident	021
accommodate to	115
account for	210
accumulate	012
accuracy	091
acidify	066
acquire	168
acquired	035
across the board	214
activist	046
addiction	092
adhere to	211
adjust to	114
administration	014
adolescent	170
adoption	148
adversary	187
advertise	145
a fact of life	214
a fancy term	109
a far cry from	113
affirmative	042
a fit of	114
afloat	172
agency	173
agriculture	092
aide	045
alert	150
alive	063
all but	056
allege	041
all eyes and ears	211
allocate	193
all thumbs	214
altruism	152
amass	068
ambitious	143
amendment	057
amenity	149
amount to	211
a multitude of	147
analogy	022
analysis	171
analytical	046
a narrow squeak	268
ancient	193
anguished	194
annually	117
anonymity	056
antiseptic	105
anything but	212
apathetic	108
a piece of cake	215
apocalyptic	018
appease	173
appendix	143
appliance	051
application	173
apply oneself to	212
appoint	192
apprehend	173
apprehensive	193
approximately	101
a prelude to	116
archive	038
Arctic	040
argue	095
argument	026
arrange	174
artificial	106
as contrasted with	150
as cool as a cucumber	211
ascribe	191
as is often the case	216
as of	296
ask after	212
ask out	191
as much as	047
aspect	104
aspire	117
aspiring	119
assert	022
assertive	070
assign	174
as soon as possible	100
assumption	103
assurance	070
astonish	202
astronaut	093
astronomer	093
astute	155
at a loss	212
at best	212
athletic	172
at home	213
at least	171
at length	213
at loose ends	213
atom	029
atomic	140
at one's disposal	213
at second hand	213
at stake	216
attempt to ®	037
attention	058
attentional	065
at the behest of	215
at the cost of	214
at the drop of a hat	215
at the eleventh hour	216
at the mercy of	214
attraction	062
at variance	216
audible	118
authentic	094
authentically	055
authorize	191
automatic	024
autonomic	119
available	095
a variety of	148
averse	120
avoidance	018
axiom	040

B

banquet	138
bark	017

basis	025
be acquainted with	217
be anxious for	211
bear ~ in mind	217
beat around the bush	220
(be) at odds over	215
be away from	045
(be) badly off	216
be better off	034
be bound to	190
be concerned about	034
be eager for	236
beef up	221
be engrossed in	105
be equal to	236
be fed up with	222
be fond of	217
beforehand	152
behaviorally	075
behest	112
behind the times	217
behind time	217
be inclined to ®	117
bejeweled	068
be made up of	225
beneficial	030
benefit	096
be off to	218
be on good terms with	269
be on (the) edge	271
be out of	219
be rich in	012
beside the point	221
be stood up	287
be subject to	285
be tied up with	218
between ourselves	218
be up to	218
be up to one's ears with	221
be wary (of)	056
biblical	028
biologist	118
birthright	057
bite the bullet	222
bits and pieces	222
blind spot	150
blood pressure	148
blow off	027
blow off steam	222
blow one's nose	040
blow one's own horn[trumpet]	223
blunt	153
bodily	185
bold	151
bomb	147
bombard	142
bone up on	223
book	058
booklet	142
book up	222
border on	149
boss around	223
botanical	017
bother	101
box up	223
brainchild	149
breach	030
break apart	099
break down	224
break free (of)	129
break in	218
break into	038
break loose[free]	224
break off	224
break the ice	224
break up with	131
breeder	075
bring home to	223
bring to an end	224
bring up	016
bumper	115
burnout	059
burst into	219
by all means	219
by far	219
by[in] virtue of	220
by leaps and bounds	219
by no means	074
by the skin of one's teeth	224
by way of	220
by word of mouth	170

c

calculate	065
call a spade a spade	225
call for	225
calligraphy	046
call it a day[night]	225
call names	225
call off	226
callous	037
candid	051
capacity	023
cardiovascular	059
caretaker	146
carry on	226
carry out	226
cartography	095
cartoon	206
casually	074
catch on	226
catch up with	227
causal	097
cause-and-effect	057
caution	146
central	074
ceremony	192
chances are	011
channel	045
characterize	200
chemical	060
chief	139
chip in	228
chronic	174
circulate	032
clarify	200
classify	116
close shave	228
clutter	116
cochlear	153
coil	069
colleague	091
collective	063
colonial period	038
column	190
combine	185
come about	091
come across	227
come by	227
come down with	226
come in	072
come in handy	229
come into focus	056
come natural to	229
come near ~ing	229
come off second best	229
come to terms (with)	229
come up with	227
commercial	141
commission	097
commitment	143

commonality	207
companion	192
comparison	022
compel	151
competence	013
competition	016
competitive	094
complementary	094
complete	068
completion	146
complexity	152
complicated	186
compliment	028
comply with	230
component	096
compromise	117
compulsive	043
compulsory	093
conceive	114
concentrate on	142
conceptualization	039
conclude	201
confection	145
confession	196
confident	150
confirm	193
confirmation bias	194
conflict	024
confusion	194
consciousness	195
consent	016
consequence	121
conservation	026
considerable	157
consistently	116
consist in	227
conspicuous	052
contender	147
context	189
contingent (upon)	114
contraception	206
contradict	192
contrary to	095
contribution	155
convenience	170
convert	103
convey	103
convince	025
convoluted	202
convulsive	102
cook one's goose	230
cool one's heels	230
copper	028
corresponding	174
cost an arm and a leg	230
couch potato	027
cough	181
count on	228
courtesy	015
coverage	140
crack down (on)	230
crispy	176
cross one's mind	231
culinary	178
culprit	115
cultivate	200
culturally	053
curiosity	118
currency	100
current	031
cut a fine figure	228
cut back on	231
cut down	228
cut it close	122
cut no ice	231
cut off	207
cut out for	231

D

dangerous	052
daring	159
date back to	232
dawn on	231
deal with	232
decade	100
deceleration	049
deception	043
deceptive	036
decisive	173
decline	019
decoration	144
defend	158
deforestation	117
deliberate	184
deliberately	099
delicate	176
delicious	010
delightful	013
demagogue	115
demographic	055
demolish	148
demonic	098
demonstration	025
density	013
depend on	232
deplete	139
depress	091
depression	156
deprivation	203
deprive	033
deputy	014
deregulate	041
derivative	089
descendant	143
descent	026
describe	022
descriptive	144
desert	067
designate	174
despair	090
desperately	135
despite	175
determination	024
determine	139
detest	154
detrimental	167
devise	153
dialect	099
dichotomy	122
differentiate	095
dilettante	116
dimension	205
disability	096
disagreement	023
discard	021
discern	087
discernment	055
disclose	085
discreet	069
disenchantment	086
dismay	203
disorder	140
disorientation	085
disparate	023
disparity	152
dispense with	232
dispose of	232
dissolvable	187
distant	188
distilled	030
distinct	014

distinguish	084	emotion	106	explicit	088
distinguish Ⓐ from Ⓑ	233	emotional labor worker	040	exploitative	042
distraction	137	empathic	158	explosion	089
distressed	200	emphasize	159	exponential	174
distribution	150	empire	141	exposure	125
disturbance	140	empower	141	express	090
diverse	198	encase	169	extend	199
dividend	155	encounter	025	extensive	090
do away with	016	endangered	170	extent	154
dodge into	235	endorse	143	external	168
do good (to Ⓐ)	233	energize	124	extraction	047
domestic	202	engage in	162	extraterrestrial	092
domesticate	083	engagement	044		
do nothing but Ⓡ	233	engage with	138		
doom	141	enhancement	140	**F**	
do one's best	233	enormity	104		
dot	152	enormous	141	face-to-face	071
do the talking	133	enslave	038	facilitate	171
do up	234	ensure	120	facility	124
do without	233	enthusiastic	194	fall	136
down and out	235	entitle	194	fall back on	237
drag on	048	entrepreneur	117	fall on	045
draw up	235	environmentalism	055	fall short of	237
dress down	235	equipment	023	fall victim to	237
drive a person up a wall	235	erode	194	faraway	189
drizzle	169	escalation	169	far from	048
drop a line	234	estimate	176	fatal	138
drop in	234	ethnically	178	fatality	096
drowsiness	189	eugenic	142	federally	090
duration	176	evaluate	155	feedback	090
duty	144	eventually	198	feel like a wet rag	239
dweller	096	every minute counts	236	fertile	202
dwell on	234	every walk of life	237	figure	196
dwindle	186	evil spirit	100	figure out	239
		evolution	088	fill one's shoes	240
		evolutionarily	074	fill out	240
E		evolve	034	financial	094
		examine	153	find fault with	238
eat one's words	236	excavate	101	fine dining	040
eccentric	190	exceed	143	firearms	057
echo	054	exchange rate	099	fiscal	018
efficiency	175	exclude	099	fit in	122
elaborate	157	exclusive	152	fitness	147
electron	029	exclusively	203	flavor	177
element	032	execute	121	flexibility	059
eliminate	137	exert	195	flexible	019
embark on	236	exhaustion	094	fluctuation	120
embrace	114	exhume	097	fly off the handle	240
embryo	140	expand	019	focal	032
emerging	064	expanse of	176	focus on	046
emit	076	expectation	024	follow suit	240

for free	098
for good (and all)	238
formation	190
for nothing	238
for oneself	238
for the life of me	238
for the sake of	238
for the time being	239
fossil fuel	047
foundational	054
founder	126
fragile	185
fragmentation	015
free of	067
free up	049
frequency	088
from hand to mouth	239
from scratch	161
from time to time	119
from top to toe	240
fundamental	023
funeral	030
fungal	178
furnish Ⓐ with Ⓑ	239
fuse	092

G

galaxy	066
gash	043
gather	101
gather pace	244
gear up	244
gender inequity	059
generous	038
genetics	199
genuine	022
get across	118
get ants in one's pants	244
get away with	244
get cold feet	139
get down to	245
get even with	246
get[go] somewhere	244
get in one's way	241
get into hot water	245
get[keep] clear of	240
get one's feet wet	127
get on one's nerves	241
get over	241

get rid of	241
get the axe	245
get the better of	241
get the hang of	245
get through with	242
get tight	246
gigantic	157
give a hand	246
give a wide berth to	246
give birth to	242
give in	242
given (that)	064
give off	246
give oneself to	242
give out	037
give rise to	243
give the cold shoulder	243
give up	243
give vent to	247
give way to	245
glacier	031
glance	121
gland	060
glorify	147
glossy	172
go back on	247
go bad	050
go down the drain	077
go home	247
go in for	247
go off the deep end	247
go out of business	248
go out of one's way	248
go over	248
Gordian knot	248
gorgeous	030
go through	243
gouge	147
grab	182
grandiose	067
grant	119
grasp	204
gratification	044
gravel	042
gravitational	032
gravity	025
Great Depression	080
grief	104
groom	175

H

hallucination	120
hammer home	250
handful	114
hand in	248
hang on	250
hard and fast	250
hardship	102
hark	183
haunt	101
have a hard time (in) -ing	249
have an ax to grind	251
have a say[voice]	250
have a soft spot for	251
have[get] the upper hand	249
have one's heart in one's mouth	252
have to do with	249
have words with	252
hazard	089
headache	112
heading	049
head off	252
healing	144
heirloom	074
heretic	188
heroism	155
hierarchy	136
highlight	180
hind leg	035
hindsight	160
hit it off	252
hit on	249
hit the ceiling[roof]	252
hit the nail on the head	253
hold good	249
hold off	011
hold water	253
homicide	057
honest	019
horizontal	033
hospitable	175
hot air	253
how come	253
huge	072
humility	016
hurt	196
hydrogen	138
hypnotic	069

I

iconic	201
ideal	028
ideal point	139
identical	130
identify	195
identity	050
ill at ease	253
immense	064
immigration	107
immobile	122
impede	135
impoverished	121
impression	025
impressive	086
improvisation	159
inability	047
in advance	254
in a nutshell	254
in apple-pie order	256
in a row	296
in behalf of	254
in case of	036
incessant	010
incident	105
include	020
in combination with	036
incoming	018
in comparison with	036
in conjunction with	036
incorporate	093
increment	103
incumbent on	050
in danger of	020
indeed	137
in detail	254
indicate	100
indigenous	127
industrialization	076
industrious	172
industry	091
inequality	157
inescapable	063
inevitable	087
inevitably	063
inexperienced	166
infant	024
in favor of	020
infection	168
influence	102
influential	156
inform	171
infringe	056
ingenuity	121
in good times and bad times	125
ingrained	120
inhabit	097
inherit	035
in hindsight	256
initiate	119
initiative	091
in itself	254
injure	110
in line with	254
innate	183
in no time	255
innovative	154
in one piece	255
inquisitive	185
ins and outs	255
inside out	053
insomnia	119
inspiration	073
in spite of	020
institute	118
insulated	065
intact	177
integrity	145
intellectual	175
intelligence	055
intend	021
intensely	118
intensity	054
intent	183
interaction	058
interlink	041
intermittent	010
interpersonal	070
interrelated	039
interruption	189
intervene	162
in the air	255
in the nick of time	256
in this wise	255
intimate	010
intimidating	136
in token of	256
intuition	181
in vain	255
invention	179
investigate	187
investigation	111
in vogue	256
involuntary	128
irritate	176
itinerant	123

J

jack up	256
Jews	012
join	054
jot down	257
jump on the bandwagon	250
(just) around the corner	048

K

keen	161
keen on	257
keep abreast of (with)	257
keep at arm's length	257
keep away from	103
keep in touch with	257
keep one's chin up	257
keep one's feet on the ground	258
keep one's fingers crossed	257
kick into high gear	258
kindergarten	121
knack	198
knock out	146

L

laboratory	178
lacking	058
lag behind	261
large-scale	047
lash out	061
lay aside	258
lay bare	261
layered	098
layer of	184
lay off	087
layout	184
lean into	050
leather	132
leave nothing to be desired	258

Term	Page
leave out	156
leech	130
legion	093
legitimately	033
lessen	126
lest	177
let alone	258
let down	261
let go (of)	259
let on	262
life expectancy	075
lightbulb	177
line up	037
literally	197
literary	028
liveliness	044
live up to	262
localize	032
location	022
lodge	073
look after	259
look back on	259
look down on	259
look for	259
look forward to –ing	098
look in on	260
look into	260
look over	260
look up to	260
lose face	262
lose one's nerve	261
lose one's temper	261
lose track of (time)	066
lurk	086

M

Term	Page
mainstream	163
maintain	164
make a case for	265
make a fool of	262
make a fortune	263
make allowances for	263
make an excuse	263
make a point of -ing	263
make a scene	266
make a splash	262
make believe	263
make both ends meet	263
make do with	266
make for	264
make fun of	264
make head or tail of	264
make headway	260
make it	266
make it a rule to ⓡ	182
make it through	160
make light of	168
make much of	264
make one's living	264
make out	265
make over	262
make sense	266
make the best of	265
make up	266
make up for	265
make up with	266
make use of	265
malefactor	123
manage	074
mandatory	087
manifest	130
marginalize	042
marshland	073
masculine	179
massive	158
materially	075
meager	206
measurable	167
mediate	104
Mediterranean	014
meet ⓔ halfway	266
mess up	267
messy	169
meteor	120
method	155
metric	018
miasma	062
microbe	099
microwave	051
minefield	014
minute	039
misfortune	112
missing	154
misunderstanding	187
moderately	190
modify	011
molecule	029
monsoon	131
moral	082
morality	149
more often than not	265
mortal	031
motherhood	206
motion sickness	083
mound	150
move heaven and earth to	267
mull over	267
multitude	064
muscular	126
myth	084

N

Term	Page
narrative	084
nation	026
native	128
nausea	085
needless to say	046
negative	089
neglect	167
neighborhood	106
nervous	111
net loss	191
net result	164
networking	134
next to	063
next to nothing	268
nickname	137
no better than	267
no longer	168
nonverbal	012
notably	048
not a few	267
not always	268
not a whole lot of	170
note	059
nothing more than	138
noticeable	052
notion	159
not to mention	268
novelty	181
now and then	045
nuance	198
nucleus	029
number	089
nutritious	086
nuts and bolts	268

O

obediently	108
object to	067
obsession	059
obvious	156
occasional	107
occur to	270
oddity	039
odds and ends	270
odor	167
offensive	163
off hand	272
offspring	169
off the record	271
of importance	268
on a roll	271
on credit	269
ongoing	158
on needles and pins	271
on par with	271
on purpose	269
on second thoughts	269
on the ball	271
on the blink	271
on the brink of	270
on the cutting edge of	201
on the fence	273
on the house	272
on the level	272
on the line	272
on the rocks	272
on the spur of the moment	272
on the tip of one's tongue	048
on time	270
openly	071
opponent	017
oppression	134
optic	165
optimistic	122
opulent	027
orbit	029
ordinary	105
organism	034
orient to	160
otherworldly	181
outbreak	189
outcome	083
outer-space	083
outgoing	010
out of ~	042
out of date	273
out of one's depth	273
out of one's wits	273
out of order	270
out of the blue	273
out of this world	273
overeat	199
overlap	164
overload	065
overturn	057
overwhelm	102

P

pacify	179
pact	180
palace	072
palatable	182
pandemic	011
paragraph	017
paramount	132
paraphrase	144
pariah	130
pass away	275
passionate	019
passively	102
pass on to	035
pass over	183
pay attention to	274
pay tribute to	053
peddler	039
pedestrian	103
penny pinching	275
perceptible	184
perception	128
performance	084
peripheral	204
perish	127
permanent	106
perpetual	062
perplex	197
persist	179
persist in	274
pervasive	195
pessimistic	125
petition	025
pharmacy	088
phase	135
phenomena	086
phenomenon	181
phrase	129
physician	144
physiological	084
pick on	275
pick up	046
pick up the tab for	275
pin down	275
pique	134
pitch	178
pitch in	165
play down	276
play fast and loose	276
playground	107
play havoc with	276
play it by ear	276
play second fiddle (to)	276
play up to	276
playwright	184
plunderer	186
podcast	113
poem	082
poke one's nose into one's business	277
polar	040
polydirectional	046
pore over	274
possession	068
potable	187
potential	083
poverty line	163
predictable	136
preferable	203
premeditation	049
premiere	205
preoccupied with	105
prep	126
preponderance	167
prerequisite	165
preservative	182
presidential	113
pressure	071
primary	124
primate	041
priority	133
privacy	035
proactive	062
probability	180
probe	189
proctor	135
prod into	088
productivity	044
profession	098

profitable	204
progress	175
promotion	185
prone	128
pronounce	081
proportionately	158
prospective	199
prosperity	076
provoke	166
proxy	182
psyche	162
public	045
publicize	053
pull a long face	277
pull one's leg	277
pull over	277
pull the plug on	177
pull the wool over one's eyes	275
pull through	160
pump out	060
pursue	125
push back	059
put an end to	277
put aside	049
put away	277
put down	278
put off	274
put on airs	274
put oneself in sb's shoes[place]	279
put one's foot in the mouth[it]	279
put on the back burner	278
put out	274
put through the mill	279
put up with	020

Q

quarrel	023
quintessential	166

R

rack one's brain	195
radiation	063
radically	081
rain cats and dogs	279
raise a hue and cry	281
raise the roof	281
raisin	054

rather than	015
rationality	084
ravenous	124
read between the lines	279
reassurance	012
receipt	111
recipient	082
reckless	186
recognition	042
record	165
recyclable	065
reel	038
reference	133
reflect	081
reflection	130
refugee	049
regardless of	085
relevant	107
reliable	080
relieve	066
relocate	179
renewable	047
rent	012
repetitive	187
representation	112
reproduce	127
reputable	037
research	081
reset	076
resign oneself to	280
resistive	071
resort to	196
responsiveness	154
restrict	086
result in	280
resume	185
retail	153
reward	113
rice paddy	126
roam	100
rocking horse	124
roll out	013
root out	280
round out[off]	281
round the clock	281
round up	282
route	188
rub ~ the wrong way	282
rule out	280
run across	280
run down	282

run into	281
run-of-the-mill	282
run out of	021
run over	281

S

sanction	085
sanctuary	206
sap	083
sarcasm	071
satellite	171
satisfaction	044
say between one's teeth	221
scale	123
school setting	058
scramble	133
scrape	106
scratch the surface of	282
script	106
seaside	062
second to none	283
sector	164
secure	135
security	136
sedentary	104
see eye to eye	286
seeing that	283
seemingly	203
see off	145
segment	082
seize hold of	285
self–esteem	013
self-sufficient	017
semiotics	028
senior	075
sensation	149
sentry	196
separate	136
sequence	109
serpent	069
serve right	283
set aside	283
set at naught	286
set in train	283
set out	283
set store by	284
set the seal on	286
set the stage for	034
settle down	284

settle into	082
set up	072
shape	035
share	110
shatter	061
shortage	111
show off	284
shun	066
shun away from	286
shut down	145
shy of	284
sick of	284
significance	201
silverware	132
sincere	111
single out	286
skeletal	061
skeptical	200
skip	082
slink	193
sneeze	205
soberly	050
socialism	041
social skill	058
soil	191
solitary	165
solution	061
sophistication	041
sort	021
spam	072
speak of the devil	287
specialize	073
speciation	064
species	110
specific	162
spill the beans	285
splash	013
spontaneous	110
stack	029
stack up against	286
staggering	080
stand for	284
stand out	188
stand out of one's way	287
stand up for	070
stand up to	287
starve	201
state	108
state-of-the-art	134
stay cool	047
steadily	077
steer clear of	288
stem	162
stick to	048
stick up for	027
stigmatize	202
stimulus	181
stir up	288
straightforward	182
straight from the shoulder	288
strangle	160
strap	148
strategic	135
strengthen	079
strip	031
strip down	108
strive for	285
structure	080
stuff	110
subject	148
submerge	166
subordinate	098
subscriber	079
subsequent	015
subservient	071
subsidy	204
succeed in	285
suffer from	081
suicide	078
sum up	285
superiority	137
supernatural	079
supervise	138
supplement	169
supplementary	015
supposedly	109
surplus	078
surrender	139
surrogate	183
surrounded	062
surroundings	021
survival	026
susceptible	130
sustaining	081
swallow	024
swarm with	288
sweeping	107
symbiosis	017
symphony	113
systematic	080

T

tactical	132
take aback	293
take a chance	077
take advantage of	289
take a fancy to	288
take after	289
take a hit	045
take apart	054
take a rain check	129
take a toll on	039
take down	292
take exception	293
take in	293
take in one's stride	292
take into account	073
take issue with	293
take it for granted~	289
take off	290
take on	164
take one's time	289
take over	163
take part with	289
take place	207
take the bull by the horns	290
take the lion's share	290
take to	290
take to one's heels	290
take turns in (~ing)	290
take with a pinch of salt	291
tamper with	291
taper	130
taste bud	160
tell on	291
tell the time	076
temporary	129
tentatively	053
terrain	108
texting	109
that being the case	109
the apple of one's[the] eye	215
(the) chances are that	294
the number of	079
theoretical	132
thereafter	061
thoroughly	053
threat	127
throne	073
through thick and thin	125
throw in the sponge	289

thumbnail	043
tie the knot	291
timepiece	068
tolerate	159
to make matters worse	188
too big to fail	291
to say nothing of	282
to the detriment of	294
to the point	291
touch off	065
track	146
tranquility	044
transformation	109
transient	123
translate Ⓐ into Ⓑ	204
transparency	016
transplant	011
treasure trove	038
tremendous	190
trigger	122
trivial	131
try on	292
tuition	131
tumult	076
turmoil	077
turn ~ to account	293
turn a deaf ear to	292
turn down	292
turn in	292
turn into	020
turn out (to be)	134
turn up	293
typical	180

U

ubiquitous	037
ultimately	180
uncanny	165
uncommon	112
undecided	197
undergo	033
undergraduate	166
undermine	079
underneath	031
undertake	186
under the weather	294
unforeseen	146
universality	191
unpredictable	201
unravel	027
unrelated	193
unruly	037
unusual	145
unveil	163
updraft	062
upend	108
up to one's eyes in	294
urbanization	131
usage	077
utilize	129
utterly	131

V

value	080
vaporous	052
variegated	199
various	078
vary	019
vastly	205
vegetation	051
veterinary	166
vex	043
via	168
victim	110
viewpoint	070
virtual reality	077
visual artist	198
visualize	050
vocalization	040
volcano	051
voluntary	129
vulnerable	128

W

wait in line	295
wait on	294
wane	178
warn	066
warranty	067
warrior	075
waterlogged	128
water under the bridge	179
wavelength	030
wear out	156
weed out	072
weigh down	107
weigh in	132
wet behind the ears	295
what is worse	068
whereas	170
whisper	043
widening	060
widespread	205
wilderness	113
willpower	184
wind up	205
wisdom	026
with regard to	295
with respect to	020
withstand	032
with tongue in cheek	294
witness	172
work off	295
work out	158
worthwhile	192
wrestle	055

Y

yearn for	295

Z

zealous for	296
zero in on	296
zinc	028